BRUNO WAGNER

Die Job-Vernichter

Wie Manager und Berater
die Wirtschaft demontieren

DROEMER

Die Folie des Schutzumschlags sowie
die Einschweißfolie sind PE-Folien und
biologisch abbaubar.
Dieses Buch wurde auf chlor- und
säurefreiem Papier gedruckt.

Besuchen Sie uns im Internet:
www.droemer-weltbild.de

Umschlaggestaltung: Agentur ZERO, München
Umschlagfoto/-illustration: Zefa, Düsseldorf / Pete Leonard
Satz: Quark XPress im Verlag
Druck und Bindung: Ebner & Spiegel, Ulm
Printed in Germany
ISBN 3-426-27282-2

5 4 3 2 1

»Die Mitarbeiter sind unser wichtigstes Kapital.«

Beliebter Spruch von Unternehmensführungen

»... solange sie nicht im Wege stehen.«

Bittere Erfahrung des IBM-Betriebsratschefs
Klaus Trautmann im Spiegel*, 2002*

Inhalt

»Man muss lieben, was man tut. Arbeit ist die Quelle des Glücks.«

Jack Welch, ehemaliger Vorstandschef
von General Electric, 2001

»Ganz normales Tagesgeschäft.«

Telekom-Sprecher Ulrich Lissek
zur Verringerung des Personalbestands, 2002

»Die Wirtschaft hat uns Arbeitsplätze versprochen.
Es tut sich aber nichts. Man hat uns getäuscht und enttäuscht.«

Heiner Geißler in der Süddeutschen Zeitung, *1998*

»Du bist super, wir mögen dich.
Am liebsten bei einem anderen Arbeitgeber.«

Die Wirtschaftswoche *über den*
aktuellen Umgang mit Mitarbeitern, 2002

Vorwort

Die Manager, Investment-Banker, Analysten und Berater schwärmten von gigantischen Wachstumspotentialen der neuen Ökonomie, prophezeiten den totalen Umbau der Wirtschaft durch das Internet, priesen die unendliche Weisheit der »Gewinnmaschine« Börse und das nie endende Kursfeuerwerk der Hightech-Werte an den Wachstumsbörsen. Unternehmen aus den klassischen industriellen Sektoren wurden zum alten Eisen gestempelt und als sogenannte »Old Economy« abqualifiziert.

Sommer 2002: Der Boom an den Börsen ist vorbei. Die Aktien der Deutschen Telekom und anderer gefeierter Unternehmen erreichen nahezu täglich neue Tiefstände. Spätestens seit die Unternehmen immer neue Stellenstreichungen verkünden, ist klar, dass es die Beschäftigten sind, die für die »Visionen« der Manager und ihrer Berater geradestehen müssen. Wie konnte es so weit kommen?

Die Visionen der Manager, Berater und Investment-Banker haben die Wirtschaft in einen Albtraum verwandelt. Von Investment-Bankern gestiftete Fusionen und Unternehmenskäufe, die mehr Schaden als Nutzen bewirkten, riskante Geschäftsmodelle aus den Denkstuben der Consultants, Bilanzfälschungen mit verheerender Wirkung, Schulden in einer Höhe, die immer mehr

Unternehmen die Existenz kosten – die Ergebnisse der Regisseure aus den Chefetagen und ihrer Berater sind erbärmlich.

Die Situation der Beschäftigten verschlechtert sich zusehends. Wieder stehen Zehntausende Jobs in den Großkonzernen zur Streichung an, Arbeitsplätze sind zur leicht abbaubaren Ware, die »Mitarbeiter« zur Manövriermasse der Vorstände geworden.

Die Manager scheint das wenig zu beeindrucken. Warum auch? Uferlose Aktienoptionsprogramme, üppige Grundgehälter und allerlei »Extras« wirken der schlechten Laune entgegen, wenn wieder einmal Tausende Beschäftigte den Weg in die Arbeitslosigkeit oder den Niedriglohnsektor antreten, und wenn es doch einmal schief geht und ehemalige Visionäre wie Thomas Middelhoff, Ex-Chef von Bertelsmann, und Ron Sommer, Ex-Vorstandschef der Deutschen Telekom, stillgelegt werden, bekommen sie millionenschwere Abfindungen.

Der Druck auf die »Deutschland AG« mit ihren vielfältigen Verflechtungen, dem staatlichen Einfluss und dem gut ausgebauten sozialen Sicherungssystem wächst. Ein deutlicher Anstieg der Firmenpleiten sorgte im Jahr 2001 für Unruhe. Mitte 2002 stieg der Pegel der offiziell registrierten Arbeitslosen wieder über die Vier-Millionen-Marke, und ob er je wieder darunter sinkt, bleibt abzuwarten. Die Arbeitslosigkeit frisst sich jetzt in die Mittelschicht hinein, es kann sich niemand mehr sicher fühlen.

Höchste Zeit für die Beschäftigten und Jobinhaber, die Vertrauensfrage an Wirtschaft und Politik zu stellen.

Die Arbeit an diesem Buch hat die Geduld vieler Menschen sehr strapaziert. Dies gilt vor allem für Susanne und Niklas, aber auch für das Lektorat. Ihnen sei ganz herzlich für ihre Langmut gedankt.

Bruno Wagner Berlin, im August 2002

Einleitung – Einmarsch der Job-Vernichter

Arbeitsplätze sind wohlfeil: Wenn es nach dem Willen von Unternehmern, Beratern und Investment-Bankern geht, heißt es Abschied nehmen von der »Deutschland AG« und von vielen Arbeitsplätzen. Einst war das Land ein vielbewunderter Hochleistungssportler in Sachen Wirtschaft und sogar Exportweltmeister, heute wird dem »Modell Deutschland« hart zugesetzt. Nicht nur der »Kuschelpädagogik« in den Schulen und dem »Konsensgesülze« in den Betrieben, sondern dem gesamten Wirtschafts- und Sozialmodell haben sie den Kampf angesagt. Die Demontage der Deutschland AG ist dem Stadium bloßer Planspiele entwachsen: Der Verkauf von Schlüsselindustrien ist beschlossene Sache, die Entflechtung der Wirtschaft hat begonnen, und die erste Übernahme eines großen Dax-Unternehmens durch einen feindlichen Aufkäufer hat gezeigt, dass unfreundliche Übernahmen jetzt auch in der früher als unangreifbar geltenden Deutschland AG von Erfolg gekrönt sein können.

Was geschieht hier? Handelt es sich um Einzelfälle? Oder haben wir es mit Wendepunkten zu tun, mit den Vorboten eines neuen Trends? Klar ist, dass sich das Tempo der Restrukturierungen ebenso beschleunigen wird wie die Verluste von Arbeitsplätzen. Nach einer Studie des Ifo-Instituts aus dem Frühjahr

2002 dürften sich die Stellenstreichungen in Zukunft fortsetzen. Mehr noch: Gemessen an den kommenden Jobkürzungen werden die bisherigen harmlos erscheinen. Am Ende dieses Prozesses steht eine »neue«, ganz andere Zukunft, für die »soziale Ausgewogenheit« ein Begriff aus der Vergangenheit ist.

Verborgenes Steuerparadies für Konzerne

Die Erfolgsaussichten für den ungehemmten Umbau der Wirtschaft sind so günstig wie nie. Viele Jahrzehnte lang hatten die Deutsche Bank und andere Unternehmen einen umfangreichen Beteiligungsbesitz angehäuft: Die Deutsche Bank hatte Beteiligungen an den größten und bekanntesten Industrieunternehmen, unter anderem an DaimlerChrysler, Linde, Heidelberger Zement, Südzucker und Continental, ihre Vorstandssprecher saßen im Aufsichtsrat von Unternehmen, die wiederum eine Beteiligung an der Deutschen Bank hatten oder mit ihr in geschäftlichem Kontakt standen. So war ein Netzwerk von persönlichen und unternehmerischen Verflechtungen entstanden: die sogenannte Deutschland AG. Das ist eine Art Beistandspakt, der auch dazu diente, die deutsche Unternehmenslandschaft gegen Überfälle von außen abzuschotten.

Dieses Geflecht war besser als viele denken. Erst seit wenigen Jahren hat es einen schlechten Ruf bekommen. Es hielt vielen Unternehmen den Rücken frei zur Entwicklung langfristiger Strategien. Und indem es die Unternehmen vor allzu rabiaten Übernahmepiraten zweifelhafter Herkunft schützte, erwies es zugleich auch den Beschäftigten einen guten Dienst, denn es bewahrte sie lange Zeit vor drastischen Maßnahmen zum Arbeitsplatzabbau.

Doch jetzt sieht die Deutsche Bank in ihrer Beteiligungsschatulle nicht länger einen Aktivposten in ihrer Bilanz, sondern eher eine

Belastung auf ihrem Weg in eine globale Zukunft. Ausgerechnet die Politik gewährt den Finanzfirmen und Konzernen Schützenhilfe bei der Auflösung der vielfach verschachtelten Besitztümer: Nicht genug damit, dass die Steuergesetzgebung den Kapitalgesellschaften zahlreiche Schlupflöcher eröffnet, so dass das Aufkommen der Körperschaftssteuer schon längst auf ein Rekordtief gesunken ist. Die von der rot-grünen Bundesregierung auf den Weg gebrachte Steuerreform hat vom 1. Januar 2002 an Verkaufserlöse für die Beteiligungen an Unternehmen auch noch steuerfrei gestellt und Deutschland von einem Tag auf den anderen in ein Steuerparadies für Finanzfirmen und Konzerne verwandelt. Seither haben die Inhaber von Arbeitsplätzen noch mehr Grund zur Furcht.

Herrschaft der spitzen Ellenbogen

Staatlich gefördert, werden Übernahmen und Zusammenschlüsse zunehmend auf der Tagesordnung stehen. Die Übernahme des Mannesmann-Konzerns durch das britische Mobilfunkunternehmen Vodafone war ein erster großer Testfall. Von der geballten Kapitalmacht der Angreifer wurde der Riese Mannesmann gefällt, anschließend zerlegt und die Einzelteile gewinnbringend verkauft. Damit war der Beweis erbracht, dass solche unfreundlichen Operationen auch in Deutschland möglich sind. Seither sondieren die Übernahmespezialisten das Terrain.

Wer wird zu den Opfern von Übernahmen, Fusionen und Verkäufen gehören? Wer zu den Gewinnern? Welche Branchen und Unternehmen könnten betroffen sein? Und eine der drängendsten Fragen überhaupt: Werden die Verhältnisse in den Vereinigten Staaten Schule machen? Wird die neue Haus- und Putzordnung der deutschen Wirtschaft bald jenseits des Atlantiks geschrieben werden? Werden wir uns an schmerzhafte Restrukturierungen, an einen grassierenden Übernahmekult und ökonomisch fragwürdige Elefantenhochzeiten von Großunternehmen gewöhnen müssen? Schon überlegen Politiker den Ausbau des Niedriglohnsektors nach amerikanischem Vorbild. Auf der Suche nach Erfolgen im Kampf gegen die Arbeitslosigkeit wollen sie 800 000 Niedriglohnjobs schaffen. Wird der von einer grenzenlosen Globalisierung erzwungene »Kulturwandel« zur Herrschaft der spitzen Ellenbogen führen? Wird am Ende der Verlust sozialer Sicherheiten stehen?

Downsizing made in USA

Die amerikanische Wirtschaft wird seit vielen Jahren immer wieder aufs Neue umstrukturiert und umgebaut. Die Unternehmenszusammenschlüsse ziehen fast immer einen Abbau von Arbeitsplätzen nach sich. Während die Einkommen der Manager, Berater und Investment-Banker neue Rekordstände erklimmen, wird das Fußvolk der globalen Ökonomie gnadenlos stillgelegt, die Werkhallen und Büros leeren sich, Unternehmen und ihre Belegschaft werden zur Handelsware, die wie Gebrauchtwagen den Besitzer wechseln, um letztlich verschrottet oder stillgelegt zu werden. Gleichzeitig werden die Betriebe zu Dauerbaustellen, auf denen eine Restrukturierung die nächste jagt und jeder neue Chef seine Duftmarken setzt. Das Ergebnis dieser Bemühungen: Entlassungen und Stellenabbau auf der einen Seite, goldene Bonuszahlungen für die Job-Vernichter auf der anderen.

Die Zeit der Sandkastenspiele ist vorbei. In den Stäben der Konzerne und in den Büros der Investment-Banken laufen die Vorbereitungen zur Zerlegung des industriellen Fundus der Deutschland AG an. Mega-Übernahmen werden erwogen, erste Aktienpakete verschoben und die Potentiale für Stellenstreichungen durchkalkuliert. Selbst die Beteiligung der Deutschen Bank am DaimlerChrysler-Konzern, die lange Zeit als industrielles

Tafelsilber der Deutschland AG galt, ist nicht länger tabu. Der Verkauf der Beteiligung an dem durch den Größenwahn seiner Manager und einen allzu forcierten Globalisierungskurs schwer ramponierten Autobauer ist nur mehr eine Frage des Preises.

So manches gute Stück wird jetzt aus der Vitrine geholt und verkaufsfertig aufpoliert. Noch geschehen die Vorbereitungen im Verborgenen, noch tritt nicht klar zutage, mit welcher Härte und welchen Tricks die Investment-Banker und Unternehmensberater vorgehen. Noch ist allenfalls zu ahnen, wie groß die Beute ist und welche Unsummen in diesem Spiel eingesetzt werden. Noch wird uns vorgegaukelt, über das Schicksal der Arbeitsplätze und der Beschäftigten sei das letzte Wort nicht gesprochen. Doch der Weg der Deutschland AG in den »Primitiv-Kapitalismus«, wie ihn Fredmund Malik, der Leiter des Management-Zentrums St. Gallen, in den USA am Werk sieht, ist schon vorgezeichnet.

Teil I: Es geht um alles oder nichts

1 Hetzjagd auf einen Konzern – Die Festung Deutschland fällt

Jagdszenen in Düsseldorf

Es ist ein historischer Moment: Im Sommer 2001 treffen sich die Aktionäre der Mannesmann AG zum letzten Mal auf einer Hauptversammlung. Bei manchen von ihnen herrscht kalte Wut. Vor gut einem Jahr hat der britische Mobilfunkkonzern Vodafone Airtouch das deutsche Traditionsunternehmen übernommen. Zum ersten Mal war ein Konzern in Deutschland – noch dazu nach einer erbittert geführten Übernahmeschlacht – von einem ausländischen Unternehmen zur Strecke gebracht worden. Das hatte, so Mannesmann-Aktionäre auf der Hauptversammlung, die Plünderung des Unternehmens nach sich gezogen, denn die Vodafone Airtouch hatte es nur auf die Mobilfunksparte der Mannesmann AG abgesehen.

Chris Gent, der Chef von Vodafone, kannte nur ein Ziel: Vodafone zur weltweit führenden Mobilfunk-Company zu machen. Im März 1998 begann er mit seiner Offensive. Unter der internen Losung »Jagen oder gejagt werden« begann die fröhliche

Hatz auf andere Mobilfunker. Als Mastermind, Treiber und Scharfschützen wurden die Investment-Banker von Goldman Sachs engagiert. Sie stellten sicher, dass der Coup gelang und Vodafone sich die »kriegswichtigen« Teile aus der Mobilfunksparte sichern konnte.

Portionieren, degradieren, fleddern

Nach erfolgter Übernahme wiederholt sich fast immer das gleiche Spiel. Der *Spiegel*-Autor Wolfgang Reuter hat die bei Übernahmen übliche »Siegerjustiz des Angreifers« beschrieben:

> »Anfangs zeigte sich der Käufer friedlich, dann griff er hart durch – und zwar bei dem gekauften Unternehmen. Die Firmen wurden portioniert, zu Abteilungen degradiert oder regelrecht gefleddert.«

Auch im Fall von Mannesmann war dies nicht anders. Die Röhrenwerke – der traditionelle Kern des Konzerns – wurden an die Salzgitter AG weitergereicht. Das entbehrt nicht der Pikanterie, denn noch 1998 hatte Gerhard Schröder, damals niedersächsischer Ministerpräsident, mit einem tiefen Griff in die Staatsschatulle den Griff eines »Fremdlings« aus dem fernen Österreich nach Salzgitter medienwirksam abgewendet. Jetzt erweitert das so beschützte Stahlunternehmen seinen industriellen Aktionsradius auf Kosten von Mannesmann erheblich.

Die Mannesmann-Tochter Atecs mit ihren 90 000 Beschäftigten im Maschinenbau und im Autozulieferungsbereich hätte an der Börse sicher eine gute Figur gemacht. Doch es kam anders. Vodafone sorgte dafür, dass bei Atecs kein Stein auf dem anderen blieb. Anstatt den Beschäftigten der Atecs eine Zukunftsperspektive zu verschaffen und die unternehmerische Einheit der gut zueinander passenden Betriebsteile von Atecs zu erhalten – das war die von den Gewerkschaften favorisierte Lösung –, drückten die Briten die Zerschlagung von Atecs durch. Beim Tranchieren dieses Filetstücks standen die Kaufinteressenten aus der deutschen Wirtschaft Schlange. Unter anderem gaben ThyssenKrupp, Siemens und Bosch Angebote ab. ThyssenKrupp kam allerdings nicht zum Zuge. Bosch legte die Hand auf den Automatisierungsexperten Mannesmann Rexroth – eine passende Ergänzung zur bereits vorhandenen Hydraulik-Sparte, die dann zur Bosch-Rexroth AG zusammengeführt wurde. Der Erwerb weiterer Unternehmensteile durch Bosch kam aus kartellrechtlichen Gründen nicht in Betracht.

Bis zu diesem Punkt lief es bei der Aufteilung des Mannesmannfells aus der Sicht der Beschäftigten recht gut.

Integration mit »Top Speed«

Dann trat Siemens, die Gunst der Stunde nutzend, auf den Plan. Der Konzern wollte seinen Einfluss im automobilen Zulieferergeschäft ausbauen – sehr zur Freude der Autoindustrie, die es gerne sieht, dass die starke Bosch Konkurrenz bekommt. Schon 1992 hatte Siemens sich VDO sichern wollen, damals aber Mannesmann den Vortritt lassen müssen. Jetzt nahm der finanzkräftige Münchener Konzern einen umso kräftigeren Schluck aus der Atecs-Pulle und verleibte sich ehemalige Mannesmann-Unternehmen gleich reihenweise ein. Die VDO wurde in den Konzerngeschäftsbereich Automotive integriert, die als »Siemens VDO« Bosch Konkurrenz machen sollte. Mannesmann Dematic wurde in die Siemens Production and Logistics Systems Group (PL) hineingedrückt, während Mannesmann Dematic Postal Automation (MDPA) in den Verkauf gelangte, womit den Auflagen der Kartellbehörde Genüge getan wurde.

Von einer Integration mit »Top Speed« hatte Siemens-Vorstandschef Heinrich von Pierer einst gesprochen. Doch das Hochgeschwindigkeitsrennen im Wachstumsmarkt Autotechnik fand erst mal nicht statt. Der Konzerngeschäftsbereich Autotechnik kam nicht recht in Fahrt und produzierte schließlich sogar unschöne Bremsspuren in Form roter Zahlen. Die einstigen Mannesmann-Betriebsteile sind durch die Eingliederung in das neue Umfeld nicht gestärkt, sondern geschwächt worden. Für den Elektroriesen aus München war es eine bittere Lektion, dass Bosch im Bereich Autozulieferung kaum zu schlagen ist. Wieder mal sind es die Beschäftigten, die die Fehlschläge der Konzernbaumeister ausbaden müssen: 5000 Arbeitsplätze sollen in dem betreffenden Siemens-Bereich verlagert oder ganz abgebaut werden, berichtet das *Manager-Magazin*.

Innerhalb des Siemens-Konzerns dürfte in Zukunft vermutlich ohnehin mit rauheren Besen gekehrt werden. Denn Siemens hat mit seinen bisherigen Überzeugungen gebrochen.

Härtere Gangart

Bislang hatte es Konzernchef von Pierer abgelehnt, das von ihm geführte Unternehmen mit seinen weltweit über 480 000 Mitarbeitern an den Rekordrenditen des erfolgreichen und aggressiven Elektroriesen General Electric messen zu lassen. Das war einmal. »Beat General Electric« heißt es nun in der Münchener Siemens-Zentrale angriffslustig: Der amerikanische Konkurrent soll in jenen Geschäftsfeldern angegriffen und geschlagen werden, in denen auch Siemens aktiv ist. Die Beschäftigten können sich schon einmal auf eine harte Gangart bei den Arbeitsplätzen einstellen. Unternehmensteile, die den gestiegenen Erwartungen nicht gerecht werden, müssen in Zukunft mit drastischen Einschnitten rechnen, wenn sie nicht gleich ganz zum Verkauf gestellt werden.

Von der Siemens-Leitung werden die verschiedenen unternehmerischen Aktivitäten als sogenanntes Portfolio betrachtet. Auf den »Investor-Relations«-Seiten im Internet werden Anleger sogar – fast wie bei einem Investmentfonds – über die Zugänge und Abgänge von Beteiligungen auf dem Laufenden gehalten. Der Konzern wird zum Beteiligungsunternehmen, die Betriebe in seinem Besitz zur Manövriermasse, die wertgesteigert und abgestoßen wird. Das bedeutet, dass auch die Beschäftigten nur noch den Status von Zeitarbeitskräften genießen, tätig bei »assets held for sale« – zum Verkauf bestimmten Vermögensteilen.

Als Reaktion auf den Konjunktureinbruch 2001 wurde die Streichung von mehr als 20 000 Stellen angekündigt – ein deutlicher Bruch mit den guten Sitten im Umgang mit den Beschäftigten. Aber wenn die Unternehmensfamilie jederzeit auflösbar wird, spielen Faktoren wie die Identifikation der Beschäftigten mit dem Unternehmen und die Arbeitsmotivation eine untergeordnete Rolle. Die Siemens-Führung richtet ihr Tun und Lassen an der Börse und den Analysten aus: ein Stellenabbau wird hier als Signal zur Steigerung des Aktienkurses verstanden. »Top Speed« bedeutet: Auf Fußgänger im globalen Wirtschaftsverkehr kann keine Rücksicht genommen werden.

Die Reise nach Jerusalem

Im Übernahmepoker erging es den Beschäftigten der weiteren Mannesmann-Einheiten womöglich noch schlechter. Mit den Reststücken der Mannesmann AG wurde das Spiel »Die Reise nach Jerusalem« aufgeführt: Schlagartig war die Musik zu Ende und kein Stuhl mehr frei. Beim Getriebehersteller Sachs hingen die Beschäftigten eineinhalb Jahre lang in der Luft, bis endlich der Verkauf des renommierten Unternehmens an die ZF Friedrichshafen der Zitterpartie ein Ende bereitete.

Die Betriebsangehörigen von Mannesmann Plastics Machinery (MPM) mussten sich das Pokerspiel dagegen noch länger gefallen lassen. Siemens hatte für den Hersteller von Kunststoffmaschinen keine Verwendung und verkündete Ende 2001, dass sich ein Finanzinvestor bereitgefunden habe, MPM in einem sogenannten Management-Buy-out (MBO) zu übernehmen. So nennt man es, wenn die Geschäftsführung, das Management also, das von ihr geleitete Unternehmen selbst übernimmt. In der Regel geschieht das mit Fremdkapital, und in diesem Fall kam die Kapitalspritze von Apax-Partners, einem echten Multiunternehmer, der alles kann, aber nichts richtig.

Solche Management-Buy-outs sind eine Spezialität von Apax-Partners. Das weltweit tätige Beteiligungsunternehmen lässt von der Tank & Rast AG, an der es Anteile hält, Schnitzel, Pommes Frites und Salat in Autobahnraststätten zubereiten, serviert Fischbrötchen bei der Nordsee-Imbisskette und lässt Euro-Scheine in der ehemals staatlichen Bundesdruckerei drucken. Der Spezialist mit Vorliebe für große Deals stemmte in Deutschland bislang jedoch mehr, als ihm zuträglich war. Ergebnis der schnellen Küche aus dem Beteiligungsdampfdrucktopf waren keine satt machenden Renditen, sondern eher fade Schonkost.

Im Allgemeinen sind die MBO-Unternehmer aber von der besonders gewieften Sorte. Vorzugsweise nehmen sie die Manager des übernommenen Unternehmens mit ins Boot, indem diese eigenes Geld in die Beteiligung stecken, um vereint dem Ziel entgegenzurudern. Das soll die gleiche Ausrichtung der Interessen von Management und Kapitaleigentümern gewährleisten – und gibt den Finanziers außerdem das beruhigende Signal, dass die Basisdaten des übernommenen Unternehmens nach Ansicht des Managements wohl stimmen.

Im Fall von Mannesmann Plastics Machinery wollten die Multitalente von Apax Partners nun also auch noch im Kunststoffmaschinenbereich Flagge zeigen. In letzter Minute platzte die Übernahme jedoch. Erst im Sommer 2002 wurde MPM im Paket mit weiteren Siemens-Beteiligungen an Kohlberg Kravis Roberts (KKR), einen anderen Finanzinvestor, durchgereicht; Siemens behält eine Minderheitsbeteiligung von 19 Prozent.

Money makes the world go round oder: Begrüßungsgeld für die Bosse

Am Ende stand also die sinnlose Zerschlagung des Mannesmann-Konzerns. Doch die Methoden, die Vodafone anwendete, um Mannesmann zu übernehmen, waren schon genauso fragwürdig. Mindestens 50 Millionen Euro Prämie sollen an die Spitzenkräfte des Konzerns geflossen sein, nachdem der Mannesmann-Vorstandschef Klaus Esser klein beigegeben und sein Einverständnis mit der Fusion erklärt hatte. Auch der Vorsitzende des Aufsichtsrats hatte eine »Anerkennungsprämie« von 3 Millionen Euro bekommen. Einer der Aktionäre auf der Hauptversammlung sprach von einer »Abwrackprämie«. Diese Vorgänge beschäftigten auch die Staatsanwaltschaft, die bald ihre Ermittlungen in der Sache aufnahm.

»Money makes the world go round« – kein zweiter wusste das so gut wie Vodafone-Chef Chris Gent, der politische Ambitionen verfolgt hatte, bevor er in die Kommunikationsindustrie wechselte. Aber nicht nur Geld vermag Türen zu öffnen, als echter Türöffner erwies sich auch das ausgeprägte Kommunikationstalent von Chris Gent. Im Verein mit seinem außerordentlichen Ehrgeiz half ihm dieses Talent, beim britischen Elektronikunternehmen Racal karrieretechnisch zügig vom Fleck zu kommen. Natürlich ist einer guten Karriere auch eine gehörige Portion Glück nicht abträglich. Gents Glück bestand darin, dass sein Chef bei Racal an einer ausgeprägten Phobie gegen öffentliche Auftritte und Medien litt. Der Job als »Kontakter« wurde deshalb dem wortgewandten und wendigen Gent übertragen.

Als Vodafone Anfang der Neunzigerjahre aus der Racal-Gruppe herausgelöst wurde, ließ der Brite mit der Begeisterung für Cricket und einer weniger sportlichen Vorliebe für das Tragen von Hosenträgern die guten Drähte zu allen, die in der Finanzwelt Rang und Namen hatten, glühen.

Der Eroberer der Deutschland AG

Nicht nur die Finanzanalysten und Fondsmanager waren von der dynamischen Entwicklung des Mobilfunkunternehmens bald begeistert, auch mit den Investment-Bankern herrschte das beste Einvernehmen. Vor allem die Banker von Goldman Sachs spielten am Hof von Vodafone auf. Früher als andere Investmenthäuser hatten die Goldmänner den Durchblick. Als einer der Ersten erkannten sie die strahlende Zukunft des Mobilfunksektors, und früh identifizierten sie Vodafone als ein Unternehmen mit großem Potential und dem Zeug zum ganz großen Wurf. Passenderweise verfügte Chris Gent über das fabelhafte Talent, die Fondsmanager mit seinem uneingeschränkten Bekenntnis zum Shareholder Value wortgewandt auf die Wachstumsaktie Vodafone einzuschwören.

Nur wenige unter den wachstumsversessenen Managern bemerkten, welchen gefährlichen Kurs der Vodafone-Chef fuhr. Seine ambitionierten Pläne einer globalen Expansion trieben die Verschuldung auf Rekordniveau. Doch selbst die überkritischen Manager der Rating-Agenturen, die mit spitzem Bleistift Zensuren an die Unternehmen verteilen und über die Güte eines Unternehmens am Kapitalmarkt befinden, drückten bei Musterschüler Gent alle Augen zu. Das Zauberwort »Mobilfunk« beflügelte die Phantasie am Kapitalmarkt. Die smarte Technologie passt wie keine andere in den Stil der mobilen und geschwätzigen Zeit. Irgendwann in naher Zukunft werden die Handys zu Allzweckgeräten, mit denen man sogar bezahlen kann. Es konnte also kaum ein Zweifel daran bestehen, dass Mobilfunkunternehmen das Zentrum im Spinnennetz eines Milliardenmarktes bilden würden.

Das war dem Vodafone-Macher einiges wert. Allein die Werbekampagne, mit der die Mannesmann-Aktionäre von den Vorteilen des Aktienumtauschs zugunsten von Vodafone überzeugt werden sollten, verschlang schier unglaubliche 400 Millionen Euro. Mannesmann konterte – wie wir wissen ohne Erfolg – mit einer eigenen Kampagne und verschleuderte mit 200 Millionen Euro fast die Hälfte des Jahresgewinns. Das war mehr als das Werbebudget der Deutschen Telekom zur Vorbereitung ihres Börsengangs.

Vodafone begeisterte alle, und der unkonventionelle oberste Vodafone-Verantwortliche trug sein Teil dazu bei. Im konservativen Großbritannien fiel Chris Gent schon deshalb auf, weil der Spezialist für drahtlose Kommunikation als echter »Selfmademan« nicht mit dem Diplom einer der feinen Eliteuniversitäten aufwarten konnte. Doch in Zeiten des Börsenbooms spielte das keine Rolle. Da hatten ganz andere Eigenschaften Hochkonjunktur: Sprechen und Versprechen zum Beispiel.

Siegerjustiz – Die gebrochenen Versprechen von Vodafone

Die Story von dem deutschen Unternehmen, das nach der verlorenen Übernahmeschlacht in den Schredder kam, ist auch eine Geschichte der gebrochenen Versprechungen. Zum Beispiel hielt Mannesmann eine Beteiligung am britischen Mobilfunkunternehmen Orange, von der sich Vodafone aus kartellrechtlichen Gründen trennen musste. Das Versprechen, bei der Börsenplazierung dieser Beteiligung werde es eine kostenlose Zuteilung an die Aktionäre geben – es wurde nicht eingehalten: Beim Verkauf von Orange gingen die Altaktionäre von Mannesmann leer aus. Dafür lernten sie im sich abkühlenden Börsenklima, das vor allem den Technologiepapieren und in besonderem Maße dem Telekommunikationssektor zusetzte, die Vorzüge von Aktien mit industrieller Substanz, wie sie einst Mannesmann aufzubieten hatte, wieder schätzen. Leider hatten sie aber ihre Mannesmann-Aktien gegen Anteilscheine von Vodafone eingetauscht, die herbe Kursverluste verbuchten. Da Vodafone eine hohe Schuldenlast schulterte, gingen die »aussichtsreichen« Vodafone-Papiere auf Tauchstation, als die Technologiewerte ins Trudeln gerieten. Das Vodafone-Papier gehörte im Börsenabschwung an Londons Börse zu den Aktien, die markante Verluste produzierten. In der ersten Jahreshälfte 2002 notierte der Anteilschein von Vodafone zeitweilig mit einem Kurs unter 1 Pfund.

Zu seiner besten Zeit, Anfang des Jahres 2000, war Vodafone den begeisterten Börsianern noch den gewaltigen Betrag von 223 Milliarden Pfund wert gewesen. Zwei Jahre später hatte die Börse ihre Meinung in Sachen Mobilfunk korrigiert. Jetzt wird der Konzern nur noch mit 70 Milliarden Pfund taxiert – das ist weniger als die in der Vodafone-Bilanz ausgewiesenen immateriellen Vermögenswerte. Von der einstigen Börsenbewertung sind gut 150 Milliarden Pfund verschwunden. Damit ist jener Betrag, der für die Übernahme von Mannesmann (100 Milliarden Pfund) und für die amerikanische Mobilfunkgesellschaft Airtouch (42 Milliarden Pfund) ausgelegt worden war, an der Börse rückstandsfrei verdampft – auch wenn die Übernahmen mit eigenen Aktien bezahlt worden waren. Kein Wunder, dass angesichts solcher Luftlöcher in der Bilanz der Konzern als weltrekordverdächtiger Abschreibungskandidat gehandelt wird.

Vieles spricht auch dafür, dass die Zerschlagung von Atecs zumindest börsentechnisch betrachtet ein Fehler war. Der Erhalt von Mannesmann Atecs als eigenständige Einheit hätte auch den Interessen der Beschäftigten besser Rechnung getragen – doch die waren nach der Zerschlagung in alle Himmelsrichtungen verteilt worden.

Zu den Ritualen bei wirtschaftlichen Veränderungen in der Bundesrepublik gehört entweder das Versprechen, die bevorstehende Maßnahme diene der Erhaltung von Arbeitsplätzen, oder die Zusage, man werde auf jeden Fall die Arbeitsplätze der Mitarbeiter sichern. Das war auch bei der Mannesmann-Übernahme nicht anders. Eine unter dem Drängen der IG Metall abgeschlossene Betriebsvereinbarung schützt die Mannesmann-Arbeitsplätze zwar zunächst bis zum Ende des Jahres 2003 – danach dürfte es um die Sicherheit vieler Arbeitsplätze allerdings eher schlecht bestellt sein (auch wenn nach Zerlegung, Umschichtungen und Verkäufen kaum mehr zu ermitteln sein wird, wie viele Arbeitsplätze die Übernahme wirklich gekostet hat).

D 2: Nachlassende Sendeleistung beim Abschreibungsweltmeister

Mit der Übernahme von Mannesmann brachte sich Vodafone in den Besitz der Telekommunikationssparte des Konzerns. Seit der Stunde Null am 19. Juni 2000, dem Zeitpunkt, als die Übernahme wirksam wurde, ist es um die einstigen Mannesmann-Marken Arcor (Festnetz) und D2 (Mobilfunk) allerdings nicht mehr zum Besten bestellt. Die von Mannesmann aufgebauten starken Markenprofile sind durch die neue Konzernpolitik beschädigt worden. Als Folge davon ist es dem Rivalen D1, der der Deutschen Telekom-Tochter T-Mobile gehört, gelungen, dem Champion D2 die Marktführerschaft abzunehmen. Mit einem Vorsprung von 1,2 Millionen Kunden liegt D1 inzwischen mehr als nur eine Handyantennenlänge in Führung.

Unklar sind auch die Perspektiven im Festnetzbereich bei Arcor. Nach der Liberalisierung der Telekommunikationsmärkte hatte sich Arcor zunächst mit Erfolg profiliert. Wohin der Satellit Arcor, der von seiner Leitzentrale offenbar vergessen wurde, heute fliegt, steht allerdings in den Sternen. So sehen die Beschäftigten von Arcor seit der Übernahme durch Vodafone einer ungewissen Zukunft – und wohl auch Entlassungen – entgegen. Eine bereits erarbeitete Strategie, die Festnetzbereich, Mobilfunk und Internet integriert hätte, ist nicht mehr umgesetzt worden.

Vereinbart worden war auch, den guten Namen von Mannesmann im Rahmen der Markenstrategie bei Arcor und D2 weiter zu verwenden. Vodafone jedoch hielt sich nicht an die Abmachung und setzte lieber auf den eigenen Markennamen – obwohl der sich in Deutschland als wenig zugkräftig erwies.

Was Chris Gent von den Germans hält, illustriert sein Verhalten auf der ersten Hauptversammlung nach der Übernahme am 5. Juni 2000: Er kniff und ließ sich erst gar nicht blicken. Gent weilte bei einer Veranstaltung für Investoren in den Vereinigten Staaten und war nur per Handy erreichbar. So ist es kaum verwunderlich, dass die Stimmung bei Mannesmann nach der Übernahme am Boden war. Gegenüber einem Reporter des amerikanischen Magazins *Fortune* beschrieb ein Mitarbeiter des unterlegenen Unternehmens, welchen Eindruck das Verhalten der Engländer bei ihm hinterließ: »Wir haben gewonnen, jetzt seid ihr dran.«

2 Agenten des Wandels

Manchmal kann ein Wirtschaftsmagazin seinen Lesern richtig Angst einjagen. Das amerikanische *Fortune Magazine*, Propagandist des amerikanischen Traums vom schnellen Geld und Hauspostille des agilen Turbokapitalismus, musste eine schlechte Nacht gehabt haben, als es schrieb:

> »Stell dir vor, du bist ein Segelboot, das über das Wasser flitzt: Nur wenn du schneller bist als das Wasser rings um dich herum, kannst du die Richtung bestimmen. Allerdings ist das Wasser mit jedem neuen Tag schneller, es reißt dich davon ...«

Doch was wie ein Albtraum klingt, ist keiner. Hier wird die Realität unseres wirtschaftlichen Alltags beschrieben, seine Zwänge, die immer höhere Geschwindigkeit, mit der den Arbeitskräften Leistung und Flexibilität abverlangt wird.

Manager, Berater und Investment-Banker sitzen an den Schaltstellen der Wirtschaft und sorgen dafür, dass das Wasser immer schneller wird. Dabei sehen sie sich selbst als Opfer und Getriebene einer global agierenden Wirtschaftsmaschinerie. Ist also niemand verantwortlich dafür, wenn die Arbeitnehmer baden gehen und Arbeitsplätze gleich tausendfach absaufen, während sich zugleich ein Millionenstrom von Euros und Dollars in die Taschen von Managern und Bankern ergießt? Gibt es keine Antreiber mehr, sondern nur noch Getriebene? Wer sorgt denn dafür, dass alles sich ändert – und wer profitiert davon?

Vier Wirtschaftslenker sollen hier vorgestellt werden, vier, die exemplarisch stehen für unzählige andere Manager, Berater und Investment-Banker. Sie sind es, die die Richtung vorgeben, sie sind die »Agenten des Wandels«.

Der »kreative Zerstörer«: Jürgen Dormann

Es gibt eine Parallele im Leben von Michail Gorbatschow und Jürgen Dormann. Der frühere russische Präsident betrieb die Auflösung des sowjetischen Systems, nachdem er an die Spitze des Staates aufgestiegen war. Ganz Ähnliches leistete Jürgen Dormann, ein Spezialist für »kreative« Zerstörung auf dem Gebiet der Wirtschaft, Fachbereich chemische Industrie.

Die Frankfurter Hoechst AG war am Ende, kaum dass Jürgen Dormann richtig angefangen hatte. Einmal nur war das Unternehmen von der Regel abgewichen, den Vorstandsvorsitz nur mit Naturwissenschaftlern zu besetzen: beim vielversprechenden Diplom-Volkswirt aus Heidelberg. 1963 hatte Jürgen Dormann als Management-Trainee bei Hoechst angefangen, 1994 wurde er zum Vorstandsvorsitzenden bestellt.

Dem Frankfurter Chemie- und Pharma-Multi ging es Anfang der Neunzigerjahre nicht eben schlecht mit seinen 23,5 Milliarden Euro Umsatz und an die 170 000 Mitarbeitern. Doch kaum hatte das Hoechster Eigengewächs im April 1994 im Sessel des Vorstandsvorsitzenden Platz genommen, missfiel ihm alles, was er sah. Den Mitarbeitern in dem »etwas verkrusteten, introvertierten Laden« verkündete Dormann das »Ende der Gemütlichkeit«. Kein Wunder, dass er, wie die *Zeit* schrieb, bei seinen

Mitarbeitern »eher Angst als Aufbruchsstimmung« verbreitete. Auch sei der Konzern keine Veranstaltung zur Förderung der Wissenschaft, sagte er.

Das mochte nassforsch klingen, war aber ganz ernst gemeint. Dormann bereitete rhetorisch die Auslöschung eines ganzen Konzerns vor – ein einmaliger Vorgang innerhalb der Deutschland AG. Für diese bewundernswerte Leistung gab es Vorschusslorbeeren vom *Manager-Magazin*: 1995 wurde der Mann mit dem »unbändigen Veränderungswillen« zum »Manager des Jahres« gekrönt. Er sollte seine Drohung in die Tat umsetzen.

Downsizing Deutschland

Rückblende: Im Jahr 1872, mitten in der boomenden, aber wegen ihrer üblen Geschäftspraktiken berüchtigten Gründerzeit, gewann ein Zeitgenosse aus dem Unternehmerstand die Erkenntnis, dass die Zufriedenheit der Arbeiter »in unserem wohlverstandenen eigenen Interesse liegt«.

Lang ist's her. Heute glaubt kein Manager und Unternehmer mehr, mit einer solchen Einstellung noch einen Blumentopf gewinnen zu können. Zufriedenheit und Motivation der Mitarbeiter gelten als entbehrlich, seit Stellenstreichungen nicht mehr nur aus konjunkturellen Gründen oder unter dem Druck einer existenzbedrohenden Krise erfolgen. Schon gegen Ende der Neunzigerjahre bedurfte es solcher Rechtfertigungsgründe nicht mehr, um einen Stellenabbau zu begründen. Selbst kerngesunde und gutverdienende Unternehmen greifen inzwischen zu Entlassungen. Es herrscht die Sichtweise vor, Mitarbeiter seien eine Art Lastochsen, deren man sich bei Bedarf entledigt, um die Investoren günstig zu stimmen. Wenn Manager börsennotierter Gesellschaften ihre Bilanzen polieren und ihre Einkünfte steigern möchten, verkünden sie gerne einen Stellenabbau. Ihren Mitarbeitern geben sie damit eine bittere Pille zu schlucken, einem kränkelnden Unternehmen helfen sie so aber nicht unbedingt auf die Beine. Nur in einem Punkt hat diese Medizin durchschlagenden Erfolg: Sie verhilft den Managern zu drastischen Gehaltssteigerungen und vermag akute Vermögensdefizite zu heilen.

Der amerikanische Supermanager Jack Welch hat es vorgemacht. Der Mann, der die »Downsizings« populär machte, hat den von ihm seit 1981 geleiteten General-Electric-Konzern so lange verschlankt und umgebaut, bis von den 402 000 Arbeitsplätzen zu Beginn seiner Amtszeit nur noch 276 000 übrig blieben, als er 20 Jahre später aus dem Unternehmen ausschied.

Die Auflösung der »Hoechst-Familie«

Was Welch in Amerika vorgemacht hat, wurde von Dormann getreulich nachexerziert. Als »einer der radikalsten deutschen Manager«, wie ihn die *Financial Times* nannte, sorgte er für einen neuen Ton, der wie ein Donnerschlag die Hoechst-Familie durcheinander wirbelte. Was Dormann dort anrichtete, war nicht von schlechten Eltern und flößte selbst seinen im Kampf gegen ihre eigenen Belegschaften erprobten amerikanischen Kollegen gehörig Respekt ein. Im Rahmen seines Vernichtungsfeldzugs schnürte Dormann 35 verschiedene Geschäftsbereiche vom Konzern ab und wurde damit gleich 70 000 Beschäftigte auf einen Streich los. Nach der Methode Schlussverkauf wurde fast alles, was Hoechst einst lieb und teuer war, abgestoßen. Ob es sich um den bekannten Haarpflegespezialisten Schwarzkopf, die Kosmetikunternehmen Jade und Marbert oder um Kunstfaserproduzenten wie Trevira handelte, war gleichgültig, Hauptsache, die Unternehmen kamen weg. Die zum Verkauf gestellten Unternehmen fänden anderswo bessere Bedingungen für ihr Wachstum vor als unter dem Konzerndach von Hoechst, signalisierte der strenge Chef.

Abgestoßen wurde auch die amerikanische Celanese – dabei

war es Dormann selbst gewesen, der im Rahmen der internationalen Diversifikationsstrategie von Hoechst den damaligen Vorstandsvorsitzenden Wolfgang Hilger 1987 bewogen hatte, den US-Chemieriesen für annähernd 3 Milliarden Euro zu erwerben – die bis dato größte Übernahme durch ein deutsches Unternehmen im Ausland – und ihn mit American Hoechst zur Hoechst Celanese zu vereinigen. Erst aufgebaut, dann eingestampft.

Pharma wurde zum Kerngeschäftsfeld erklärt, und so ging der Konzern auf Einkaufstour. Mit der amerikanischen Marion Merrell Dow erwarb er ein Pharmaunternehmen aus der zweiten Reihe und legte dafür – amerikanische Pharmaunternehmen sind besonders teuer – 7,1 Milliarden Dollar an.

Der stets beherrscht wirkende Dormann strahlt die Kühle derer ab, die ihre Gefühle und ihr Innenleben morgens zu Hause zurücklassen, wenn sie ins Büro gehen. Für den Apparatschik im Dienste der Effizienz zählte nur eins: Er wollte Hoechst in den Kreml des Shareholder Value verwandeln. Für Mitarbeiter bleibt in diesem Weltbild wenig Platz. Das musste auch die Hoechst-Belegschaft erfahren. »Scheinheiligkeit, die überall wächst und blüht«, ortete der Fundamentalist des Wandels in den Hoechster Hallen. Mit radikalen Schnitten bereitete Dormann solchen Umtrieben ein rasches Ende: Mitte der Neunzigerjahre hatte Arnold Weber, der Vorsitzende des Betriebsrats in Frankfurt/Hoechst, bundesweit 80 000 Hoechst Mitarbeiter zu vertreten. Heute sind es noch 5000.

Konzern im Abenteuerland

Dormann blickte nach oben. Dort flackerte ein neuer Leitstern am Himmel. Die Manager der Pharma- und Chemiefirmen wussten, was zu tun war, und griffen mit beiden Händen danach. Was da so hell leuchtete, waren die »Life Sciences«, die »Wissenschaften vom Leben«.

Es ging um die Verschmelzung von Agrarwirtschaft und Pharmaindustrie. Sogenannte nutrazeutische Produkte sollten der neue Trend sein und Ernährung und Pharmakologie zum Nutzen der Menschheit vereinen. Mit Hilfe von biotechnologischen Verfahren sollten Nahrungsmittel so verändert werden, dass sie zugleich medizinischen Nutzen versprachen.

Die Vision gigantischer neuer Märkte beflügelte nicht nur die Manager, sondern auch die Träume der Investoren. Es klingt aber auch zu schön: Die Menschheit ernähren, gesund erhalten und lange leben lassen. Damit sollte sich doch prächtig verdienen lassen. Und ganz vorne mit dabei sein in dem vermeintlich bombensicheren Rundumgeschäft wollte auch Dormann. Zu diesem Zweck kreierte er einen Konzern, der sich den Life Sciences verschrieben hatte: Aventis. Alles daran war neu, auch der Name. Der klingt nicht nur schön, sondern er steht für die Ankunft des Neuen, für Innovation, für die Zukunft (frz. »avenir«) und nicht zuletzt für das Abenteuer (frz. »aventure«).

Nach der Fusion von Hoechst mit dem französischen Konzern Rhône Poulenc bezog die neue Firma im elsässischen Straßburg ihr Hauptquartier. Der Mann mit dem stumpfsinnigen Wahlspruch »Wirklich nachhaltig ist nur der Wandel«, der in seinem Veränderungsdrang vor nichts Halt gemacht hat, schien am Ziel. Nur in einer Hinsicht war alles beim Alten geblieben: Die Unternehmensführung lag auch bei Aventis in den Händen von Jürgen Dormann, bis er Anfang 2002 Aufsichtsratsvorsitzender wurde.

Modetrends und Managerlaunen

Soweit die »Ankunft des Neuen«. Fürs Abenteuer sollten die Verbraucher sorgen. Die nämlich machten aus dem Zukunftsmarkt Life Sciences ein regelrechtes Desaster. Beim Thema Gen-Nahrung legten sich Europas Verbraucher quer, und vor allem die kritischen Deutschen streikten. Offensichtlich hatten die Life-Science-Strategen in den Konzernzentralen meilenweit an den Bedürfnissen und Wünschen der Kunden vorbei geplant, deren Wünsche sie doch immer so ernst nehmen wollten. Es muss eine schmerzliche Erkenntnis gewesen sein, als die ans Kommandieren gewöhnten Konzernherren realisierten, dass sie zwar den Konzernumbau vom letzten Jahr einfach von oben herab anordnen konnten, nicht aber den Verzehr der neuen Produkte. Milliarden von Dollars hatten die Strategen in die schöne neue Welt der Designpflanzen fließen lassen, und Aventis hatte die Öffentlichkeit mit einer sündhaft teuren Anzeigenkampagne von der neuen Vision in Kenntnis gesetzt.

Von den hochgepriesenen Life Sciences ist nichts mehr zu hören. Anfang 2002 wurde die ehemals zum »Kerngeschäft« zählende Landwirtschaftssparte abgestoßen – der Bayer-Konzern hat Aventis CropScience übernommen. Seitdem erinnert nur der stilisierte Ährenkranz im Firmenenblem an die missglückte Landpartie von Aventis. Jetzt fischt der Konzern nach Rendite, wo es alle anderen auch tun: im Geschäft mit Pharma.

Medizin für Gesunde

Mit Hoechst hat zum ersten Mal ein kompletter Konzern aus der Mitte der Deutschland AG freiwillig abgedankt. Heute trägt nur noch ein Stadtteil von Frankfurt den Namen Höchst, und an manchen Apotheken und Gebäuden prangt außen noch das einst weltbekannte Markenzeichen der »Apotheke der Welt«.

Den ehemals zu Hoechst gehörenden Unternehmen blieb der Erfolg versagt, den Dormann ihnen prophezeit hatte. Aufblühen konnten vor allem die verkauften Kosmetikunternehmen – und die hätten auch unter dem Dach von Hoechst Erfolg gehabt, wenn ihnen nur die rechte Pflege angediehen wäre. Andere Unternehmen aus der »Hoechst-Familie« wie beispielsweise Celanese schrieben 2001 hohe Verluste. Auch harte Sanierungsschnitte wie Werksschließungen und Entlassungen vermochten den Zahlen nicht auf die Beine zu helfen, sondern bringen nur immer neue Ex-Hoechst-Werker um Lohn und Brot. Wenige Gewinner, viele Verlierer, bilanzierte das *Manager-Magazin*.

Dem »Dormann-Virus« konnte das nichts anhaben. Seit dem Jahr 2001 grassiert er in der deutschen Wirtschaft. Immer neue Unternehmen setzen zum Kahlschlag bei den Arbeitsplätzen an, die Zeitungen sind voll von Berichten über Tausende zum Abbau freigegebene Arbeitsplätze bei Siemens, Deutscher Post, Hypo-Vereinsbank, Deutscher Bank und anderen Unternehmen. Turbokapitalismus in Hochform, vorgelebt von jenem Manager, der im Lauf seiner Karriere kein anderes Unternehmen als die Hoechst AG kennen gelernt hat, und als er an der Spitze angekommen war, nichts Besseres zu tun wusste, als den Baum, auf dem er nach oben geklettert war, zu fällen.

Dormann bleibt Dormann. Im Interview mit dem schweizerischen Magazin *Bilanz* sagte er: »Wer gute Leistungen bringt und sich schlecht bezahlen lässt, ist eine Null.« Der Umkehrschluss liegt auf der Hand: Wer schlechte Leistungen bringt und sich dafür gut bezahlen lässt, ist ein Starmanager.

Der »gepflegte Langweiler«: Josef Ackermann

Der Aufstieg von Josef Ackermann an die Spitze der Deutschen Bank kommt einer Revolution bei dem konservativen Bankhaus gleich. Zum ersten Mal in der Geschichte der Bank steuert ein Ausländer das wichtigste deutsche Bankhaus, das mit seinem Netzwerk an Beteiligungen und seinem Einfluss den Kurs der deutschen Wirtschaft maßgeblich bestimmt.

Anders als gewöhnlich sorgte der Wechsel an der Spitze der Bank, die so sehr auf geräuschloses Funktionieren bedacht ist, schon im Vorfeld für erheblichen Radau. Vorgänger Rolf-E. Breuer war noch als Vorstandssprecher im Amt, da tobte im

Geldhaus bereits der Kampf um die neue Führungsstruktur. Jahre zuvor hatte der damalige Vorstandssprecher Hilmar Kopper angekündigt, »kein Stein bleibe auf dem anderen«. Seither war die Bank nicht mehr zur Ruhe gekommen. Es war eine Art Sport geworden, bei der Deutschen Bank ständig neue Organisationsmodelle zu installieren. Jetzt schneiderte sich der machtbewusste Ackermann eine neue Organisationsstruktur auf den Leib – die fünfte Neuorganisation der Bank in nur zehn Jahren.

Doch die im Januar 2002 bekanntgegebene radikale Schrumpfkur im Vorstand soll nur der Anfang sein. Die einst kegelförmige Führungsstruktur wird zu einer Pyramide umgebaut. An der Spitze ist nur für einen Platz: Josef Ackermann.

Doing it the American way

Fast sah es so aus, als ob der 1948 im schweizerischen Mels zur Welt gekommene Ackermann eine Hochschulkarriere einschlagen würde. Jedenfalls studierte er an der Hochschule in St. Gallen mit Fleiß Wirtschafts- und Sozialwissenschaften, wobei er sich auf Volkswirtschaft mit dem Schwerpunkt Geldpolitik und Geldtheorie konzentrierte. Nach der Promotion zog es den jungen Doktor dann aber doch in die Praxis, zur Schweizerischen Kreditanstalt (SKA), und er ging dorthin, wo das Herz der Finanz welt am heftigsten schlägt und der Glanz des großen Geldes am hellsten strahlt: nach London und New York.

Nirgendwo sonst wird mit härteren Bandagen und höherem Einsatz gekämpft. Nur der Erfolg zählt – dafür können die Siegprämien exorbitant hoch ausfallen. Die am schnellen Profit ausgerichtete Investmentkultur nach angelsächsischem Muster, die – im Unterschied zum deutschen Finanzwesen – ihren Schwerpunkt im Aktiengeschäft setzt, wird Denken und Handeln des »gepflegten Langweilers«, wie ein Schweizer Wirtschaftsmagazin Ackermann einmal charakterisierte, geprägt haben.

Der Alpha-Wolf

Schnelligkeit ist alles. Das gilt auch bei der eigenen Karriere. Seit 1996 ist »Joe« Mitglied des Vorstands der Deutschen Bank, seit Mai 2002 drückt er als Vorstandssprecher aufs Gaspedal. Bei der Schweizerischen Kreditanstalt war er 1990, nach nur 13 Jahren, erst Mitglied der Generaldirektion, dann, von 1993 an, Präsident der SKA geworden. Als eine Umorganisation bei der Kreditanstalt eingeleitet wurde, erhielt seine bis dahin so geradlinig verlaufene Karriere einen Knick. Josef Ackermann war draußen. Wie es hieß, wegen »unterschiedlicher Auffassungen über die Geschäftspolitik«. Geredet wurde anderes, nämlich dass er, der Alpha-Ackermann, sich dem Umbau widersetzt habe und darum habe gehen müssen.

Nur wenige Monate später wechselte er 1996 auf einen Vorstandssitz bei der Deutschen Bank. Hier war Alleinherrschaft allerdings nicht gefragt, sondern die Entscheidungen wurden traditionell von einem Vorstandskollegium getroffen. Der Investment-Banker Ackermann musste sich eher langweilige Diskussionen über das Kreditgeschäft mit dem Mittelstand anhören. Dabei war damit kein Blumentopf zu gewinnen, während das von Joe Ackermann seit 1996 geführte Londoner Investment-Banking einen großen Teil zum Gewinn der Bank beisteuerte.

Angesichts solcher Erfolge schien es ausgemacht, dass der künftige Vorstandssprecher aus dem Investment-Bankgeschäft kommen sollte. Das galt umso mehr, als Hilmar Kopper, langjähriger Vorstandssprecher und Aufsichtsratsvorsitzender der Deutschen Bank, Joe Ackermann gewogen war. Kopper, der sich im Mai 2002 aus dem Aufsichtsrat des Geldhauses zurückzog, tat gegenüber der *Wirtschaftswoche* kund, dass er mit »großer Lockerheit« gehe: »Hier spielt ein Team, das ich gerne alleine weiterspielen sehe.« Mitte 2002 allerdings betrat mit der Düsseldorfer Staatsanwaltschaft ein unerwarteter Mitspieler das Feld, der sich für Ackermanns Rolle im Mannesmann-Aufsichtsrat interessierte. Die Ermittlungen wegen des Verdachts auf Untreue und Beihilfe »in einem besonders schweren Fall« richteten sich gegen den vierköpfigen »Ausschuss für Vorstandsangelegenheiten«, der nach vollzogener Übernahme durch Vodafone den Mannesmanagern goldene Fallschirme in Höhe von angeblich über 50 Millionen Euro genehmigte.

Peanuts und Kokosnüsse

Als Kopper selbst noch das Spiel der Bank bestimmte, hatte die »Deutsche« in Sachen positives Image eine längere Auszeit. Wann immer es in den letzten Jahren eine spektakuläre Pleite gab, war das Bankhaus darin verwickelt, angefangen vom Konkurs des Baulöwen Schneider 1994 über den Sportbodenhersteller Balsam AG bis zum Baukonzern Philipp Holzmann und dem Medienmagnaten Leo Kirch in jüngster Zeit. Kopper selbst legte schon einmal eine erstaunliche Lockerheit an den Tag, als er im Zusammenhang mit der Schneider-Pleite unbezahlte Handwerkerrechnungen in Höhe von 59 Millionen Mark (30 Millionen Euro) als »Peanuts« bezeichnete. Offensichtlich mangelte es ihm an Vorstellungskraft für Beträge, die sich nur im zweistelligen Millionenbereich bewegen, aber auch an Einfühlungsvermögen für die Belange von Kleinverdienern.

Wer so spricht, muss davon träumen, saftige Kokosnüsse zu ernten statt trockener Peanuts. Doch in einer Kultur, in der Aktien als Finanzierungsinstrument kaum eine Rolle spielen, sind einer Expansion der Gewinne und dem Ehrgeiz enge Grenzen gesteckt. Die Deutsche Bank gilt – wie die anderen deutschen Geschäftsbanken – unter Profibankern als echter Problemfall. Ihre Größe steht in scharfem Kontrast zu den erzielten Ergebnissen und der erreichten Profitabilität. Europas größte Bank hat selbst im Rekordjahr 2000, als die Aktienbörsen vor Aktivität summten, eine Eigenkapitalrendite von nur 12,3 Prozent erzielt.

Ein Jahr später betrug die Rendite sogar nur noch bescheidene 3,3 Prozent. Von den Einnahmen der Bank gehen an die 80 Prozent wieder für Kosten drauf – daran haben auch die zahlreichen Umorganisationen der letzten Jahre nichts geändert. Die Kostenstruktur der Bank wurde immer wieder öffentlich von eben jenen Managern beklagt, die diese Kostenstruktur nicht in den Griff bekamen.

Ob Ackermann dem Management nach dem Prinzip Jammern und Ankündigen ein Ende setzt, muss sich erst noch erweisen. Freundlich im Ton, doch mit harter Hand spannt Ackermann den Pflug an. Zuerst rückt der von der *Wirtschaftswoche* als Idealbesetzung für den Chefsessel gepriesene »Mister Perfect« den Kosten zu Leibe. Ackermann weiß, dass die Konkurrenz, darunter die Schweizer Großbanken, der Deutschen Bank bei den Rationalisierungen um Jahre voraus sind. Werden die von ihm verbindlich vorgegebenen Ziele nicht erreicht, sei er nicht sicher, »dass wir in zwei Jahren noch Deutsch sprechen«, soll er angekündigt haben.

Nachrichten zur Beruhigung der Heimat

Schon im Jahr 2001 haben die Pressevertreter zu unterscheiden gelernt zwischen Aussagen der Bankchefs, die zur Beruhigung der Öffentlichkeit gedacht sind, und ernst gemeinten »News«. Ernst gemeint ist auf jeden Fall Josef Ackermanns Machtanspruch. Das Führungsmodell, das er zu seinem Amtsantritt durchgesetzt hat, stattet ihn mit mehr Macht aus als jeden anderen Vorstandssprecher vor ihm. Wer sich der neuen Marschrichtung widersetzt, muss gehen. So ereilte es Ende Januar 2002 den obersten Risikomanager der Bank, Thomas Fischer. Mit Fischer räumte ein Vorstandsmitglied das Feld, das sich für die Erhaltung des Standorts Frankfurt stark gemacht hat.

Nun geben im Vorstand der Bank die London-Fans den Ton an.

Schon Ackermanns Vorgänger Rolf-E. Breuer hatte das deutsche Aktienrecht wiederholt als unflexibel und veraltet kritisiert. Dem angelsächsischen »Powerplay« werde es nicht länger gerecht.

»Power« ist auch das Stichwort für die neue Führungsstruktur. Künftig steht nur noch ein Mann an der Spitze, denn wo es um schnelle Entscheidungen geht, erscheint ein schwammiges Vorstandsgremium mit lahmen Konsensentscheidungen nur als hinderlich. »Lean management« ist Trumpf, schlanke Strukturen ziehen in das oberste Leitungsgremium der Deutschen Bank ein. Lean, also schlank dürfte die Bank bald auch unten und auf den mittleren Hierarchieetagen werden. Betriebsräte des Bankhauses glauben nicht, dass es bei dem gegen Ende der Ära Breuer angekündigten Abbau von 9200 Stellen bleiben wird.

Rückzug 24

Bevor schnell geführte Schnitte die Bank nach vorne bringen, marschieren die Kohorten des Kassenmeisters erst einmal wieder rückwärts. Das schwierige und ertragsarme Schaltergeschäft war von Rolf-E. Breuer 1999 mit der Direktbank »Deutsche Bank 24« unter einem Dach zusammengefasst und – gegen die Meinung des Betriebsrats der Bank – in eine eigene Aktiengesellschaft ausgelagert worden. Dabei hatte Breuer die Gelegenheit zum Abbau von 4600 Stellen genutzt. Jetzt befiehlt Ackermann, der es bei der Schweizer Armee bis zum Obersten der Artillerie gebracht hat, den »Rückzug 24«. Was als Revolution im Privatkundengeschäft angekündigt worden war, soll wieder rückgängig gemacht, die Marke Deutsche Bank 24 wieder eingestampft und die abgeschobenen Kunden wieder in die Arme der Mutter Deutsche Bank aufgenommen werden.

Einschneidende Änderungen sind auch beim Beteiligungsbesitz der Deutschen Bank zu erwarten. Mit dem Pfund der umfangreichen deutschen Industriebeteiligungen lässt sich trefflich wuchern – wenn die Börse mitspielt und man sie zu einem guten Preis verkaufen kann. Der gesamte Industriebesitz steht mit nur 2 Milliarden Euro in den Büchern der Bank. Wert sind die Beteiligungsstücke, die sich im Lauf der Jahrzehnte angesammelt hatten, natürlich wesentlich mehr.

Der neue Chef hat schon begonnen, erste Aktienpakete zu verkaufen. Mit den Erlösen soll die globale Expansion der Bank im Corporate und Investment-Banking, im Asset-Management und im Private Banking für gut betuchte Privatkunden finanziert werden. »Das Potential ist gewaltig«, sagte Ackermann bereits im Jahr 1998 dem schweizerischen Magazin *Bilanz*.

Frontwechsel bei der Deutschen

Wenn das Potential schon 1998 gewaltig erschien, ist das heute erst recht der Fall. Dafür sorgen entscheidende Änderungen im deutschen Steuerrecht, die den Beteiligungsverkauf steuerfrei stellen – es war die Deutsche Bank selbst, die Bundeskanzler Schröder zu dem Schritt gedrängt hat. Wenn die Deutsche Bank ihren Hauptsitz tatsächlich an den Finanzplatz London verlegt, kann sie sich mit dem Erlös aus den verkauften Beteiligungen wohlgerüstet auf die Reise machen und braucht selbst das Abenteuer einer neuen Megafusion nicht zu fürchten. Auch hier sind bereits die wichtigsten Weichenstellungen erfolgt. Mit der Aufnahme der Aktie der Deutschen Bank an der New Yorker Börse ist die Aktie als Zahlwährung bei Übernahmen verkehrsfähig geworden – nur die Kursentwicklung lässt noch zu wünschen übrig.

Künftig wird die Deutschland AG nicht mehr, wie gewohnt, auf den Beistand der Deutschen Bank zählen können. Die Abwehr von Attacken aus dem Ausland steht nicht mehr auf ihrer Agenda. Damit ist die Zeit endgültig passé, als die Deutsche Bank sich noch bereit fand, einen Regenschirm über den industriellen Besitz der Deutschland AG zu spannen und unerbetene Übernahmeversuche abtropfen zu lassen. So zum Beispiel, als sich der italienische Pirelli-Konzern Anfang der Neunzigerjahre den Hannoveraner Reifen- und Gummimischer Continental einverleiben wollte und der damalige Vorstandschef von Conti die Deutsche Bank für eine Abwehrfront gegen den ausländischen Angreifer gewinnen konnte. Damals wurde der Versuch der unfreundlichen Übernahme abgeblockt, obwohl Pirelli über 35 Prozent der Conti-Aktien verfügte.

Schon nicht mehr wiederzuerkennen war die Rolle der Deutschen Bank im Fall der aggressiv betriebenen feindlichen Übernahme von Mannesmann durch Vodafone, wo Ackermann selbst als Mitglied des Aufsichtsrats fungierte und, dem *Spiegel* zufolge, an der Genehmigung der »Schlachtprämie« für die Mannesmann-Manager beteiligt war. Noch bis Anfang 2002 hatte Ackermann sogar einen Direktorposten bei Vodafone inne, den er schließlich ohne Angabe von Gründen abgab. Heute erinnert an die ausgeschlachtete Mannesmann AG nur noch das Hochhaus am Düsseldorfer Mannesmannufer, dem früheren Konzernhauptsitz, auf dem nun allerdings das Firmenlogo von Vodafone leuchtet.

Irgendwann, schwante einem Bankier in Frankfurt, werden auch die Zwillingstürme der Deutschen Bank an der Taunusanlage nur noch eine schicke Briefkastenadresse sein.

Der »smarte Wandler«: Paul Achleitner

Berufliche Erfahrungen im Ausland sammeln! Diesen Ratschlag hören Studenten immer wieder. Wer sich daran hält, kann es weit bringen. Vielleicht sogar eines Tages zum Vorstandsmitglied bei der Allianz AG. Wie Paul Achleitner, der Finanzchef der mächtigen Versicherungsgruppe. Sein Lebenslauf ist mit Auslandsstationen geradezu gespickt, er war in Frankreich, in den USA und

Großbritannien, sammelte weitreichende Erfahrungen im Investment-Banking, war mehrere Jahre in einem großen und bekannten Unternehmen des Management-Consulting tätig und machte so ganz nebenbei noch eine Promotion in jenem Fach, das die Geldmänner lieben: Betriebswirtschaftslehre. Wer mit einem solchen Lebenslauf wuchert, hat beste Voraussetzungen, ganz nach oben zu kommen.

Mysteriöse Managementberater

Betriebswirtschaftsstudenten träumen davon, Harvard zu verlassen und ohne Umwege ein Büro in einem renommierten Beratungskabinett zu beziehen. Auch Achleitner fand das nach seiner Promotion passend. 1984 suchte der 28-Jährige die Beratungspraxis und ging zur Consultingfirma Bain & Co. in Boston. Das Beratungsunternehmen gibt sich eher lichtscheu und der Öffentlichkeit gegenüber verschlossen. Doch Anfang des Jahres 1988 öffneten sich die verschlossenen Türen von Bain & Co. ein wenig. Heraus traten viele der Mitarbeiter, denn die Umsätze des Beratungsunternehmen waren zurückgegangen und – eine Seltenheit in der florierenden Beratungsbranche – Bain & Co. hatte beschlossen, sich von 10 Prozent seiner »Geheimnisträger« zu trennen.

Seit 1988 stand auch das Jungtalent Achleitner nicht mehr auf der Lohnliste des Bostoner Beratungsunternehmens, bei dem er es bis zum Manager gebracht hatte, und kehrte dem Management-Consulting ein für alle Mal den Rücken. Es gab grünere Wiesen, wusste er, und die hatte er schnell gefunden. Denn es heuerte ihn ein Unternehmen aus einer Branche an, die noch weit mehr Potential versprach als das Beratergeschäft: die US-Bank Goldman Sachs – der Hüter der Wall Street und die erfahrenste und beste Finanzadresse am Platz. Es war für beide Seiten eine grandiose Entscheidung.

Germany's Top-Investment-Banker

Achleitner nutzte seine Chance. Fusionen und Übernahmen wurden sein Spezialgebiet, das er erst von New York, dann von London aus betreute. Dass das Wasser stets in seine Richtung lief, dafür sorgten nicht nur sein außerordentliches Talent und sein Fleiß, sondern auch der in den Neunzigerjahren tobende Börsenboom, der den Bedarf an maßgeschneiderten Beratungsdienstleistungen zur Durchführung von Übernahmen, Firmenverschmelzungen und ähnlichen Transaktionen nahezu ins Unendliche steigerte. Selbst Blei lernte fliegen in diesen Tagen und wurde scheinbar in pures Gold verwandelt.

Die Höhenflüge am Börsenmarkt heizten das Fusionsfieber an, zugleich wuchs das Volumen der getätigten Geschäfte in immer neue Dimensionen. Als die Fusionitis schließlich auch Europa und Deutschland erreichte, war Achleitner als Goldman-Geschäftsführer schon vor Ort in Frankfurt am Main. Im Deutschland nach der Wiedervereinigung legte Goldman Sachs eine Traumkarriere hin, und einen großen Teil davon verdankte das Investmenthaus Paul Achleitner – nun hatte auch Europa einen Starbanker in der Königsdisziplin des Investment-Banking aufzubieten.

Goldman war bei allen Wegmarken der Geschichte dabei. Die Bank war nicht nur der führende Berater bei den Privatisierungen der Treuhandanstalt, sie koordinierte auch den kolossalen 13-Milliarden-Dollar-Börsengang der Deutschen Telekom und trat beim transatlantischen Megamerger von Daimler-Benz mit Chrysler in Aktion, ein Volumen von 40,47 Milliarden Dollar. Während an Goldman und Achleitner bald nichts mehr vorbeiging, war für »Germany's Top-Investmentbanker«, wie er von der *Financial Times* bezeichnet wurde, der Zeitpunkt gekommen, um zu neuen Ufern aufzubrechen.

Es war beileibe nicht einfach, nach dem edlen Haus Goldman Sachs einen Arbeitgeber zu finden, der noch bessere Entfaltungsmöglichkeiten bot. Aber ein Haus, wo ein cleverer Finanzmensch 188 Millionen Euro täglich anlegen kann? Das ist schon was. Die Allianz zieht diese Summe allein aus den Versicherungsprämien ihrer Kunden. Als bekannt wurde, dass Achleitner dem Werben der Allianz nachgegeben hatte und als Finanzchef zu dem Versicherer gehen würde, machte der Kurs der Allianz-Aktie im September 1999 einen – für ein üblicherweise eher träge reagierendes Börsenpapier – ungewöhnlichen Sprung nach oben und legte um mehr als 7 Prozent zu.

Der Abgang seines Investmentstars war für Goldman Sachs eine bittere Pille. Hank Paulson, der Chef des angesehenen Investmenthauses, gewann der Sache wohl oder übel eine positive Seite ab, als er äußerte, er sei zuversichtlich, auch künftig mit Mr. Achleitner und der Allianz zusammenarbeiten zu dürfen – als zahlende Kunden von Goldman Sachs.

Feine Schleifarbeiten

Die größte Finanzmacht innerhalb der Deutschland AG ist die Allianz. Mit Achleitner als Finanzchef kam nun die jüngere Generation an den Drücker. Und die zeichnet sich unter anderem durch eine völlig unsentimentale Haltung gegenüber traditionellen Werten aus. Die direkten und indirekten Beteiligungen aus dem umfangreichen Fundus des Versicherers, ergänzt um die Reichtümer aus der Schatztruhe der von der Allianz übernommenen Dresdner Bank, warteten geradezu darauf, im Wert gesteigert und anschließend versilbert zu werden.

Im milliardenschweren Portfolio der Allianz hat sich tatsächlich ein großer Renovierungsbedarf angestaut. Lange hatte man sich damit begnügt, über das personelle Netzwerk der Beteiligungen Einfluss auszuüben und natürlich die Dividenden zu vereinnahmen. Modernen Anforderungen, wie sie von den Managementberatern und Investment-Bankern erhoben werden, genügt das längst nicht mehr. Nun hält auch bei der konservativen Allianz die Moderne Einzug. Erste Feinarbeiten wurden bereits geleistet und manch gröbere Arbeiten stehen kurz vor der Realisierung – das Schaffen neuer Verbindungen, das Abtrennen jener gewachsenen Beziehungen in der deutschen Unternehmenslandschaft, die nur wenig Früchte tragen.

Hier schleifen, dort hobeln und betriebsam das zusammenfügen, was doch eigentlich zusammengehört und vielleicht besser unter ein anderes Dach passt, das ist jenes »aktive und flexible Portfolio-Management«, das das Wesen der Tätigkeit von Menschen wie Achleitner ist. In Achleitners eigener Ausdrucksweise geht es darum, künftig das Beteiligungsportfolio nicht nur aktiv und renditeorientiert zu steuern, sondern darüber hinaus auch »unsere Kapitalanlagen breiter und internationaler zu streuen«.

Deutlicher könnte die Absage an das »System Breipohl« nicht ausfallen. Diethart Breipohl, Achleitners Vorgänger als Allianz-Finanzvorstand, hatte sich weitgehend mit dem passiven Management der Beteiligungen begnügt und in erster Linie die Wahrung des Einflusses des Versicherers betrieben. Achleitners Ernennung zum Finanzvorstand ist mehr als nur ein Generationswechsel, sie markiert die völlige Abkehr von bisherigen Prinzipien. Wo früher leise Einflusspolitik im Vordergrund stand, geht es jetzt um Gewinn und Wertsteigerung. Ein Personalwechsel mit weitreichenden Folgen für die deutsche beziehungsweise europäische Finanzlandschaft, wie schon die *Frankfurter Allgemeine Zeitung* bemerkte.

Wandel mit und ohne Wandler

Investmentstrategen kritisieren, dass die Beteiligungen des Versicherers allzu sehr auf Deutschland konzentriert sind. Moderne Investmentexperten setzen jedoch auf einen weltumspannenden

Risiko-Mix – und soweit es ihm im Rahmen der bestehenden gesetzlichen Beschränkungen möglich ist, wird sich der Finanzkonzern Allianz künftig daran orientieren. Das bedeutet, dass Beteiligungen an der Deutschland AG abgebaut oder ganz verkauft werden, während ausländische Beteiligungen neu hinzukommen oder aufgestockt werden, um den Risiko-Mix des Finanzkonzerns zu optimieren.

Nun hat die Allianz ein Problem. Wenn sie ihre Beteiligungspakete an der Börse verkauft, ist das nicht ohne Aufsehen möglich. Man kann nicht einfach ein Aktienpaket in Höhe von 25, 33 oder 50 Prozent unters Volk streuen, ohne dem Aktienkurs des betreffenden Unternehmens zu schaden. Will man solche Verkaufsoperationen diskret durchführen, empfiehlt sich der Rückgriff auf sogenannte Wandelanleihen. Wandelanleihen haben den Vorteil, dass der Aktientransfer erst mit Verzögerung erfolgt. Wer eine solche Anleihe erwirbt, hat das Recht, die Anleihe innerhalb einer bestimmten Frist zu einem festen Umwandlungsverhältnis in Aktien des Unternehmens zu tauschen. Verläuft die Kursentwicklung negativ, kann der Besitzer einer Wandelanleihe aber auch auf sein Wandelrecht verzichten und erhält dann nur den vereinbarten Zins der Anleihe. Im Grunde handelt es sich also um eine Aktienoption, die der Käufer ausüben kann, aber nicht muss.

Still und leise hat Achleitner mit Hilfe der smarten »Wandler« den Beteiligungskreis des Versicherers bereits zu reduzieren begonnen. Abgeschmolzen wurden dabei vor allem kleinere Beteiligungen an Großkonzernen, die für die Strategie des Finanzkonzerns keine strategische Bedeutung haben. Eine Milliarde Euro erlöste Deutschlands »Innenarchitekt« Achleitner mit der Emission von Wandelanleihen auf RWE-Aktien Ende November 2001; schon Ende 2000 hatte eine Wandleremission mit einem Volumen von 2 Milliarden darauf gezielt, die Bestände an Münchener Rück, BASF und E.on-Aktien zu verringern, und bereits im Februar 2000 hatte mit einer Wandelanleihe in Höhe von 1,5 Milliarden Euro die Allianz-Beteiligung an Siemens zur Reduzierung angestanden.

Neben der Feinarbeit mit den Wandlern, die zumeist bei großen institutionellen Investoren plaziert werden, sind jedoch auch größere Beteiligungen aus dem umfangreichen Bestand des Versicherers an den Mann zu bringen. Der Allianz-Finanzvorstand verfolgt eine doppelte Strategie: Beteiligungen an gut verdienenden Unternehmen hoher Güte und stattlicher Größe sind zu vermindern oder ganz abzubauen. Graue Mäuse aus dem Mittelfeld, die zu fett geworden sind und Kummerspeck angesetzt haben, werden hingegen erst einmal einem Fitnesstraining unterzogen und herausgeputzt, bevor die Suche nach einem passenden Partner oder neuen Eigentümer beginnen kann.

Auf dem Prüfstand

Nicht zu den grauen Mäusen gehört der Nivea-Produzent Beiersdorf. Allein die unter dem Markennamen »Nivea« vertriebenen Produkte der Beiersdorf AG bringen jährlich Umsätze in der Höhe von 2 Milliarden Euro – damit hängt Beiersdorf den großen Unilever-Konzern ab, der mit seiner Flaggschiffmarke »Dove« nur 1,2 Milliarden Euro schafft. Die klare und erfolgreiche Marketingstrategie zahlt sich aus. 1982 noch mit bescheidenen 6 Euro bewertet, waren Anfang 2002 gut 130 Euro für die Aktie »Nivea« fällig, für die Allianz ein geniales Investment. Beiersdorf brachte im Februar 2002 den stolzen Börsenwert von 5,5 Milliarden Euro auf die Waage – Zeugnis der glänzenden Marktposition des Unternehmens. Bei dem Salben-Spezialisten Beiersdorf hat der Finanzchef der Allianz die Beteiligung sogar noch auf gut 50 Prozent erhöht, um einen attraktiven Paketpreis beim Verkauf herauszuholen. Jetzt muss er nur noch ein Unternehmen finden, für das Beiersdorf eine ideale Ergänzung seiner Produktpalette darstellt.

Schwieriger ist das Geschäft für Achleitner bei einem Unternehmen wie MAN, das nur wenig Strahlkraft entfaltet. MAN ist einer jener nicht seltenen Fälle, wo bei einer Veräußerung der Einzelteile ein höherer Erlös in die Allianz-Kasse fließen würde, als die Börsenbewertung des Gesamtkonzerns ergibt. Für Finanzmann Achleitner ist das unbefriedigend, und es ist klar, dass in erster Linie solche Beteiligungsunternehmen auf seinem Prüfstand stehen und einer entsprechenden »Bearbeitung« teilhaftig werden. Das bedeutet: Allein in Deutschland werden mehr als 5000 Stellen verloren gehen.

Aber nicht nur für Achleitner ist das ein unbefriedigender Zustand, sondern auch für die betroffenen Beschäftigten. So konnten die Belegschaftsmitglieder von Beiersdorf in der Tageszeitung lesen, dass ihr Unternehmen verkauft werden soll – Mehrheitsaktionär Allianz jedoch noch nicht weiß, an wen. In der Schwebe befinden sich auch die Belegschaftsmitglieder von MAN, zumindest so lange, wie Achleitner noch daran arbeitet, das Unternehmen zu polieren, um es für einen neuen Besitzer attraktiv zu machen. Über ein Investmentkonsortium namens Regina hält die Allianz zusammen mit der Commerzbank und der Münchener Rück ein Aktienpaket, das 36 Prozent der Stimmrechte an MAN auf sich vereinigt.

Nicht in jedem Fall haben Unternehmen das Glück, in die Hände seriöser industrieller Investoren zu geraten, wenn solche Aktienpakete den Besitzer wechseln. Viele Finanzinvestoren haben gar kein Interesse daran, den zugekauften Betrieb in seiner Selbständigkeit zu erhalten und ihn unternehmerisch zu entwickeln. Ihre Manager sind von Krisen schnell überfordert und sehen die Firmen häufig bloß als kurzfristig wieder abbaubares Finanzinvestment, das ihnen beim Weiterverkauf eine schnelle Rendite bringen soll.

Der große Wurf oder Die Motivationskiller

Das Schicksal vieler Unternehmen und ihrer Arbeitnehmer ist mit der Beteiligungsstrategie der Allianz verknüpft, und in weiten Teilen liegt ihr Schicksal in den Händen von Paul Achleitner. Das gilt ganz besonders für die Beschäftigten der Dresdner Bank. Die im Jahr 2001 vollzogene Übernahme der Dresdner Bank durch die Allianz war der erste große Wurf des Firmenarchitekten Achleitner seit seinem Amtsantritt – und nichts Geringeres war von ihm erwartet worden. Die Totalübernahme der Bank markiert indes auch einen entscheidenden Wendepunkt in der Unternehmensstrategie der Allianz. Henning Schulte-Noelle, der Vorstandsvorsitzende, wollte lange Zeit vom sogenannten Allfinanzvertrieb, der dem Kunden vom Konto über den Kredit bis zur Versicherung alles aus einer Hand anbietet, nichts wissen. Doch dann besann sich der Allianz-Vorstandschef offenbar eines Besseren: Als es um die Dresdner Bank ging, reimten sich »Allfinanz« und »Allianz« plötzlich ganz trefflich.

Während Spätaufsteher Allianz sich entschließt, mit der Allfinanz Ernst zu machen, plant mit der amerikanischen Citigroup einer der Vorreiter der Allfinanzphilosophie bereits wieder den Ausstieg. Denn der Beweis, dass die Zusammenführung von Versicherungs- und Bankgeschäft einen Mehrwert schafft, steht bislang noch aus. Während die Citigroup sich nun wieder auf ihr – was sonst? – Kerngeschäft konzentrieren möchte, wollen Allianz und Dresdner Bank ihre Kräfte bündeln und sich auf die drei Geschäftsfelder Versicherung, Vermögensverwaltung und Bankgeschäft konzentrieren.

Doch die Probleme nehmen überhand. Spät findet man heraus, dass die Dresdner für einen Nischenspezialisten zu groß und für einen übernationalen Player zu klein ist. Schon gut ein halbes Jahr nach der Übernahme wirken die Dresdner und ihre Belegschaft reichlich ausgezehrt und stecken nicht nur wirtschaftlich, sondern wohl auch psychisch in einem Formtief. »Stimmung in der Dresdner Bank auf dem Nullpunkt«, titelte die *Süddeutsche Zeitung* im März 2002 und berichtete von Meinungsverschiedenheiten im Vorstand, die zwischen Allianz-Investmentkönig Paul Achleitner und dem Investment-Jungstar Leonhard Fischer von der Dresdner ausgebrochen seien, von einem Vorstandschef, der angeblich selber auf Jobsuche ist, von Managern, die sich allein gelassen fühlen, und von der Angst der Mitarbeiter vor der Arbeitslosigkeit. Die fürchten sich nicht ohne Grund, denn die Allianz hat beschlossen, bis zum Jahr 2003 7800 Stellen abzubauen – gut möglich, dass es am Ende noch weitaus mehr sind.

Der Mann hinter den Kulissen: Hans-Jürgen Schinzler

Hans-Jürgen Schinzler ist ausgebildeter Jurist. Ob das wohl genügt, um eine steile Karriere zu machen? Es schien ihm nicht zu genügen. Ganz auf Nummer Sicher zu gehen, ist nicht untypisch für Juristen und Risikospezialisten, wie Schinzler einer ist. Vorsichtshalber ging Schinzler daher nach seiner Promotion noch als Azubi zur Bayerischen Vereinsbank. Anschließend begann er eine Karriere bei der Münchener Rück, die ihn im steilen Bogen erst in den Vorstand und dann in den Vorstandsvorsitz bringen sollte.

In die Münchener Rückversicherungs-Gesellschaft war er 1969 eingetreten, passenderweise im Beteiligungsmanagement und in der Verwaltung von Grundbesitz. Von beidem besitzt die Münchener Rück mehr als reichlich. Mit dem eigentlichen Rückversicherungsgeschäft hat das zwar wenig zu tun. Kenntnisse im Beteiligungsmanagement sind jedoch enorm wichtige Aktivposten, Neudeutsch »Assets«, bei der Führung eines Unternehmens, das über gewaltige, verlässlich ansteigende Vermögenswerte verfügt.

Als verlässlich erwies sich auch die Karriere von Hans-Jürgen Schinzler. 1981 wurde er im Alter von 41 Jahren Mitglied der

Vorstandsriege und 1993 zum Vorstandsvorsitzenden ernannt. Öffentliche Auftritte sind seine Sache nicht. Der Chef der Münchener Rück betreibt seine Geschäfte lieber im Stillen. Dabei sei er »verbindlich, aber knallhart in der Sache«, verriet ein Branchenkenner gegenüber der Wochenzeitung *Die Zeit.*

Heimliche Finanzmacht

Es vergeht fast kein Tag, an dem die Medien nicht über die Deutsche Bank berichten und alles über deren interne Vorgänge und Vorhaben zum Besten geben – bis hin zu den Plänen zum Personalabbau. Der Bankenplatz Frankfurt am Main ist eben immer für eine Nachricht gut. Was kaum jemand weiß: Die besseren und bedeutenderen Geschäfte werden in München gemacht. Die Stadt, die auch die mächtige Allianz-Group beherbergt, ist Deutschlands wahre Finanzhauptstadt.

Allein die Beteiligungen der Münchener Rück sind 29 Milliarden Euro wert, die kombinierten Reichtümer der Allianz inklusive der von ihr kontrollierten Dresdner Bank bringen 50 Milliarden Euro auf die Waage. Die beiden Großkopferten der Hochfinanz sind schwesterlich durch ihre gemeinsame Geschichte, ein vertragliches Bündnis und eine ordentliche Kapitalverflechtung verbunden. Einem Rückversicherungsunternehmen wie der Münchner Rück können die meisten Banken nicht das Wasser reichen, daran vermochte auch die Krise im Jahr 2002, die den Versicherungen schwer zusetzte, nichts zu ändern.

Mit jeder neuen Krise zeigt sich wieder, dass es um die Stabilität und das Risikomanagement der Banken nicht besonders gut bestellt ist. Wenn die Börse auf Talfahrt geht, schrumpfen die durch das Investmentgeschäft aufgeblähten Erträge und der Gewinn aus den Fondsboutiquen so rasch zusammen wie ein Luftballon nach einem Nadelstich. Immer wieder neigen die Bankenchefs in den Boomphasen zum Übermut. Da werden

Immobilien über Wert finanziert und Beteiligungen an hoch riskanten Hedgefonds gezeichnet, die später Verlustlöcher in die Bilanzen sprengen. Allerdings haben es die Banken in jüngster Zeit verstanden, viele Risiken auf die Versicherungen abzuwälzen.

Aber auch wenn die Beteilungungswerte der Versicherungen gelitten haben und sich insbesondere die Allianz als Folge der Übernahme der Dresdner Bank geschwächt zeigt, stehen die Versicherer noch vergleichsweise gut da. Vor allem sucht die »Munich Re«, wie die Münchener Rück international genannt wird, ihresgleichen. Mit vergleichsweise wenig Personal stemmt sie einen gewaltigen Umsatz, der für jene Finanzkraft sorgt, die sie im Geschäft mit den Versicherern zur weltweiten Nummer eins macht. Selbst exorbitante Schadensregulierungen, wie sie nach Naturkatastrophen oder den Attentaten des 11. September 2001 fällig werden, steckt der Rückversicherer leicht weg. So war die Munich Re über ihre amerikanische Tochter von den immensen Schäden des 11. September betroffen. Doch trotz der enormen Schadenslast – etwa 2 Milliarden Euro entfielen auf den Rückversicherer aus Deutschland – wankte der Riese kein bisschen, sondern stopfte die in die Bilanz gebombten Verlustlöcher ohne große Mühe.

Gegen den Trend

In Zeiten, da alle den Moden, Managementtrends und dem letzten Schrei der Consulting-Branche folgen, wirkt die konservative Einstellung der Münchener Rück, die eine Gediegenheit verstrahlt wie die Bank von England, fast schon wieder revolutionär. Zwar hat sich auch der Finanzkonzern zuletzt einen behutsamen internen Umbau verordnet, er verflacht die Hierarchiepyramide und zollt damit den Zeitumständen Tribut. Doch im Unterschied zu anderen Großunternehmen verzichtet die Rück bei der Schaffung ihrer neuen, strafferen Strukturen gänzlich auf externe Berater.

Dass die Öffentlichkeit überhaupt von solchen Vorgängen erfährt, grenzt an ein Wunder. Denn die Münchener Rück macht kein großes Aufhebens von ihrer Arbeit, sie scheint den Kontakt mit den Medien geradezu zu scheuen.

Wenn der Vorgehensweise der Münchener Rück das Element der Durchschaubarkeit fehlt, ist das gewollt. Die großen Würfe kommen überraschend und lösen Staunen aus. Was mit dem riesigen Beteiligungsfundus des Rückversicherers geplant ist, welche Strategie er verfolgt, wer könnte behaupten, dass er das weiß? Die gewaltigen Euro-Vorräte, die vielen Beteiligungen und das lukrative Geschäft mit den 5000 Versicherungsunternehmen, die bei der Münchener Rück versichert sind, schaffen reichlich Spielraum für Finanztransaktionen und den Aufbau neuer Unternehmensimperien.

Eine der überraschenden Aktionen des stillen und geschmeidigen Versicherers war der Ausbau der Beteiligung an dem Erstversicherer Ergo, der im Geschäft mit Privatversicherungen auf Platz zwei hinter der allmächtigen Allianz rangiert und dem Rückversicherer ein Standbein im Privatkundengeschäft verschafft hat. Überraschend war auch der Einstieg bei der Bayerischen Vereinsbank. Sie wird nun, nach der Fusion mit der Bayerischen Hypotheken- und Wechselbank zur HVB Group, von ihrem einstigen Auszubildenden Hans-Jürgen Schinzler kontrolliert – Entlassungen inklusive.

Derweil rätseln die Analysten über die weitere Strategie der Münchener Rück. Eine Studie der ABN Amro Bank vom September 2001 stocherte im Nebel: 4 bis 6 Milliarden Euro aus dem 29 Milliarden Euro schweren Beteiligungsvermögen des Rückversicherers könnten zum Verkauf stehen, spekulierte man, darunter wohl auch die kleine 1,5-prozentige Beteiligung an der Commerzbank. Es kam genau andersherum. Schinzler hat die

Beteiligung an der kleinsten unter den großen deutschen Geschäftsbanken auf gut 10 Prozent aufgestockt und damit erneutes Rätselraten ausgelöst, welche Absichten sich hinter diesem Engagement bei der in schwieriges Fahrwasser geratenen Bank verbergen. Ein Finanzanalyst vermutete in der neu aufgestellten Beteiligung an der Commerzbank eine Mischung aus einem strategischen und einem Finanzinvestment, ein anderer glaubte gar, damit verbinde sich die Absicht der Münchener Rück, einen Schutzzaun um die Bank zu ziehen.

So unergiebig solche Spekulationen sind, eins ist offensichtlich: Die Münchener Rück gewinnt an Fahrt. Das Unternehmen, das schon im Jahr 1890 eine Niederlassung in St. Petersburg unterhielt und ein international operierendes Unternehmen war, lange bevor die Worthülse von der Globalisierung geprägt wurde, sondiert ein neues Terrain: Wie um die Parolen der Globalisierer auf den Chefetagen, die gebannt auf den internationalen Markt starren, Lügen zu strafen, erspürt man an der Münchner Königinstraße durchaus interessante Möglichkeiten in der Deutschland AG. Während alle Welt behauptet, es lohne nicht mehr, in einem Land wie Deutschland seinen Geschäften nachzugehen, erweitern die schweigsamen Geschäftsleute der Münchener Rück hierzulande die Bandbreite ihrer Geschäfte.

Teil II: Der Einsatz steht fest

3 Die Deutschland AG – Die kurze Geschichte eines langen Erfolgs

Die Zeit des Feuers

Der Übergang vom Agrarstaat zum Industrieland fiel in Deutschland fast zeitgleich mit der Reichsgründung im Jahr 1871 zusammen. Zunächst schien der Aufschwung, der anfangs von französischen Reparationszahlungen gespeist war, wenig dauerhaft. Kurseinbrüche an der Berliner Börse im Oktober 1873 leiteten den sogenannten Gründerkrach ein. Zwar setzte 1879 eine erste Erholung der Konjunktur ein, aber die Euphorie der Gründerjahre war verflogen.

Dann jedoch kam es zu einer industriellen Expansion, wie sie noch nie erlebt worden war. Fast schien es, als ob die wirtschaftlichen Kräfte nur auf ein einheitliches ökonomisches und politisches Gebilde gewartet hätten, um endlich loslegen zu können. Der neue Binnenmarkt des Deutschen Reichs setzte unerhörte Energien frei. Nur hier erreichte die Entfesselung der industriellen Entwicklung »den amerikanischen Grad«, stellt Helmuth Plessner in *Die verspätete Nation* fest.

Der gewaltige Aufschwung in den USA machte das Land zur führenden Wirtschaftsnation um 1900. Die Deutschen griffen umso entschiedener in das Rennen um die globale Vorherrschaft ein, als Großbritannien und selbst das kleine Belgien, die schon früher in die neuen Zeiten der Industrialisierung eingetreten waren, mit rasch veraltenden Maschinenparks zu kämpfen hatten und mit der stürmischen Entwicklung in den aggressiv auftretenden neuen ökonomischen Mächten nicht Schritt halten konnten. Vor allem in der Stahlindustrie entschied sich der Kampf. Wie wichtig die Stahl- und Eisenindustrie wirklich war, das wurde zu einem späteren Zeitpunkt klar, als der Stern Deutschlands im Automobilbau aufging.

Emerging Germany

Wesentliche Grundlagen für die rasante wirtschaftliche Entwicklung legten die Fortschritte in Wissenschaft und Bildungswesen. Nicht nur die Zahl der Absolventen höherer Schulen stieg rasch an. Viel schneller als das Wachstum der Bevölkerung nahm die Zahl der Studierenden des Kaiserreichs zu. Im Jahr 1871 gab es pro 100 000 Einwohner des Deutschen Reichs lediglich 46 Studierende an Hochschulen – 1914 dagegen waren es schon 104 Studenten pro 100 000 Einwohner. Schon damals wurden die Universitäten zu jenen Großbetrieben, die sie bis heute – in wesentlich stärkerem Maße – geblieben sind.

Das Aufblühen des Bildungswesens gab dem Forschergeist mächtig Auftrieb. Auch Kaiser Wilhelm II. begann Interesse an der Forschung und den Wissenschaften zu zeigen, nachdem er dem Treiben zuerst mit Skepsis begegnet war. Bloß mit Bazillen und anderem Kleinkram wollte der empfindliche Wilhelm, der an einer Bazillenphobie litt, am liebsten nichts zu tun haben. Aber Majestät überwand sich, als Robert Koch wegen der Entdeckung des Tuberkel- und Cholerabazillus zu ehren war, und sagte zu dem verdienten Forscher sogar launig: »Mein lieber Geheimrat, nu aber mal ran an den Krebserreger!«

1905 reiste Robert Koch nach Schweden, um den Nobelpreis für Medizin entgegenzunehmen. In den ersten zehn Jahren des neuen Jahrhunderts war es fast schon die Regel, dass Nobelpreise an deutsche Forscher vergeben wurden: Im Jahr 1901 erhielt Conrad Röntgen für die Entdeckung der nach ihm benannten Strahlen die begehrte Auszeichnung. Emil Behring wurde sie für das Diphterieserum verliehen. Bahnbrechend war die Arbeit Emil Fischers zur Synthese von Traubenzucker, womit er die Grundlagen für die Synthetisierung weiterer Stoffe wie etwa des Coffeins legte.

Doch der Nobelpreisträger Emil Fischer machte sich noch auf einem ganz anderen Gebiet verdient, als er gemeinsam mit Adolf von Harnack die Gründung eines Instituts anregte, in dem sich die Wissenschaft ungestört vom universitären Betrieb unter dem Schirm kaiserlicher Fürsorge entfalten sollte: In Berlin wurde die Kaiser-Wilhelm-Gesellschaft gegründet, die sich zum Ziel gesetzt hatte, öffentliches Engagement und private Initiative in der Forschung zu vereinen – die heutige Max-Planck-Gesellschaft.

Die Apotheke der Welt

Ein stetiger Strom von Neuerungen setzte die Industrie unter Dampf. Immer neue Verfahren und Produkte drängten auf kaum zu sättigende Märkte. Neben der Eisen- und Stahlerzeugung feierte die deutsche Industrie in der organischen Chemie und der Herstellung synthetischer Farben gewaltige Exporterfolge. Vergessen die Zeit, als die Herkunftsbezeichnung »Made in Germany« für billige Ramschware stand, in diskriminierender Absicht von der Handelsgroßmacht Großbritannien 1887 durchgesetzt, um Kunden vom Kauf deutscher Waren abzuhalten.

Damals hatte Nikolaus August Otto schon längst den Ottomotor entwickelt. Und als Gottlieb Wilhelm Daimler 1890 die Daimler-Motoren-Werkstatt gründete, gehörte er zu den Pionieren, die dafür sorgten, dass Jahrzehnte später »Made in Germany« zum Gütesiegel für Ware von besonderer, ja ausgezeichneter Qualität wurde.

Die Badische Anilin- & Soda-Fabrik (BASF), Bayer Leverkusen und die Hoechster Farbwerke deckten im Jahr 1914 85 Prozent des Weltbedarfs an Synthetikfarben. Bei der Medikamentenerzeugung und der Herstellung von Kunstdünger betrug der Anteil deutscher Produzenten 90 Prozent – Deutschlands chemische und pharmazeutische Industrie wurde nicht zu Unrecht als Apotheke der Welt bezeichnet. Ein besonderer Wurf gelang Felix Hoffmann. Der Chemiker konnte 1897 einen Wirkstoff aus der Rinde des Weidenbaums in chemisch reiner und noch dazu haltbarer Form synthetisieren, der 1899 als Medikament auf den Markt kam. Noch gut 100 Jahre später sorgt Aspirin bei der Bayer AG für stattliche 500 Millionen Euro Umsatz.

Doch nicht jedes neue Produkt wurde im Land selbst erfunden. Manchmal kam die Idee auch aus dem Ausland und war alles andere als neu, so wie die »cakes«. Den »Keks«, den Hermann Bahlsen in England kennen gelernt hatte, ließ er 1889 auf dem Kontinent in Serie gehen. 1912, kurz vor dem Ersten Weltkrieg, rückten schon 12 Millionen Kekspackungen in die Regale der Kolonialwarenläden ein.

Die Bevölkerung wächst mit

Mit dem industriellen Aufschwung verzeichneten auch die Bevölkerungszahlen einen schnellen Anstieg. Grund waren die anhaltend hohen Geburtenraten – zugleich stieg die Lebenserwartung wegen der verbesserten Hygiene und der medizinischen Möglichkeiten drastisch. Als Folge wuchs die Zahl der Reichsbewohner so rasch wie nie zuvor und überschritt im Jahr 1913 die 60-Millionen-Marke. Eine Generation vorher, 1890, hatte die Einwohnerzahl des Deutschen Reichs noch bei 44,2 Millionen gelegen.

Jetzt brandete die Bevölkerungswelle an die großen Städte, in die immer mehr Menschen strömten, um dort in den Fabriken Arbeit zu finden. Das Bild des Deutschen Reichs wandelte sich, die sozialen Veränderungen schufen neue Probleme. Barackensiedlungen am Rand der Städte wucherten wild ins Umland, auch die eilig gebauten Wohnungen genügten nicht mehr, um die Wohnungsnot einzudämmen und der neuen Schicht der Industriearbeiter Obdach zu bieten. Von 1871 bis 1910 explodierten die Einwohnerzahlen der Großstädte regelrecht. Berlins Einwohnerschaft wuchs von 826 000 auf 2,07 Millionen, Hamburg von 290 000 auf 931 000 und München von 169 000 auf 596 000.

Die Produktion in den Fabriken verlangte nach steigendem Kapitaleinsatz. Monopole, riesige, marktbeherrschende Trusts entstanden im Kaiserreich; die kapitalintensive Produktion führte zur Konzentration der Industrie. Obwohl der Wohlstandszuwachs auf immer mehr Köpfe zu verteilen war, kletterte das Nationaleinkommen pro Kopf von 438 Mark auf 739 Mark, so dass eine Verbesserung der Lebens- und Einkommensverhältnisse für den Einzelnen durchaus fühlbar wurde.

Die industrielle Konjunktur und Expansion an Ruhr, Saar und im besetzten Lothringen schlug sich in der Erwerbsstruktur nieder. Bauernstand und Waldarbeit nährten 1882 noch 43,3 Prozent der erwerbstätigen Bevölkerung, aber schon 1895 war der Anteil dieser Berufsgruppen auf 36,2 Prozent gesunken. Der Wandel hatte seine sozialen Schattenseiten. Zwar war die Arbeitslosigkeit gering, doch wegen der anhaltenden Zuwanderung aus ländlichen Gebieten machte die Schaffung erträglicher Arbeits- und Lebensbedingungen in den industriellen Zentren nur langsame Fortschritte. Es entstand eine Arbeiterschicht, die sich politisch Gehör zu verschaffen begann, sehr zur Verunsicherung von Bürgertum und Elite des Reichs.

Modern Times

Von 1890 bis 1919 verdreifachte sich die Roheisenproduktion – die Stahlproduktion des Reiches stieg sogar um den Faktor vier. Großbritannien, einst die dominierende Industriemacht in Europa, wurde 1903 in der Roheisenproduktion überflügelt; schon 1893 hatte die deutsche Stahlproduktion über jener der englischen Fabriken gelegen. Die Ursache dafür lag in einer neuen Technik der Stahlerzeugung, die der britische Ingenieur Henry Bessemer entwickelt hatte. Als sich ab etwa 1860 das Bessemer-Verhüttungsverfahren ausbreitete und binnen kurzem die gesamte Industrie auf den Kopf stellte, nutzten kontinentale Stahlwerke wie Krupp die neue Lage und erkämpften sich immer größere Marktanteile auf Kosten der Briten.

Die zischende und dampfende Maschinenwelt gab jetzt auch in Deutschland den Arbeitsrhythmus vor, der Mensch hatte sich anzupassen. Oberflächlich machte es bald den Eindruck, dass der Mensch und seine Bewegungen sich in perfekter Weise an die Bedingungen der Industrieproduktion und den dröhnenden Imperativ der Maschinen angepasst hätten. Doch Frederick W. Taylor (1856 – 1915), der sich in die Fabriken begeben hatte, um Zeitmessungs- und Bewegungsstudien bei Arbeitern durchzuführen, machte noch erhebliche Rationalisierungspotentiale aus. Er reklamierte für sich, mit wissenschaftlichen Methoden die Produktivität und die Betriebsführung verbessern zu können. »Scientific Management«, Management auf der Basis wissenschaftlicher Erkenntnisse, lautete die Zauberformel, die Taylor in seinem Buch *The Principles of Scientific Management* beschrieb und mit der er die Arbeitsorganisation revolutionierte. In den

Fabriken hielten Taylors Prinzipien Einzug, mit dem Ergebnis, dass die menschlichen Arbeitskräfte zu bloßen Automatenwärtern reduziert wurden, die nur noch wenige Handgriffe pro Arbeitsgang auszuführen hatten. Der Taylorismus war geboren, im Endeffekt nicht mehr als eine bis zum Exzess betriebene Arbeitsteilung. Ihre inhumanen Folgen sind bekannt: Monotonie und nachlassende Leistungsfähigkeit, Depressionen, Gleichgültigkeit gegenüber der Arbeit und durch einseitige Belastungen hervorgerufene Erkrankungen.

Eingekleidet ins Gewand wissenschaftlicher Objektivität, entzogen sich der Taylorismus und die von ihm verwendeten Methoden und Instrumente zunächst jeder Kritik. Die Welt wurde dadurch nicht besser. Als heimliche Gottheit des 20. Jahrhunderts bezeichnete der französische Schriftsteller und Politiker André Malraux die Wissenschaft. Leider sei sie nicht in der Lage, den Charakter zu formen, bedauerte er.

Der bestbezahlte Berater der Vereinigten Staaten

In gewisser Weise begründete Frederick Winslow Taylor eine neue Disziplin: Als einer der ersten Unternehmensberater brach er einer neuen Dienstleistungsindustrie, dem »Consulting«, die Bahn. Wie fast alle Neuerungen auf dem Gebiet der Unternehmensführung hatte auch der Taylorismus seinen Ursprung in den Vereinigten Staaten, wo 1908 ein Ausbildungsinstitut für Manager, die Harvard Business School, ihre Pforten öffnete. Von Harvard bis zu den großen Unternehmensberatungen ist es nicht weit: Die Consulting-Unternehmen, die in der Beratung von Wirtschaftsunternehmen, Staaten und Organisationen tätig sind, rekrutieren mit Vorliebe ihre Mitarbeiter aus Harvard.

Mit wenigen Ausnahmen sind die großen Consulting-Unternehmen amerikanischen Ursprungs. Frederick W. Taylors Überzeugung, dass eine erfolgreiche Unternehmensführung nach wissenschaftlichen Prinzipien erfolgen müsse, wurde Jahrzehnte später von James O. McKinsey aufgegriffen. McKinsey war ein ehemaliger Offizier der US-Streitkräfte mit Weltkriegserfahrung. Er teilte Taylors Überzeugung von der Bedeutung wissenschaftlicher Methoden für den unternehmerischen Erfolg von ganzem Herzen. Sein eigener wirtschaftlicher Erfolg ließ nicht lange auf sich warten. Mit 500 Dollar Tageshonorar war McKinsey bald der am besten bezahlte Berater in den Vereinigten Staaten. Frühe Verdienste hatte er sich bei der Durchführung einer logistischen Untersuchung für die Streitkräfte erworben, die eine Verbesserung der Heeresversorgung zum Ziel hatte. 1926 gründete er dann McKinsey & Co., sein eigenes Beratungsunternehmen, das so strengen Prinzipien bei der Auswahl und Führung des Personals verpflichtet war, dass das Unternehmen Züge einer Ordensgemeinschaft aufwies.

McKinsey hatte die Strategien und Methoden erarbeitet, die heute für die moderne Managementberatung charakteristisch sind. Er selber schied zwar bereits 1935 aus der Firma aus, die seinen Namen trägt, aber McKinsey & Co. und all jene Beratungsfirmen, die nach ähnlichen Prinzipien arbeiten, veränderten in den folgenden Jahrzehnten die Welt von Wirtschaft und Arbeit.

Karabiner vom Kaiser

Während die neuen Taylor-Methoden für steigende Produktivität in den Fabriken sorgten, machte »harte Ware« aus deutschen Stahlöfen Furore. Vor allem die Produkte aus dem Hause Krupp waren auf den Kasernenhöfen der Welt gefragt. An dem Stahlkocher hegte auch Kaiser Wilhelm II. ein Interesse, das nicht nur auf der Produktpalette des Unternehmens beruhte, denn auch privat war der Monarch Krupp als Großaktionär herzlich verbunden. Der Historiker und Publizist Gerhard Herm spricht von einem »Bündnis zwischen Thron und Esse«.

Innerhalb der verwickelten Zustände der »Deutsche Reich AG« ist das nur ein Detail, doch kein geringes. Der Kaiser fand nämlich allzu viel Gefallen am Waffengeschäft und scheute selbst davor nicht zurück, sich wie der oberste Handlungsreisende der Metallschmelze aufzuführen. Bei Krupp sah man das nicht ungern, da es doch für gefüllte Auftragsbücher (erst recht im Ersten Weltkrieg) sorgte. Anlässlich seiner großen Orientreise drängte Wilhelm II. den Sultan, bei der anstehenden Neuausstattung seines Heeres das Haus Krupp vorrangig zu berücksichtigen und 500 schwere Geschütze der Marke Krupp zu ordern. Selbst Bismarck kam nicht umhin, dann und wann als Bevollmächtigter der deutschen Rüstungsindustrie zu wirken und diente anno 1887 den Türken jeweils 500 000 Mausergewehre sowie Karabiner des Fabrikats Löwe an.

Kaiser Wilhelms Flottenbauprogramm war eine Demonstration nationaler Größe. Nicht zuletzt stellte es auch den technischen Fortschritt und die Leistungsfähigkeit der heranwachsenden Industriemacht unter Beweis. Auch auf die Wirtschaftskonjunktur des Reiches hatten die hohen Ausgaben für die Marine einen wohltuenden Effekt. Die umfangreichen Staatsaufträge glichen die Nachfragerückgänge der Industrie aus – letztlich nutzte das natürlich vor allem dem mächtigen Stahlkonzern und seinem Aktionär Wilhelm II.: »Die Flottenbaupolitik verschaffte Krupp mit seiner starken monopolartigen Stellung im Panzerplattenbau die Möglichkeit zu gewaltigen Extragewinnen«, schreibt Lothar Gall in seinem Buch *Krupp – Der Aufstieg eines Industrieimperiums*. Was gut war für Krupp, das konnte nicht schlecht für das Reich sein. So steuerte das Kaiserreich volle Fahrt voraus in den Ersten Weltkrieg.

Geändert hat sich in demokratischen Zeiten vieles. Nicht geändert hat sich, dass bei Auslandsreisen des deutschen Regierungschefs sich zahlreiche Topmanager deutscher Exportfirmen in seinem Schlepptau befinden. Wenn eines Tages Shanghai von der Magnetschwebebahn Transrapid durchquert wird, ist wieder einmal ein – diesmal friedlichen Zwecken dienendes – Erzeugnis aus dem Hause ThyssenKrupp auf großer Fahrt.

Der Konzernschmiedehammer

Mehr Größe gleich mehr Gewinn, so lautete die Überzeugung der Konzernarchitekten in den Dreißigerjahren. So legten vor allem Mitte der Zwanzigerjahre die Fusionsspezialisten zahlreiche Überstunden ein, und ein wahrer Fusionswahn machte in der Wirtschaft die Runde. Eine der größten Fusionen aller Zeiten wurde in der Chemieindustrie vollzogen. Carl Bosch, der Vorstandsvorsitzende der BASF, und sein Kollege Carl Duisberg, Generaldirektor von Bayer, schufen 1925 unter Einbeziehung der Farbwerke Hoechst und weiterer Chemiefabriken eine chemische Verbindung der besonderen Art: Die »Interessen-Gemeinschaft Farbenindustrie AG« (IG Farben) war ein Konzerngigant mit einem haftenden Kapital von schier unglaublichen 1,1 Milliarden Reichsmark.

Auf die Entstehung des Chemiegiganten reagierten die großen Stahlbarone mit der Verschmelzung der Rhein-Elbe-Union, dem Kernstück des umfangreichen Besitzes des Ruhrindustriellen Hugo Stinnes, mit Thyssen, Phoenix und Rheinstahl. So entstand ein Konzern von gewaltigen Ausmaßen: Die Vereinigten Stahlwerke AG, kurz Vestag AG, der weltweit zweitgrößte Montankonzern. In den Öfen der Vestag glühten 40 Prozent der deutschen Rohstahlerzeugung und fast die Hälfte der Roheisenproduktion. Mit bis zu 200 000 Beschäftigten war die Vestag eines der größten Unternehmen ihrer Zeit. Aber nicht nur technisch waren die Vereinigten Stahlwerke auf dem neuesten Stand, sondern auch hinsichtlich ihrer Entstehungsgeschichte: Beim Zusammenschweißen des Hochofenriesen hatte neben anderen Investment-Bankern auch die amerikanische Großbank Dillon, Read & Company ihre Hände im Spiel.

Vorspiel zur Katastrophe

Die Fusion der vier selbständigen Konzerne zur Vestag im Jahr 1926 war das Vorspiel zu einer einzigartigen Katastrophe. Zwar wähnten sich Manager und Aktionäre des Hochofenkonzerns angesichts von solch schierer Größe auf der Siegerstraße, doch in Wahrheit hatte der Gigant jene optimale Betriebsgröße bei weitem überschritten, bei der ein Unternehmen auf Marktveränderungen noch angemessen zu reagieren vermag. Konnte die Vestag bei voller Auslastung in der Hochkonjunktur mit bewundernswert niedrigen Kosten aufwarten, verkehrte sich dieser Vorzug in Zeiten wirtschaftlicher Malaise in sein Gegenteil. Die hohen »Generalkosten« des Konzerns schlugen bei stark verminderter Kapazitätsauslastung massiv auf die Stückkosten durch, die sofort sprunghaft anstiegen.

In der Wirtschaftskrise Anfang der Dreißigerjahre häufte der Stahlgigant horrende Defizite an. Wie dramatisch die Lage des Riesenkonzerns war, illustriert der Umstand, dass die Produktionskapazitäten der Vestag allein völlig ausgereicht hätten, die drastisch eingebrochene Nachfrage auf dem gesamten Stahlmarkt zu befriedigen. Die Vereinigten Stahlwerke waren technisch betrachtet bankrott.

Um keine soziale Unruhen zu riskieren, kam es nicht in Frage, einen Konkurs des Hüttenriesen auch nur in Erwägung zu ziehen. Die smarten und windigen Anteilseigner der Vestag – darunter Friedrich Flick, Sohn kleiner Eisenindustrieller aus dem Siegerland – wussten sich jedoch aus der Affäre zu ziehen. Sie erzeugten reichlich politischen Druck, so dass die ohnehin schon bis zum Hals in Schwierigkeiten steckende Weimarer Republik unter der Regierung Brüning die Firma in Staatsbesitz übernahm. Im folgenden wurde die Vestag immer wieder zum Objekt von Finanzspekulationen. Auch zu bundesrepublikanischen Zeiten war die Flick-Dynastie noch auf diese Weise aktiv und sorgte so für eine geschichtliche Kontinuität der unerfreulichen Art.

Auch bei dem anderen deutschen Riesen, der IG Farben, erwies sich, dass purer Gigantismus handfeste Nachteile hat. Die IG Farben schlitterte bereits in erheblicher Schieflage in die Naziherrschaft hinein. Es war offensichtlich, dass Deutschlands führender Chemiekonzern Probleme mit seiner Größe hatte. Mit der Errichtung einer riesigen und kostspieligen Produktionsanlage hatte man sich völlig übernommen. Im Dritten Reich nutzte der Farbenkonzern jede sich bietende »Chance«, um im Windschatten der braunen Machthaber Geschäfte zu machen. Die IG Farben hatte weder Skrupel, das Giftgas für die Gaskammern in den KZs zu produzieren, noch sich hemmungslos an der Ausbeutung von Zwangsarbeitern zu bereichern. So schrieb die IG Farben eines der traurigsten Kapitel deutscher Wirtschaftsgeschichte.

Die Geldmacht – Münchener Rück, Allianz und Deutsche Bank

Die erste Rückversicherungsgesellschaft der Welt war die Kölnische Rück, gegründet 1842. Wirtschaftlich wurde sie bald von der Münchener Rück überflügelt, die im Jahr 1913 schon 70 Prozent ihres Geschäfts im Ausland erzielte. Der im Jahr 1880 in München gegründeten Rückversicherung sollte etwas Erstaunliches gelingen: Durch alle Wirrnisse und Gefahren ist der Risikospezialist bis heute nur immer größer geworden. 1996 kaufte die Münchener Rück sogar für 2,5 Milliarden Euro den drittgrößten amerikanischen Rückversicherer, die American Re.

Nur zehn Jahre nach der Gründung dieser heute weltweit größten Rückversicherung entstand 1890 auch die Allianz Versicherung – die mit der Münchener Rück heute ein kapitalmäßig über Kreuz miteinander verflochtenes Duo bildet, das einander freundlichst verbunden ist.

Im ausgehenden 19. Jahrhundert waren große Veränderungen im Bankensektor zu verzeichnen. Die Privatbankiers mit ihrem engen Kapitalkorsett waren nicht mehr in der Lage, dem explosiv ansteigenden Kapitalbedarf der Wirtschaft zu entsprechen. Auch konnten sie den exportierenden Unternehmen in ihren Auslandsmärkten keine große Hilfe sein. Teilweise unter Beteiligung der Privatbanken kam es deshalb zur Gründung von Aktienbanken, doch alle während des Jahres 1873 gegründeten Aktienbanken fielen dem Bankensterben zum Opfer, zu dem es als Folge des »Gründerkrachs« kam.

Drei Jahre zuvor, 1870, war die Deutsche Bank gegründet worden. Sie hatte die Marktbereinigung nach dem Erkalten des Gründerzeitfiebers überstanden und dehnte ihren Einfluss auf die Wirtschaft des Deutschen Reichs beharrlich aus. Vor allem der erfolgreichen Elektroindustrie war das Bankhaus mit Hauptsitz in Berlin eng verbunden. Im Windschatten von Siemens, AEG & Co., die stets mit wohlwollender finanzieller Förderung für ihre Projekte rechnen durften, war »die Deutsche« in den goldenen Zwanzigern zum Finanzriesen geworden. Schon damals betätigten sich die Banken nicht nur als Kreditgeber, sondern auch als Berater und Förderer der Industrie.

Magnetismus oder Die Anziehungskraft der Geldinstitute

Das Investment-Banking, von dem heute so viel Aufhebens gemacht wird, gab es schon damals, auch wenn es noch nicht so bezeichnet wurde. Banken ergriffen vielfach selbst die Initiative, gründeten Unternehmungen, initiierten Geschäfte oder fädelten Übernahmen ein und wussten natürlich von diesen Umbaumaßnahmen in der Wirtschaft kräftig zu profitieren. So häuften sie im Lauf der Zeit – nicht anders als die großen Versicherer – einen stattlichen Besitz an Unternehmensbeteiligungen und Immobilienvermögen an.

Anfänglich fehlte es der Deutschen Bank an einem engen Filialnetz, noch im Jahr 1900 verfügte sie über nicht mehr als sechs Niederlassungen. Erst ab 1920 dehnte sich das Filialnetz erheblich aus, und 1926 konnte die Bank über 173 Stützpunkte verfügen. In den Inflationszeiten kamen die Deutsche Bank, die Dresdner, die Commerz- und Disconto-Bank dem privaten Kunden und seinen Einlagen entgegen und begannen ein engmaschiges Filialnetz aufzubauen. Dieses gewann an Dichte, weil kleinere Konkurrenten und regionale Banken einfach übernommen wurden, was neue Kundenkreise erschloss und die Bilanzsummen auf Rekordhöhen trieb. 1914 gelang es der Deutschen Bank mit der Übernahme der Bergisch Märkischen Bank in Elberfeld, die mittelständisch geprägte Industrie des Sauerlands und des Siegerlands für sich zu erschließen.

Nachdem schon das Fahrzeugbauunternehmen Benz & Cie. auf Anregung des großen Bankhauses hin 1924 den Schulterschluss mit der auf der Kundenliste der Württembergischen Vereinsbank stehenden Daimler-Motoren-Gesellschaft suchte, nahm das die Deutsche Bank ihrerseits zum Anlass, sich im selben Jahr die Württembergische einzuverleiben. Selbstverständlich wurde die Deutsche Bank zur Hausbank, als die beiden Automobilproduzenten 1926 zur Daimler-Benz AG fusionierten – und das ist sie bis heute geblieben.

1929 sorgte eine Megafusion für Aufsehen, als sich mit der Deutschen Bank und der Disconto-Gesellschaft zwei Giganten zusammenschlossen zur »Deutsche Bank und Disconto-Gesellschaft« – später wurde der Name des Finanzriesen wieder in Deutsche Bank geändert. Zu diesem Zeitpunkt Ende der Zwanzigerjahre war der Kampf um die Vorherrschaft am Finanzplatz Deutschland und den Industrierevieren an Ruhr, Saar und in Schlesien ohnedies schon zugunsten der »Deutschen« entschieden, und daran hat sich bis in unsere Tage nichts geändert. Jenseits von Abu Dhabi, meinte ein Vorstandsmitglied der Bank einmal, gelte der Münztempel der deutschen Wirtschaft sowieso als deutsche Bundesbank.

Ein Spinnennetz persönlicher Kontakte

Selbst zwischen der Regierung und der »Finanzabteilung« der Deutschland AG, also den Banken, allen voran die Deutsche Bank, gibt es enge Kooperationen und dicht gewebte persönliche Kontakte. Immer wieder fungierten Vorstandssprecher der Bank als Kanzlerberater – kein Wunder, schließlich verfügt die Deutsche Bank als wesentliches Entscheidungszentrum der Wirtschaft über Detailwissen, wie es an anderer Stelle kaum abrufbereit sein dürfte.

Fritz Berg, der langjährige Präsident des Bundesverbands der Deutschen Industrie (BDI), hatte unmittelbaren Zugang zu Konrad Adenauer, der Bergs Ratschlägen auch schon mal gegen die Vorstellungen von Wirtschaftsminister Ludwig Erhard Folge leistete. Geradezu als »Staatsmann« trat der legendäre Hermann Josef Abs auf – bloß dass er nicht im Dienst des Staates stand, sondern von 1938 an Vorstandsmitglied der ersten Finanzadresse des Landes, der Deutschen Bank, war, deren Vorstandssprecher er von 1957 bis 1967 wurde. Im Dritten Reich war Abs zugleich auch Mitglied im Aufsichtsrat der IG Farben, dem Mutterkonzern des Buna-Werks in Auschwitz, und hatte so indirekt auch mit der dort ausgebeuteten Zwangsarbeit zu tun.

Dass die Deutsche Bank nach dem Zweiten Weltkrieg die Zügel der Wirtschaft so fest in der Hand gehalten hat, ist ohne Zweifel ihrem umtriebigen Vorstandssprecher zuzuschreiben. Nur die Intervention der amerikanischen Militärregierung verhinderte, dass, nachdem schon die BASF und Bayer die Deutsche Bank zur Hausbank gewählt hatten, mit Hoechst auch der dritte Nachfolger der IG Farben in den Einflussbereich der Bank zurückkehrte. Die Hoechst AG entschied sich daraufhin für die Dresdner Bank, die zweite große Geldmacht der Bundesrepublik. Abs hatte jedoch keine Mühe, die Konkurrenz mit ihrem Vorstandsersten Hugo Zinsser in den Fünfzigerjahren auf gebührender Distanz zu halten.

Antennen und Bewegungsmelder

Die Regierung von Bundeskanzler Konrad Adenauer versicherte sich des Rats und der Mitarbeit von Abs beim Wiederaufbau der deutschen Industrie. Auf seine Idee ging etwa die Gründung der Kreditanstalt für Wiederaufbau (KfW) zurück, ein staatlich getragenes Institut, das die für den Wiederaufbau bestimmten Gelder aus dem Marshallplan verwaltete und in dem Abs selbstverständlich als Vorstandsmitglied wirkte. In der Aufbauzeit der Bundesrepublik waren die KfW und ihre Konferenzen ein wahrer Kontakthof für Wirtschaftsführer und deren »Gegenspieler«. Hier gaben sich unter anderem auch der erste Vorsitzende des DGB, Hans Böckler, sowie tonangebende sozialdemokratische Politiker ein Stelldichein. Beinahe wäre Hermann Josef Abs an die Spitze der Bank deutscher Länder, des Vorläufers der Deutschen Bundesbank, gelangt.

Das Londoner Schuldenabkommen vom 27. Februar 1953 – in dem die Frage der Altschulden Preußens und des Deutschen Reiches abschließend geklärt wurde und Bonn einwilligte, einen jährlichen Schuldendienst von 567 Millionen Mark zu übernehmen – war unter der Leitung von Hermann Josef Abs ausgehandelt worden. Für die Deutschen war dieses Abkommen ein hervorragendes Geschäft. Denn damit war der junge Staat nicht nur auf dem internationalen Finanzparkett wieder hoffähig geworden, sondern es wurden darüber hinausgehende Reparationszahlungen ausgeschlossen.

Glücklich meinte es das Geschick auch mit der Deutschen Bank. Das von den Besatzungsmächten in zehn Teile zerlegte Unternehmen fand gleichsam auf wundersame Weise wieder zum großen Ganzen zusammen. Rechtzeitig zum Weihnachtsfest 1956 erreichte die großen Aktienbanken nämlich ein besonderes Geschenkpaket vom Staat: Darin enthalten war ein Gesetz mit dem ebenso langatmigen wie harmlos klingenden Namen »Gesetz zur Aufhebung der Beschränkung der Niederlassungsbereiche von Kreditinstituten«. Schon ein Jahr später durften sich die großen Banken »wiedervereinigen«.

Nachdem die Deutsche Bank wieder über all ihre Glieder verfügte, entfaltete die Beziehungshefe von Abs ihre treibende Kraft und ließ den Teig der Bankbeteiligungen und ihre Werthaltigkeit immer weiter aufgehen. Bald waren die Vertreter des Bankhauses – meistens Hermann Josef Abs selbst – in vielen Aufsichtsräten vertreten. Und weil eine Hand die andere wäscht, entsandten manche dieser Unternehmen wiederum ihre Vertreter in ein Gremium der Deutschen Bank. Solche Überkreuzverflechtungen hatten mit gegenseitiger Kontrolle natürlich nichts zu tun und führten die vom Aktienrecht bezweckte Aufsicht durch die Räte ad absurdum.

Mit der Novellierung des Aktienrechts 1965 sollte diesem Zustand ein Ende bereitet werden. Bankenmacht hin oder her, nach der Verabschiedung der sogenannten »Lex Abs« war in deutschen Aufsichtsräten ein lautes Stühlerücken zu vernehmen, als die Vertreter des ersten Bankhauses am Platz sich gezwungen sahen, so manchen Sitz abzugeben: Künftig durften sie in Deutschland »nur noch« 14 Aufsichtsratsmandate haben.

An der herausgehobenen Stellung der Deutschen Bank hat dies wenig geändert (das war letztlich auch nicht bezweckt worden). Noch heute sitzen an den Schaltstellen der deutschen Industrie Bewegungsmelder, die den Vorstand der Deutschen Bank auf dem Laufenden halten. Weder die Dresdner Bank noch die Commerzbank, von den anderen Banken ganz zu schweigen, verfügen über solche Antennen und ein solches Kontaktnetz und damit über vergleichbare Einflussmöglichkeiten wie die Deutsche Bank.

Politik mit der Deutschen Bank

Bis heute unübertroffen ist die Rolle, die Hermann Josef Abs auf dem Finanzparkett in Frankfurt und auf dem politischen Parkett in Bonn spielte. Die Interessen der Deutschen Bank wusste er dabei natürlich geschickt in die Waagschale zu werfen. Zwar holten auch Willy Brandt und Helmut Schmidt den Rat der Abs-Nachfolger Karl Klasen und Franz Heinrich Ulrich ein, und Klasen brachte es sogar zum Bundesbankpräsidenten. Doch keiner kam mehr dem Einfluss des Multifunktionsvorstands Abs gleich.

Friedrich Wilhelm Christians, von 1976 bis 1988 Vorstandssprecher der Deutschen Bank, machte als Moderator in anderer Sache auf sich aufmerksam: Er knüpfte seine Fäden im Russlandgeschäft derart erfolgreich, dass Deutschland in den Neunzigerjahren zum wichtigsten Handelspartner Russlands aufstieg. Nach Michail Gorbatschows Amtsantritt 1985 erhielt nicht etwa der deutsche Außenminister einen Gesprächstermin, sondern der frischgebackene Generalsekretär zeigte, dass er wirklich viel vom Kapitalismus verstand, und lud zuerst den Vorstandssprecher der Deutschen Bank Christians in den Kreml ein.

An alte Traditionen knüpfte Alfred Herrhausen an, der als »Kanzlerberater« von Helmut Kohl galt und in der Öffentlichkeit ein hervorragendes Ansehen genoss. Im November 1989 wurde er bei einem Sprengstoffattentat der RAF ermordet.

Deutlich unterschiedlich dagegen der Stil der neueren Deutsche-Bank-Vorstände. Machtmenschen wie Hilmar Kopper reduzierten das Image der Bank auf Peanuts-Ebene. Mit gesellschaftspolitischen Fragen geben sich die neuen Banker nur ungern ab. Lieber kümmert man sich um den Finanzmarkt, den Gewinn und um das neue Lieblingsthema der Deutschen Bank: die Deutsche Bank. Die bedankt sich für die steuerliche Freistellung der Beteiligungsverkäufe auf ihre Weise: Bis zum Jahr 2003 sollen 15 000 Stellen gestrichen werden. Londoner Finanzanalysten gegenüber wurde bedeutet, die kommenden Kostensenkungen würden beträchtlich sein. Entlassungen sind ja auch eine Form gesellschaftspolitischer Einflussnahme.

Eine Allianz fürs Leben

In den Achtzigerjahren waren Macht und Einfluss der Banken Gegenstand einer ideologisch geprägten Debatte. Wann immer von der Macht der Banken die Rede war, fand sich, sehr zum Ärger ihrer Vorstände, vor allem die Deutsche Bank am Pranger wieder. Unter anderem wurde ihr Einfluss auf zahlreiche Unternehmen der deutschen Wirtschaft kritisiert. Doch verglichen mit den umfangreichen Besitztümern von Münchener Rück und Allianz handelt es sich beim Beteiligungsbesitz der Deutschen Bank tatsächlich nur um »Peanuts«. Seit dem Jahr 1998 hat die Deutsche Bank ihre Beteiligungen in einem Tochterunternehmen, dem »DB Investor«, gebündelt. Der Wert der im »Investor« verwalteten deutschen Besitztümer der Bank lag Mitte des Jahres 2001 bei »nur« 18 Milliarden Euro und reichte bei weitem nicht an die Werte der Versicherungsunternehmen heran, die die größten Eigentümer im Dax-Firmenclub sind.

Beachtlich ist das Machtgeflecht der Münchener Rück, deren Portfolio Mitte 2001 einen Wert von 29 Milliarden Euro erreichte – darunter drei Dax-Unternehmen, an denen der Versicherer mehr als 5 Prozent hält. Dazu zählen auch eine kontrollierende Beteiligung an der HypoVereinsbank und eine gut 20 Prozent ausmachende Beteiligung am Kapital der Allianz, mit der die Münchener Rück über Kreuz verflochten ist: Der größte Einzelposten im Vermögen der Allianz ist ihre Beteiligung an der Münchener Rückversicherung, die den gewaltigen Wert von 16,8 Milliarden Euro hat.

Die Allianz AG verfügt über den größten Beteiligungsbesitz in Deutschland. Mit der Übernahme der Dresdner Bank ist der Allianz-Fundus auf einen kumulierten Vermögensbestand von mehr als 50 Milliarden Euro angewachsen. An ihrem Besitz gemessen, darf die Allianz mit einigem Recht als »die heimliche Macht« (so der *Spiegel)* in der Deutschland AG gelten. In zehn Fällen machen die von der Allianz/Dresdner-Bank-Gruppe gehaltenen Anteile an Dax-Unternehmen 5 Prozent oder mehr aus. Mit Anteilen an Dax-Unternehmen von 5 Prozent und mehr kann die Deutsche Bank dagegen nur in drei Fällen aufwarten. Allerdings erreicht die größte Beteiligung der Deutschen Bank – 12,1 Prozent an der DaimlerChrysler AG – ein ungewöhnlich hohes Volumen.

Unter dem Regenschirm des Risikoexperten Allianz befinden sich natürlich auch Energiekonzerne. Die Beteiligungen am Kapital von E.on und RWE setzen den Versicherer mit der angeschlossenen Dresdner-Bank-Abteilung mit 10,6 beziehungsweise 11,7 Prozent kräftig unter Strom. Damit ist die Energiewirtschaft, die sich inzwischen zur Ver- und Entsorgungswirtschaft gemausert hat, der Allianz stärker verbunden als der Deutschen Bank, die mit 4,8 Prozent noch nicht einmal die Hälfte des Anteils der Allianz (10,6 Prozent) an E.on hält.

Der weitaus größte Teil dieses Beteiligungsbesitzes dürfte in den nächsten Jahren zur Disposition stehen. Die Veräußerung ist für die Arbeitnehmer in den betreffenden Unternehmen jedoch nicht unbedingt eine gute Nachricht. In der Vergangenheit hatten sich weder die Banken noch die Versicherungen als gierige – und auch nicht als ungeduldige – Besitzer erwiesen. Schon aus Rücksicht auf ihren guten Ruf hatten Allianz, Deutsche Bank & Co. sich verboten, auf Entlassungen und Rationalisierungen in größerem Stil zu drängen. Neue Besitzer dürften da weniger rücksichtsvoll vorgehen.

4 Der Rheinische Weg oder: Hallo, Kalifornien?

Komplizierte Kompromisse

Das Gegenmodell zur angelsächsischen Wirtschaftsweise, die primär am »individuellen Erfolg und dem schnellen finanziellen Gewinn« orientiert ist, wie der Sozialwissenschaftler Michel Albert schreibt, ist der »Rheinische Kapitalismus«, der die Grundlage der Deutschland AG ist. Seine Merkmale sind Kontinuität und der Ausgleich widerstreitender Interessen, das vielzitierte Konsensmodell. Dabei haben Gruppeninteressen Vorrang vor Einzelinteressen. Der Strom der freien Marktkräfte wird deshalb in ein engeres Bett gezwängt und von vorab ausgehandelten Gruppeninteressen begrenzt. Der Preis dafür ist eine mit vollen Händen zugreifende Abgabenordnung, die für eine Verteilung des gemeinsam erwirtschafteten Gewinns sorgen soll – mit Erfolg, denn kaum irgendwo sonst sind die wirtschaftlichen und sozialen Verhältnisse so stabil.

Ganz anders die »kalifornische Strategie«, die Peter Glotz in seinem Buch *Die beschleunigte Gesellschaft* beschreibt:

»Gute Wachstumschancen und ein angenehmes Leben für die Mehrheitsgesellschaft. Der Nachteil ist die Zunahme an Gewalt. Manche Viertel großer Städte werden für die Mehrheit unbewohnbar. Man muss viel Geld in private und öffentliche Sicherheitsdienste investieren. Das Volk zerfällt wieder in Stämme mit eigener Lebenswelt, eigenen Kommunikationssystemen.«

Wo im kalifornischen System »molekularer Krieg« die Szene bestimmt, sorgt im rheinischen Modell die ständige Pflicht zum Ausgleich und zur Diskussion für Frieden, Stabilität und ein Mindestmaß an Sicherheit. Das sind Standortfaktoren, wie es sie nicht überall gibt. »Der Rheinische Weg ist ein beschwerlicher«, schreibt Peter Glotz, denn er verlangt »komplizierte Kompromisse, zähe und langwierige Kommunikationsprozesse, soziale Phantasie und vor allem materielle Zugeständnisse, zum Beispiel in Form hoher Steuern« – Steuern, die den Charakter von Versicherungsprämien haben.

Soziale Marktwirtschaft als Erfolgsprodukt

Als traumatische Erinnerung wirkt die Weltwirtschaftskrise immer noch nach. Als die Wirtschaft zusammenbrach, wurde Arbeitslosigkeit zum Massenschicksal, weite Bevölkerungskreise verelendeten, Mangelkrankheiten wie Typhus und Tuberkulose begannen sich zu verbreiten. Der starke Geburtenzuwachs der Jahre vor dem Ersten Weltkrieg sorgte für zusätzliche Probleme, denn die damaligen »Babyboomer« drängten auf einen Arbeitsmarkt, auf dem es keine Stellen mehr gab. Unter solchen Bedingungen hatte es »eine Demokratie ohne Demokraten« schwer, Freunde zu finden. Die in der Weimarer Zeit nur wenige Jahre vor der Weltwirtschaftskrise eingeführte Arbeitslosenversicherung verfügte nur über geringe Mittel und konnte daher nur unzureichend gegensteuern.

Die Bundesrepublik hat ihre Lehren aus der Geschichte gezogen und eine mustergültige Krisenabsicherung installiert. Die soziale Marktwirtschaft hat nicht zuletzt die Funktion, der Verarmung weiter Bevölkerungskreise vorzubeugen, um einer aus sozialer Not geborenen politischen Radikalisierung einen Riegel vorzuschieben. So tritt die Deutschland AG für die Existenzsicherung jener ein, die an den Märkten ihr Glück nicht mehr machen. Auch wenn sich zweifellos inzwischen erheblicher Reformbedarf angestaut hat, ist die neoliberale Überzeugung, es sei besser für die Wirtschaft, wenn das freie Spiel der Kräfte walte, in Deutschland gottlob nicht konsensfähig. Noch genießt der soziale Friede einen höheren Stellenwert als das freie Walten wirtschaftlicher Kräfte. Auch wenn in der Bundesrepublik das neoliberale Wirtschaftsmodell zuletzt an Boden gewonnen hat, überwiegt doch nach wie vor eine skeptische Einstellung, wie sie der Publizist Horst Kurnitzky formuliert:

> »Die aktuelle neoliberale Tendenz hat die Spannung zwischen den Habenden und den Habenichtsen eher verschärft, fordert sie doch weltweit *free trade*, um das wirtschaftliche Leben dem freien Spiel der Kräfte auf dem Markt zu überlassen. Damit wird automatisch der Konzentration ökonomischer und das heißt auch politischer Macht Vorschub geleistet und der Schwächere nicht selten seiner Existenz beraubt oder zumindest derart in Abhängigkeit von sogenannten Marktführern gebracht, dass er als Wirtschaftssubjekt am Markt nicht mehr teilhat. Er kann nur noch seine Haut zum Markte tragen, in der Hoffnung, jemanden zu finden, der dafür Verwendung hat.«

Gewerkschaften als Co-Manager

1969 war die Unzufriedenheit an der Ruhr groß. Auch vor einer Zeche der Ruhrkohle AG machte sie nicht Halt. Der Betriebsratsvorsitzende hielt eine kämpferische Rede vor der Belegschaft, es solle gestreikt werden. Eine Nachricht wurde ihm herangereicht. Abrupt endete der Vortrag. Der Großsprecher war zur Gewerkschaftsführung beordert worden, wo ihm bedeutet wurde, dem Aufstand ein Ende zu machen. Der gewöhnliche Betriebsablauf auf der Zeche konnte weitergehen.

Auch die Gewerkschaften sind bereit, ihr Teil beizutragen zur großen Familiengesellschaft der Deutschland AG und es an der produktiven Kooperation der Kräfte nicht fehlen zu lassen. Seit den Gründungszeiten der Deutschland AG sitzen Gewerkschaftsfunktionäre auf dem Beifahrersitz der Macht. Im Rahmen der Montanmitbestimmung, die in den Unternehmen im Bereich von Kohle und Stahl praktiziert wird, zogen gewerkschaftlich organisierte Belegschaftsvertreter in die Aufsichtsräte ein. Klaus Lompe und Hinrich Weis, Sozialwissenschaftler an der Technischen Universität Braunschweig, beobachten in der Montanmitbestimmung, die sehr weitgehende Mitwirkungsrechte garantiert, sogar eine »zunehmende Orientierung der Betriebsräte hin zu einem Co-Management«. Das führte dazu, dass sich die Arbeitnehmervertreter nur dann und wann (klassen-)kämpferisch geben – aber unternehmerisch denken und handeln, wenn es drauf ankommt. Die *Wirtschaftswoche,* die sonst gerne das »rigide Geflecht aus Betriebsverfassung, Tarifrecht und Gewerkschaftsmacht« geißelt, lobte gar, dass Arbeitnehmervertreter bei VW, DaimlerChrysler, ThyssenKrupp und BMW »sich als Co-Manager gemeinsam mit der Geschäftsführung redlich um das Wohl des Unternehmens« bemühen.

Manche Unternehmer wissen es zu schätzen, dass sie autorisierte und kompetente Ansprechpartner aus der Belegschaft haben. Viele Entscheidungen lassen sich leichter umsetzen, wenn die Vertreter der Belegschaft von vornherein in die Entscheidungsfindung mit eingebunden werden, und die Mitarbeiter im Unternehmen sind motivierter, wenn ihre Interessen gut vertreten werden. So hat es für beide Seiten Vorteile, dass die Gewerkschaften und die Betriebsräte in das System der kommunizierenden Röhren des rheinischen Modells perfekt eingepasst sind. Die einstigen Gegensätze zwischen Kapital und Arbeit sind heute weitgehend abgeschliffen, der »Betriebsfrieden« innerhalb der Deutschland AG bislang mehr als anderswo erhalten.

Gute Erfahrungen mit der Mitbestimmung

Es war ein langer Weg, bis die heute so unumstritten scheinende Kooperation mit Gewerkschaftsvertretern und Betriebsräten durchgesetzt war. In den Fünfzigerjahren führten die Gewerkschaften einen langen Kampf für die Lohnfortzahlung im Krankheitsfall. Mit der Verabschiedung des Betriebsverfassungsgesetzes von 1952 kam es zur Ausdehnung der Mitbestimmung auf unternehmerische Entscheidungen. Die Mitbestimmungsrechte wurden in der Novelle des Betriebsverfassungsgesetzes unter Bundeskanzler Willy Brandt 1972 zusätzlich erweitert und vier Jahre später erneut gestärkt. Erst die Koalition aus CDU und FDP unter Kanzler Helmut Kohl mochte dem wachsenden Einfluss der Arbeitnehmervertretungen keinen Vorschub mehr leisten.

Doch die Beteiligungsrechte waren zu diesem Zeitpunkt schon so weitreichend, dass das Unternehmerlager bereits mehrfach den wirtschaftlichen Niedergang heraufbeschworen hatte. Kein Wunder, die an eigenmächtige Entscheidungen gewöhnten Manager mussten sich damit abfinden, dass in großen Kapitalgesellschaften plötzlich die Hälfte der Stühle im Aufsichtsrat von Arbeitnehmervertretern belegt wurde. Bevor sich beide Lager allerdings dauerhaft blockieren, gibt die Stimme des Aufsichtsratsvorsitzenden den Ausschlag.

In keinem anderen Land der Welt haben Arbeitnehmer so viele gesetzlich garantierte Mitwirkungsrechte wie in Deutschland. Die Beteiligung der Gewerkschaften an der Macht zahlte sich für die Volkswirtschaft jedoch in klingender Münze aus, weil Produktionsausfälle durch Streiks vergleichsweise selten sind. Ganz anders dagegen in vielen Nachbarländern, vor allem in Belgien, Frankreich und Italien, wo in der Vergangenheit immer wieder wilde Streiks und spontane Arbeitsniederlegungen die Wirtschaft lahmlegten. Auch in den Vereinigten Staaten finden mehr Streiks statt als in der Bundesrepublik. Der soziale Frieden innerhalb der Deutschland AG ist nicht einmal nach der Wiedervereinigung aus den Fugen geraten, die soziale und wirtschaftliche Probleme ungeahnten Ausmaßes nach sich zog. Auch wenn die Mitbestimmung von ihren Gegnern gern als Standortnachteil dargestellt wird, hat sie sich doch in schwierigen Zeiten bewährt.

Mittlerweile erkennen sogar Spitzenmanager der Deutschland AG an, dass sich die betriebliche Mitbestimmung letztlich positiv auf den Betriebsfrieden und die Arbeitssituation auswirkt. Selbst Jürgen Schrempp, der Vorstandsvorsitzende der DaimlerChrysler AG, sagte: »Wir haben sehr viele gute Erfahrungen mit der Mitbestimmung gemacht.« So wurde die Mitbestimmung sogar in den paneuropäischen Luft- und Raumfahrtkonzern EADS »exportiert«, an dem DaimlerChrysler als größter Einzelaktionär einen Anteil von 30 Prozent hält.

5 Sparschwein mit Airbag

Stabilitätsdenken und Sicherheit genießen in der Bundesrepublik oberste Priorität. Das hat seine Wurzeln in der Geschichte: Nicht nur die Megainflation nach dem Ersten Weltkrieg hatte zwischen 1920 und 1923 für einen gewaltigen Aderlass beim Volksvermögen gesorgt. Per Regierungsentscheid wurden damals zwölf Nullstellen beim Inflationsgeld gestrichen, und damit waren die Ersparnisse weiter Bevölkerungskreise auf einen Schlag entwertet. Eine weitere traumatische Erfahrung war die Bankenkrise 1931, als viele Banken zusammenbrachen und ihre Schalter schlossen. Mit dem Untergang des Dritten Reiches schließlich waren nicht nur Rentenbeiträge verloren, sondern es folgte erneut eine Währungsreform: Alle Bankguthaben wurden im Verhältnis 100 zu 6,5 umgewandelt, Papiergeld wurde für ungültig erklärt – wieder waren die Deutschen um ihre Ersparnisse gebracht worden.

Kein Wunder, dass sich die Deutschen nichts sehnlicher wünschten, als wieder einmal über eine stabile Währung als »Wertspeicher« zu verfügen. Entsprechend begehrt und bewundert wurde dann die harte Deutsche Mark. Doch die Stabilität der D-Mark kam nicht von ungefähr. Wenn die Bundesrepublik Deutschland von finanziellen Krisen nie berührt wurde, ist das einem ausgefeilten Überwachungs- und Kontrollsystem zu verdanken, zu dem etwa die Bundesanstalt für Finanzdienstleistungsaufsicht gehört, in der die Bundesaufsichtsämter für das Kreditwesen, das Versicherungswesen und den Wertpapierhandel zusammengefasst worden sind. Neben den Aufsichtsbehörden sorgen im Fall der Fälle zuverlässige Sicherungseinrichtungen wie der Einlagensicherungsfonds dafür, dass Sparer und Anleger bei einer Bankenpleite nicht um ihr ganzes Vermögen gebracht werden. Eine weitere Quelle der Stabilität ist das dreigliedrige Bankensystem, das aus den privaten Geschäftsbanken, den öffentlich-rechtlichen Instituten und den Volks- und Raiffeisenbanken besteht.

Sicherheitspolster in der Universalbank

Zu den Stoßdämpfern, die dafür sorgen, dass die zahlreichen Finanzschocks und Crashs kaum je auf die Angehörigen der Deutschland AG durchschlagen, zählt auch das System der Universalbanken. Universalbanken können jeder Art von Finanzgeschäft nachgehen, und das tun deutsche Banken weitgehend, die alles aus einer Hand anbieten und dabei noch einen umfangreichen »Liegenschaftsbesitz« an Industrieunternehmen angesammelt haben. Das hat den Vorteil, dass die Banken bei Krisen Einbrüche in einem Geschäftszweig durch andere Geschäftssparten kompensieren können, was den sogenannten Trennbanken, deren Aktivitäten auf einzelne Geschäftsfelder beschränkt sind, verwehrt bleibt.

Der Nachteil dieser Universalbanken ist, dass sich vielfache Interessenverquickungen ergeben, die sich leicht zum Nachteil der Kunden auswirken können. Aus diesem Grund und aus den Erfahrungen mit der Weltwirtschaftskrise wurde in den Vereinigten Staaten schon in den Dreißigerjahren der Glass-Steagall Act verabschiedet, der eine Trennung der Bankengeschäfte vorsah und nur Investment-Banken oder andere Spezialbanken genehmigte. Seitdem wandelten die amerikanischen Banken risikotechnisch gesehen eher auf schmalem Grat. Das gilt nicht zuletzt für die großen Investment-Banken wie Morgan Stanley, Goldman Sachs und Merrill Lynch, die in ihrer Gewinnentwicklung stark von den Trends an den Aktienbörsen sowie der allgemeinen Fusionsfreude und Übernahmeaktivität abhängig sind.

Dass ein vielgepriesenes Finanzwesen wie jenes der Vereinigten Staaten keineswegs krisensicher ist, bewies nicht zuletzt die Savings-&-Loan-Krise. Die amerikanischen Bausparkassen (Savings & Loan) hatten sich in den Achtzigerjahren an Schrottanleihen, den sogenannten Junk Bonds, verschluckt und waren reihenweise aus dem Geschäft gegangen. Um Schlimmeres zu verhüten, mussten Amerikas Steuerzahler mit Milliarden von Dollar einspringen.

Immer wieder gerieten Finanzinstitutionen in der Vergangenheit in Versuchung, ihre Aktivitäten durch die Gründung von Holdinggesellschaften klammheimlich auszuweiten. Erst seit der Abschaffung des Glass-Steagall Act im Jahr 1999 dürfen auch die amerikanischen Banken jene universale Bankenfreiheit genießen, wie sie für Deutschlands Banken schon seit langem gilt. Seither arbeiten führende Banken mit Elan daran, die Bandbreite ihrer Geschäfte zu erweitern. Vor allem J. P. Morgan Chase, das zweitgrößte amerikanische Bankinstitut, das aus den Banken Chase Manhattan, J. P. Morgan, Robert Fleming, Beacon Group, Hambrecht & Quist in einer 45 Milliarden Dollar teuren Fusion verschmolzen worden war, hat seine Aktivitäten sehr stark verbreitert und verfügt jetzt über ein weniger ausgeprägtes Risikoprofil.

Die deutschen Geschäftsbanken sind in der Vergangenheit eher den umgekehrten Weg gegangen und haben versucht, ihre Aktivitäten zuzuspitzen und im lukrativen, aber riskanten Investment-Banking Fuß zu fassen. Doch die Geschäftsergebnisse im Investment-Banking sind in fataler Weise an den Gesundheitszustand der Börsen gekoppelt – vor allem an jenen der Wall Street –, und so wurde dieser Ehrgeiz schon 2001 merklich gebremst, als die Investment-Banken mit in den Strudel der Börsen gerieten. Schnell war klar, dass die Universalbanken eine bessere Risikostreuung versprechen.

Ein zerklüftetes Trennbankensystem ruft aber noch ein anderes Problem hervor: Es entsteht nämlich keine einheitliche »Banking Community«, das heißt, es gibt nur kleine verschworene Gemeinschaften, kein breites personelles Flechtwerk einander persönlich bekannter Akteure, deren soziale Kontrolle Fehlverhalten und dubioses Tun unterdrücken könnte. Innerhalb eines weitgespannten Kontaktgeflechts teilt sich jedes Fehlverhalten per Mund-zu-Mund-Propaganda in Windeseile allen anderen Managern mit. »Die Gefahr, durch eine eklatante Verletzung der Spielregeln aufzufallen, zwingt zu einem beträchtlichen Maß an Selbstdisziplin«, urteilt der Bankenkenner und Finanzjournalist Hans Otto Eglau in seinem Buch *Wie Gott in Frankfurt*.

Die Ereignisse in Asien zeigen eindringlich, was bei einer allzu engen Fokussierung der Geschäfte passieren kann. Auch in Japan gibt es ein Trennbankensystem, das einen vernünftigen Risiko-Mix erschwert. So ist es kein Zufall, dass die japanischen Banken reihenweise in Bedrängnis gekommen sind. Durch Schaden klug geworden, nähert sich jetzt auch Japan mit einem Reformprogramm dem deutschen System der Universalbanken an.

Tragende Säule der Sicherheit: die Sparkassen

Marktnähe durch dezentrale Organisation und Operationsweise ist ein wesentliches Strukturelement der Sparkassen. Ein eng gewobenes Flechtwerk erstreckt sich bis in die entlegensten Dörfer. Es gibt rund 540 Sparkassen mit etwa 25 000 Geschäftsstellen in der Bundesrepublik.

Schwerpunkte der Geschäftstätigkeit sind das Einlagengeschäft, die Bau- und Kommunalfinanzierung. Eine Besonderheit der Sparkassen ist, dass sie in kommunaler Trägerschaft von Städten und Kreisen betrieben werden, die über die sogenannte Gewährsträgerhaftung die eingelegten Kapitalien absichern. Da sie als öffentlich-rechtliche Institute einen Versorgungsauftrag erfüllen und sicherstellen, dass ländliche Gebiete mit Bankdienstleistungen versorgt werden, ist ihre Rentabilität fast schon zwangsläufig geringer als die von Großbanken, die weniger personalintensiv wirtschaften können. Dennoch achtet man auch hier verstärkt auf Kostendisziplin.

Die Zahl der Sparkassen ging seit 1993 durch Fusionen um ein Fünftel, jene der Volks- und Raiffeisenbanken sogar um ein Drittel auf nur noch 1800 Bankbetriebe zurück. Die Fusionswelle dürfte in Zukunft ungebremst weiter rollen.

Unter dem Messer der Wettbewerbshüter

Die Vorzüge der öffentlich-rechtlichen Institute erwiesen sich im Jahr 2001, als die Sparkassen in der Krise Kurs halten konnten. Die Mitgliedsinstitute hätten nicht so stark unter der konjunkturellen Flaute gelitten wie die anderen Banken, teilte im November des Jahres der Präsident des Deutschen Sparkassen und Giroverbands (DSGV) Dietrich Hoppenstedt der Öffentlichkeit mit. Das schien eine gute Nachricht für die Beschäftigten des Sparkassensektors zu sein, deren Zahl seit Jahren mit etwa 392 000 weitgehend stabil ist. Trotzdem müssen sich auch die Sparkassenangestellten um ihren Arbeitsplatz Sorgen machen. Der Grund dafür ist der Streit um die »Gewährsträgerhaftung«.

Das Schicksal der Sparkassen und damit des deutschen Misch-Bankwesens, das auf private wie auch auf öffentliche Institute setzt, ist nämlich ungewisser denn je, seit die Europäische

Union den Wegfall öffentlicher Privilegien für die Sparkassen und Landesbanken erzwungen hat. Dazu gehört insbesondere die Gewährsträgerhaftung, also die Verpflichtung der öffentlichen Hand (zum Beispiel Stadt und Landkreis, Land), im Insolvenzfall die Schulden einer Landesbank oder Sparkasse zu begleichen. EU-Wettbewerbskommissar Mario Monti verlangte die Abschaffung dieser »Staatsgarantie«, weil er darin eine wettbewerbsverzerrende Beihilfe zugunsten der öffentlich-rechtlichen Geldinstitute auf Kosten der Privatbanken sieht.

Die Gewährleistung hoher Sicherheit und einer guten Versorgungsdichte mit Bankdienstleistungen zählt für den EU-Beamten wenig. Mit dem Wegfall der Gewährsträgerhaftung dürften die Kosten der Sparkasseninstitute steigen, so dass in Zukunft der Jobabbau auch im Sparkassensektor Einzug halten dürfte. Das meint auch Dietrich Hoppenstedt. Der DSGV-Präsident wollte für die Zukunft betriebsbedingte Kündigungen nicht ausschließen.

Die Genossen unter den Banken

Neben den Sparkassen bilden die Volks- und Raiffeisenbanken ein regionales Gegengewicht zu den privaten Banken, die eher im überregionalen Geldverkehr und im internationalen Geschäft ihre Chance suchen. Während die Sparkassen in öffentlicher Trägerschaft sind, handelt es sich bei den Volks- und Raiffeisenbanken um Genossenschaftsbanken. Über 13 Millionen Besitzer von Genossenschaftsanteilen gibt es, ein Indiz für das hohe Maß an Identifikation der Kunden mit »ihrer Bank«. Die genossenschaftlichen Strukturen wirken vor allem in ländlichen Gebieten der dort tendenziell vorhandenen Kreditknappheit entgegen – und machen so letztlich angewandte Strukturpolitik vor Ort.

In ihrem Buch *Das Banken-Kartell* haben Hans Martin Bury –

heute Staatsminister im Bundeskanzleramt – und der Politologe Thomas Schmidt die Vorzüge der öffentlich-rechtlichen und der genossenschaftlich organisierten Kreditwirtschaft herausgestellt: »Die lokal verankerten Sparkassen, Volks- und Raiffeisenbanken bilden ein wichtiges Gegengewicht zu den privaten Banken.« Ihnen ist es nicht bloß zu verdanken, dass uns die Schocks im internationalen Finanzsystem nur gedämpft erreichen, sondern sie sind es auch, die in besonderer Weise den Marktzutritt der kleinen und mittelgroßen Unternehmen fördern.

6 Mammon mit Mobilitätsgarantie

Die Kunstsammlung der Deutschen Bank gilt als exquisit. Von beträchtlichem Wert, fördert sie auch das Image ihrer Besitzer in den Frankfurter Bürotürmen. Auch der Beteiligungsbesitz des Bankhauses ist von beträchtlichem Wert. Doch er ist nicht imagefördernd und auch keine besonders renditeträchtige Kapitalanlage. In einer globalisierten Welt wirken national orientierte Beteiligungsportfolios eher altmodisch. Seit sich Allianz, Münchener Rück und Deutsche Bank als »Global Player« fühlen, wird der Blick, mit dem sie die in ihrem Besitz befindlichen industriellen Filetstücke aus Deutschland beäugen, immer skeptischer. Die Zeiten ändern sich eben, und in der Welt der flexiblen Investment-Banker zählt allein das knallharte geschäftliche Kalkül, der Liebhaberwert spielt keine Rolle.

Zudem hat sich in der Moderne der Stellenwert des Besitzes geändert. Nicht mehr die stattliche Habe zählt, sondern Faktoren wie der »richtige Draht«, Wendigkeit, Reaktionsvermögen und natürlich schiere Massen an Kapital. Längerfristige Bindungen, der feste Besitz passt immer weniger in eine Zeit, die Softwareprodukte und neu entwickelte Technologien innerhalb von wenigen Monaten zum alten Eisen stempelt. Im selben Maß, in dem die Bedeutung des Eigentums schwindet, nimmt die Bedeutung der Verfügungsgewalt über die richtigen Rechte, Lizenzen und Zugangsbefugnisse zu.

Diesen schleichenden Wandel hat Jeremy Rifkin in seinem lesenswerten Buch *Access – Das Verschwinden des Eigentums* nachgezeichnet. Er kann seine These mit einer bestechenden Indizienkette untermauern: angefangen von der wachsenden Bedeutung des Leasings über den zunehmenden Handel mit Rechten und Lizenzen und die Bereitstellung von Dienstleistungen (zum Beispiel Fuhrpark plus Wartung), die den Erwerb von Produkten zunehmend überflüssig machen, bis zum Aufstieg von Unternehmensformen wie dem Franchising zum bedeutsamen Wirtschaftsfaktor. Wer heute noch das Ziel verfolgt, über möglichst viel Eigentum zu verfügen, ist nicht mehr auf der Höhe der Zeit. Bedeutend wichtiger als langfristige Bindungen und Eigentumsrechte sind in der modernen Wirtschaftsweise Flexibilität und Ideen, eine gute Ausstattung mit Liquidität sowie die richtigen Konzepte und Menschen, die sie umzusetzen verstehen. Die »Mobilitätsgarantie« ersetzt das Auto.

Auch diese Entwicklung spricht dafür, dass Banken und Versicherungen sich von den industriellen Beteiligungen lösen werden, die sie als Korsett empfinden, das ihre Handlungsspielräume eher einengt als erweitert. In der Vergangenheit musste die Deutsche Bank immer wieder negative Erfahrungen mit ihren Beteiligungen machen. Nicht nur beim Zusammenbruch der Metallgesellschaft hagelte es Kritik, weil dem Bankhaus entscheidende Fehler angelastet wurden. Und beim Zusammenbruch der Philipp Holzmann AG war der Druck von Öffentlichkeit und Politik, die den zweitgrößten deutschen Baukonzern vor dem Konkurs bewahren wollten, besonders fühlbar. Grund genug, sich solchen Zwängen in Zukunft zu entziehen.

Der Exodus

Unter der Last des öffentlichen Drucks sah sich die Bank gezwungen, Ende der Neunzigerjahre ein Sanierungsprogramm für die havarierte Holzmann AG in die Wege zu leiten. Mit auf den Weg bekam Holzmann auch Staatsgarantien von der Bundesrepublik Deutschland. Bundeskanzler Gerhard Schröder hatte sich persönlich für die Rettung des siechen Unternehmens eingesetzt, um die über 20 000 Arbeitsplätze zu retten. Doch vergeblich: Im Frühjahr 2002 ging Holzmann zum zweiten Mal pleite. Und diesmal wurde der Konzern nach allen Regeln der Kunst in seine Einzelteile zerlegt und an den Meistbietenden verkauft.

Eigentum verpflichtet, so steht es im Grundgesetz. Immer mehr empfinden die Bankhäuser dies als Last, zumal für sie Eigentum nur Mittel zum Zweck ist. Und der heißt: Erzielung einer möglichst hohen Rendite. So werden die Akteure der Deutschland AG in den kommenden zwei bis vier Jahren, so schätzt die niederländische ABN Amro Bank in einer Studie aus dem Jahr 2001, zwischen 30 und 50 Prozent der Unternehmensbeteiligungen abschmelzen. Deutsche Finanz- und Versorgerunternehmen könnten sich ab 2002 von einem Beteiligungsvermögen in einer Höhe zwischen 42 und 62 Milliarden Euro trennen.

Für Rolf-Ernst Breuer, den früheren Vorstandssprecher der Deutschen Bank, ist es ausgemachte Sache, »den industriellen Anteilsbesitz an börsennotierten Unternehmen sukzessive, aber so schnell wie möglich zu reduzieren«. Bei den anderen Unternehmen, die im Dax-100 geführt werden, setzt die Deutsche Bank die abzustoßenden Beteiligungsvolumina noch weit höher an. Dreißig von ihnen wird ein großes Interesse nachgesagt, Beteiligungen mit einem geschätzten Marktwert von bis zu 120 Milliarden Euro zu verkaufen.

Neue Spielregeln

Den Portfoliostrategen der Finanzdienstleister bereitet die vorhandene Beteiligungsstruktur Magenschmerzen. Schon aus Gründen der Risikostreuung sei die Bindung der Investments an ein einziges Land kaum zu verantworten, meinen sie. Das gilt erst recht, wenn ein großes Investment nicht nur in einer einzigen Branche, sondern sogar in einem einzigen Unternehmen angelegt ist. Doch genau das ist bei der Deutschen Bank der Fall. Zwölf Prozent hält sie an DaimlerChrysler, ohne dass es besondere strategische Gründe für diesen engen Schulterschluss zweier so grundverschiedener Unternehmen gäbe. Doch die Scheidung von dem Autobauer ist beschlossene Sache. Die Zukunft der DaimlerChrysler-Beteiligung sei eine Frage des Preises, zitierte der *Spiegel* den seinerzeitigen Vorstandssprecher der Deutschen Bank Rolf-E. Breuer Ende Januar 2002. Die Aktionäre der Deutschen Bank könnten selbst DaimlerChrysler-Aktien erwerben, wenn sie dies wünschten, dass müsse nicht die Bank für sie tun, erläuterte Breuer während eines Vortrags in Potsdam Anfang Februar 2002.

Zwar sichert die umfangreiche Beteiligung den Einfluss der Deutschen Bank auf DaimlerChrysler. Aber das Bankhaus, das über ein dicht gesponnenes Netz von Kontakten bis in den letzten Winkel des Landes verfügt, könnte seine geschäftlichen Interessen auch ohne direkte Beteiligungen wahren. Zur Siemens AG beispielsweise bestehen gewachsene historische Beziehungen aus den Berliner Anfängen der beiden Unternehmen, auch ohne dass die »Deutsche« über eine nennenswerte Finanzbeteiligung bei Siemens verfügt. Trotzdem wird Siemens bei wichtigen Geschäftsfragen auf eine Konsultation des Bankhauses kaum verzichten.

Außerdem sind die Möglichkeiten beschränkt, Druck auf die im Inland gehaltenen Beteiligungen auszuüben. Die feinen Banker müssen Zurückhaltung üben – so sieht es die Bankkultur hierzulande vor. Bislang haben sie sich daran gehalten und Rücksichtnahme geübt. Um den »guten Namen« in der Heimat und natürlich den heißen Draht zur Politik nicht zu verspielen, sind Samthandschuhe angebracht, wenn es um Arbeitsplätze geht. Das sind die Spielregeln in der Deutschland AG. Folglich war es ein Ding der Unmöglichkeit, auf Entlassungen im großen Stil zu drängen und so Gewerkschaften, Politik und die Bevölkerung gegen sich aufzubringen.

Zumindest in dieser Hinsicht haben sich die Zeiten grundlegend geändert. Das demonstriert der tiefe Fall der Holzmann AG. Sie ein zweites Mal zu retten kam für die deutschen Bankkonzerne nicht in Frage – die Mitglieder des Finanzzirkels fühlen sich nicht mehr verpflichtet, Solidarität mit gestrauchelten Mitgliedern der Deutschland AG zu üben.

Rückzug auf Raten

Der Abschied der Deutschen Bank von ihrem umfangreichen Industriebesitz kommt nicht so überraschend, wie es scheinen mag. Die Pläne dazu liegen seit Jahren in der Schublade. Schon 1973 hatte Vorstandssprecher Franz Heinrich Ulrich auf der Hannover-Messe durchblicken lassen, dass seine Bank Industriebeteiligungen lieber früher als später abzugeben gedenke und künftig auch keine Beteiligungen von mehr als 25 Prozent mehr eingehen wolle.

Aber der Verkauf gestaltete sich schwierig. Immer wieder rechneten die Steuerexperten der Bank den Ausstieg durch. Und immer wieder gelangten sie zu demselben Ergebnis: Durch die hohe Besteuerung von Veräußerungsgewinnen wäre der Hauptgewinn aus den Verkäufen beim Finanzamt gelandet.

Unter Vorstandssprecher Alfred Herrhausen verfolgte die Deutsche Bank die Strategie eines Rückzugs auf Raten, nahm hier und dort kleinere Anpassungen an ihrem industriellen Besitz vor und verkleinerte ihr Portfolio immer dann, wenn entweder andere Investoren aus der Wirtschaft mehr mit einer Beteiligung anzufangen wussten und besser dazu passten als die Bank oder wenn die Auflösung der Beteiligung steuerlich neutral vonstatten ging.

Weihnachten und Ostern an einem Tag

Doch die letzten Schlupflöcher im Steuerrecht wurden zugemauert. Die Steuerreform 1990, damals war Helmut Kohl Bundeskanzler, verhinderte die Übertragung stiller Reserven von einer Beteiligung zur anderen. Fortan waren die Verhältnisse der Deutschland AG festgeschrieben. Eine steuerliche Abgabenwand von 50 Prozent stand jeder Veränderung im Weg.

Erst die steuerliche Neuregelung der Veräußerungsgewinne, die ausgerechnet die rot-grüne Bundesregierung verabschiedete, machte den Weg wieder frei und sorgte für Jubel bei den Versicherungen und Banken. »Es ist, als falle Weihnachten und Ostern auf einen Tag«, zitierte der *Spiegel* einen Banker, der sich mächtig freute. Wenn Eigentum zum Tätigwerden verpflichtet, schrieb der Wirtschaftsjournalist Hans Otto Eglau weitblickend schon vor mehr als einem Jahrzehnt, »dann vielleicht eines Tages mit dem Ziel, sich aus dieser Verpflichtung wieder zu lösen.«

»Alles nur Finanzbeteiligungen«, hatte Allianz-Chef Henning Schulte-Noelle im Hinblick auf den umfangreichen Beteiligungsbesitz der Versicherung erklärt. Was nichts anderes bedeutet, als dass die Besitztümer der Allianz nicht für die Ewigkeit gedacht sind und jederzeit – sofern der Preis stimmt – abgebaut werden können.

Das VW-Gesetz

Doch nicht jeder möchte, dass die letzten Schutzzäune fallen. Insbesondere auf nationaler Ebene gibt es einige aktienrechtliche Besonderheiten, die dem Schutz der einheimischen Wirtschaft dienen und den Einfluss des Staates auf zentrale Wirtschaftssegmente sichern sollen. Das widerspricht dem Bestreben der Europäischen Union, den freien Fluss des Kapitalverkehrs zu gewährleisten und die unterschiedlichen Regelwerke der Mitgliedsländer zu vereinheitlichen. Deshalb hat die Europäische Kommission eine Übernahmerichtlinie entworfen, die insgesamt eher laxe Regeln für den Fall eines feindlichen Übernahmecoups und dementsprechend so gut wie keine Möglichkeiten zur Abwehr von Übernahmeattacken vorsieht.

In Deutschland zielt die Regelung auf Unternehmen wie die Volkswagen AG, die bislang noch mit einigermaßen sicheren Arbeitsplätzen aufwarten konnten. Das VW-Gesetz begrenzt nämlich die Stimmrechte aller Aktionäre auf 20 Prozent, unabhängig davon, wie groß ihr tatsächlicher Anteil ist. Faktisch handelt es sich um eine Schutzklausel, die verhindert, dass das Land Niedersachsen, das an VW beteiligt ist, von einem anderen Einzelaktionär überstimmt werden kann. Für den Autobauer ist diese enge Verbindung mit dem Land ein Zugewinn an Planungssicherheit. »Man kann fragen, ob diese Stimmrechtsbegrenzung nicht – wie neuerdings für börsennotierte Unternehmen nach deutschem Aktienrecht – aufgehoben werden sollte«, räumte Klaus Liesen, damals noch Vorsitzender des VW-Aufsichtsrats, im *Focus*-Interview ein. »Eine solche Frage brauchen wir uns aber nicht stellen zu lassen von Ländern und Behörden, die in ihrem eigenen Wirkungskreis Goldene Aktien und Mehrstimmrechtsaktien dulden. Die Attacken aus diesen Kreisen folgen der Methode ›Haltet den Dieb!‹«

Staatskonzern auf der Überholspur

Das Land Niedersachsen hat ein besonderes Interesse daran, dass die Sonderregelung für VW bestehen bleibt. In Niedersachsen ist der Autohersteller als Arbeitgeber von besonderer Bedeutung – gleich fünf der sechs deutschen Fabriken befinden sich in diesem Bundesland, das mit 18,64 Prozent der Stimmrechte an VW beteiligt ist. Das sogenannte VW-Gesetz aus den Sechzigerjahren schreibt den Einfluss Niedersachsen verbindlich fest: Bei Investitionsentscheidungen hat Niedersachsen ein Vetorecht, und als Beitrag zur Standortsicherung verfügt das Bundesland über zwei Sitze im Aufsichtsrat der Volkswagen AG.

Das stößt den EU-Kommissaren schon übel auf, mehr noch aber das Höchststimmrecht, das eine feindliche Übernahme des Autobauers nämlich von vornherein unmöglich macht. Dabei straft der Konzern all jene Lügen, die gerne den – falschen – Glaubensgrundsatz verbreiten, dass Unternehmen, die unter der Fuchtel des Staates stehen, immer heruntergewirtschaftet und alles andere als wettbewerbsfähig seien.

Wie wettbewerbsfähig Volkswagen wirklich ist, hat VW in den Neunzigerjahren gezeigt. Unter dem Management des Österreichers Ferdinand Piëch, der als bester Automanager der Welt gilt, zeigte der Konzern selbst in der konjunkturellen Wachstumskrise, in der amerikanische Automobilhersteller ihre Zuflucht zu Massenentlassungen nahmen, ungewöhnliche Stärke und steigerte sogar noch seinen Marktanteil. Was nicht so recht ins neoliberale Scheckheft der beamteten Kapitalmarktfreunde aus Brüssel passt, verschafft den Arbeitnehmern bei Volkswagen genau das, was immer mehr Beschäftigte heute so schmerzlich vermissen: Luft zum Atemholen am Arbeitsplatz. Noch sind die Jobs bei VW relativ krisensicher.

Die rettende Idee

Das war nicht immer so. Bei seinem Amtsantritt hat Ferdinand Piëch die Managementetage gründlich ausgelüftet. So wenig er vor harten Schnitten auf der Chefetage zurückschreckte, so moderat und taktvoll ging er mit der Belegschaft um. Als er den Vorstandsvorsitz übernahm, fand er die Pläne zur Entlassung von 30 000 Beschäftigten bereits in der Schublade vor. Doch Piëch konnte sich zu dem Schritt nicht durchringen. In einem Interview mit dem österreichischen Wirtschaftsmagazin *Trend* erläutert er die Beweggründe seines Handelns:

> »Eine Mitarbeiterreduzierung, die ich seinerzeit bei Audi vornehmen musste, führte dazu, dass die Betroffenen weinend vor meinem Haus standen. Damals habe ich mir vorgenommen, dass mir so etwas im Leben nicht wieder passiert. Denn wenn 2000 bis 3000 Menschen in einer Region keinen Arbeitsplatz mehr haben, ist das ein sehr, sehr dramatischer Moment.«

Peter Hartz, der Personalchef des Unternehmens, hatte die rettende Idee. Durch die Einführung flexibler Arbeitszeitmodelle und einer Viertagewoche für die Beschäftigten gelang es, die Entlassung der 30 000 zu verhindern. Die IG Metall war Verhandlungen gegenüber aufgeschlossen, und so kam es zur Einführung des Teilzeitmodells. Die Beschäftigten von Volkswagen mussten allerdings auch Opfer bringen und finanzielle Einbußen hinnehmen, denn natürlich wurde mit der Reduzierung der wöchentlichen Arbeitszeit auf 28,8 Stunden der Lohn entsprechend angepasst. Wöchentlich dürfen maximal zehn Überstunden gemacht werden, die in sogenannten Zeitwertpapieren angelegt und für den Vorruhestand angespart oder zum Umtausch in Freizeit verwendet werden können.

Reich, fett und faul

Dass in der Bundesrepublik und anderen europäischen Ländern erhebliche Anstrengungen unternommen werden, um Entlassungen und Arbeitslosigkeit zu verhindern, gefällt nicht jedem. Ganz besonders unerhört fand das deutsche Modell Professor Rüdiger Dornbusch vom Massachusetts Institute of Technology (MIT), der von Amerika aus nicht mit Schelte zurückhielt: Deutschland, sagte er, sei »reich, fett und faul – ein Albtraum«. »Hier wird die Wirtschaft nicht von den Unternehmern geleitet, sondern von den Arbeitnehmerinteressen«, kritisierte er ausgerechnet zu einer Zeit, als die amerikanische Wirtschaft durch die Enron-Pleite als eine Veranstaltung von kleinen Bilanzfälschern mit großen Betrugsmanövern demaskiert wurde. Wo die Manager nach der Knute der Wall Street tanzen, sind weder unten noch oben die Jobs sicher, denn ein ums andere Mal wird auch die Unternehmensspitze runderneuert.

Dass die Volkswagen AG eines Tages in die Hände der Wall Street und ihrer Börsenhelden fallen und schließlich gefleddert werden wird, daran hegen einige kaum mehr Zweifel. Dann, so wird behauptet, werde endlich der schwachen Wertentwicklung der Volkswagenaktie beizukommen sein, die so oft beklagt wird. Wie viel Wunschdenken dabei ist, zeigt das Beispiel von DaimlerChrysler. Vorstandschef Jürgen Schrempp hat sich zwar als Shareholder-Value-Vorreiter gebärdet, aber die Aktien seines Unternehmens entwickeln sich noch schlechter als die Anteile an der Volkswagen AG.

Ob Volkswagen oder Daimler, ohnehin entwickeln sich die konjunktursensiblen Autoaktien – das wissen sogar Analysten – schon seit langem konstant unterdurchschnittlich gegenüber dem gesamten Markt. Ob der Staat an einem Unternehmen beteiligt ist oder nicht, spielt dabei keine Rolle.

Teil III:

Die Spielregeln werden geändert

7 Management im Trend: Drei Moden, ein Ergebnis

Die Managementmode der Sechziger: Mischkonzerne

In den Sechzigerjahren breiteten sich die Mischkonzerne in der amerikanischen Wirtschaft aus. Wie Kraken griffen sich Amerikas große Corporations, denen es als nicht mehr ausreichend erschien, über ein einziges oder nur einige wenige Geschäftsfelder zu gebieten, immer neue Beute. Das Management kaufte andere Unternehmen hinzu und ergab sich hemmungslos dem Übernahmefieber.

Was geeignet erschien, die Öffentlichkeit und die Aktionäre von der unermüdlichen Tüchtigkeit der CEOs (Chief Executive Officers – die Vorstandsvorsitzenden) zu überzeugen, wurde für die Beschäftigten zur leidvollen Erfahrung. Die Unternehmen, und damit auch die Arbeitsplätze, mutierten entweder zu Dauerbaustellen, auf denen ständig neue Gebäudeteile hinzugefügt, entfernt oder Wände weggerissen wurden, oder die Arbeitsplätze wurden wie auf dem Verschiebebahnhof hin und her geschoben, wobei beim Umladen natürlich so mancher Job verloren ging.

Meistens wurde in Geschäftsfelder »diversifiziert«, die mit den bisherigen Aktivitäten des Unternehmen nicht in Zusammenhang standen, so dass abzusehen war, wann die wild wuchernden Gemischtwarenläden außer Kontrolle geraten würden. Viele der zugekauften Unternehmen waren entweder unrentabel oder passten nicht in den Unternehmensverbund, sofern von einem »Verbund« überhaupt die Rede sein konnte. Unternehmen, deren Aktivitäten so weit aufgefächert waren, dass sie fast den gesamten ökonomischen Horizont einnahmen, taten alles, aber fast nichts richtig.

Die Investoren kamen erst spät darauf, dass diese großen, glänzenden Äpfel wurmstichig waren, so wie sie ja auch in unseren Tagen die aufgeblähte Bewertung von Unternehmen der »New Economy«, die keine reale wirtschaftliche Grundlage mehr hatte, erst bemerkten, als es zu spät war. Als den Saurierfirmen mit dem breiten Körper und dem winzigen Kopf in den späten Siebzigern die Luft ausging, war klar, dass bunt zusammengewürfelte Konglomerate keine Zukunft haben. Die Manager und CEOs hatten von den meisten Geschäftsfeldern eben keine Ahnung. Robert Koehler, der Chef von SGL-Carbon, fand dafür ein treffendes Bild: »Wenn sich Manager zu weit auf unbekanntes Terrain wagen, werden sie zu Popstars, die versuchen, wie Pavarotti zu singen.«

Die Saugnäpfe der Unternehmensberater

An den Börsen machte sich ein neuer Typus breit: der »moderne« Investor, der wenig auf Solidität hielt und den Lobpreis der Mischkonzerne sang, weil hier schneller Profit zu machen war. George Soros bezeichnete diese Investoren als »Go-Go-Fondsverwalter oder Revolverhelden«, die Unternehmen wie Milchflaschen handeln und dabei ihren Inhalt, die Belegschaft, immer wieder kräftig durchschütteln, bis er sauer wird. Nicht anders halten es in unseren Tagen viele Fondsmanager und die Chefs der Beteiligungsfirmen.

Damals wie heute stellten sich die Unternehmenschefs rasch auf das neue Aktionärspublikum ein und gaben den einflussreichen Börsianern und den Zockern von der Wall Street das, was sie wollten: steigende Kursnotierungen. Die Manager begannen den Aktienkurs ihrer Unternehmen zu managen. Doch je intensiver ihr Blick auf den Reuters-Börsenmonitor starrte, umso mehr gerieten ihnen der Markt und das eigentliche Geschäft aus dem Gesichtsfeld.

Neben der unheiligen Allianz zwischen den Revolverhelden von der Börse und den Unternehmensvorständen ergab sich noch ein weiterer Bund fürs Leben, der, nicht anders als manche Ehe, ein gewisses Gesundheitsrisiko in sich barg: An die aufgeblähten Leiber der Unternehmenskonglomerate hefteten die Consultants ihre Saugnäpfe. Die Unternehmensberater empfahlen sich zur Steigerung der Rentabilität (auch ihrer eigenen) und allerlei anderen Zielen und Vordringlichkeiten und begannen bald fleißig zu analysieren und ihre Verbesserungsvorschläge zu machen. Das taten sie damals, das tun sie noch heute. Und zwar mit höchst wechselndem Erfolg. Kontinuierlich verbessert wurde nur das Niveau der Honorare.

Die Managementmode der Siebziger und der Achtziger: Gemeinkostenwertanalyse (GKWA)

In den Siebziger- und Achtzigerjahren liefen den aufgeblasenen Unternehmenskolossen wegen ihrer weitgefächerten Aktivitäten die Kosten aus dem Ruder. Jetzt schlug die Stunde der sogenannten GKWA, der Gemeinkostenwertanalyse. Das bedeutete nichts anderes, als dass die einzelnen Kostenpositionen gewogen und gekürzt wurden. Die Gemeinkostenwertanalyse wurde ein Renner, der McKinsey und anderen Beratungsunternehmen viel Gewinn in die Kassen spülte.

Der Gewinn der einen ist der Verlust der anderen. Die Analysen der Berater liefen im Grunde immer auf dasselbe hinaus: Fast immer ließen sich die Gemeinkosten um 10 bis 20 Prozent reduzieren, ohne dass der betriebliche Ablauf darunter litt. Dass Primitivlösungen dieser Art das Arbeitsklima vergiften und der Produktivität und Arbeitszufriedenheit schweren Schaden zufügen, interessierte die Berater nicht. Selbst wenn amerikanische Studien erst später bewiesen haben, dass Stellenabbau zu Stress und hoher Belastung bei den verbliebenen Beschäftigten führt, weil die Zurückgebliebenen verunsichert sind und sich Gefühle von Hass und Wut gegen das Unternehmen regen – man hätte es ja irgendwie ahnen können, dass das Vertrauen der Beschäftigten in das Unternehmen leidet und die Motivation sinkt.

Doch in den seltensten Fällen setzen sich die Consultants den Folgen ihrer Beratung aus. Lieber verpacken sie ihre Ergebnisse in voluminöse Studien, die der schlichten Idee, Arbeitsplätze auszuradieren, einen wissenschaftlichem Anstrich verleihen sollen, überreichen sie der Unternehmensleitung und ziehen weiter. Die Chefs erfahren daraus auch nur das, was sie ohnehin schon wussten oder im Stillen beabsichtigt hatten. Insofern stimmt die Vermutung, dass die Arbeit der Consultants oft nur dazu dient, eine »objektive« Rechtfertigung zu erhalten, um einen Arbeitsplatzabbau leichter durchsetzen zu können.

Kritiker solcher Pauschallösungen sehen das nicht ohne Ironie: Vielfach liege der Effekt darin, dass der falsche Teil der Mitarbeiter das Haus verlasse. Es gibt tatsächlich Hinweise darauf, dass gerade jene das Unternehmen verlassen, die sich als besonders wichtig und tüchtig erwiesen haben. Kein Wunder: Wer sich zu den »Leistungsträgern« rechnen kann, tut sich leichter, einen neuen Job zu finden, als weniger gut ausgebildete oder ältere Kollegen, die durchs Raster der Personalchefs fallen. Wenn in einer solchen Situation gerade die besonders Qualifizierten dem Unternehmen den Rücken kehren, ist das zwar ein Armutszeugnis fürs Management, aber den Zurückgebliebenen macht es die Sache nur umso schwerer.

Eine Firma in der Firma

Wozu Unternehmensberater fähig sind, wenn sie freie Hand haben, hat der amerikanische Topmanager Lee Iacocca in seinen Memoiren geschildert. Mehr als 30 Jahre war er bei Ford, zuletzt als Präsident, doch dann hatte Henry Ford II. einen Plan:

> »Als Henry mich bei Ford abhalftern wollte, zog er die Unternehmensberater McKinsey & Co. hinzu. Die reorganisierten nicht nur das Büro des Vorsitzenden, sondern installierten auch einen Superstab von etwa 80 Leuten. Dessen Aufgabe war es, alle übrigen Stabs- und Linienleute zu überprüfen, um zu gewährleisten, dass alle ihre Aufgabe erfüllen. Im Laufe der Jahre ist diese Gruppe zu einer souveränen Macht bei Ford geworden – eine Firma für sich.«

Es geht um Macht, es geht um satte Honorare und Einkünfte. Welche gewaltige Dimension Beraterhonorare annehmen können, zeigt das Beispiel des US-Telefonkonzerns AT&T. Als AT&T Ende der Achtzigerjahre in Schwierigkeiten steckte, fielen die Hohenpriester der Effizienz wie Heuschrecken in das Unternehmen ein. Die Journalisten James O'Shea und Charles Madigan beschreiben das Wirken der Berater in ihrem Buch *Berater mit beschränkter Haftung. Macht und Einfluss der Consultingfirmen* (im englischen Original trägt es den zubeißenden Titel *Dangerous Company* – gefährliche Gesellschaft). Was als angeblich maßgeschneiderte Beratung angeboten wurde, war durchaus austauschbar. Dafür zapften die Berater, vorsichtigen Schätzungen zufolge, zwischen 1989 und 1994 nahezu eine halbe Milliarde Dollar an Honoraren bei der Telefongesellschaft ab.

Hemmungslos wurde alles ausprobiert, das ganze Sammelsurium unterschiedlichster Werkzeuge und Methoden aus dem Ersatzteillager der Consulting-Industrie kam zum Einsatz: Qualitätsmanagement, Anpassung der Geschäftsabläufe, Personalbedarfsplanung und eine lange Liste von jeweils aktuellen Beratungsphilosophien. Schließlich begann das Unternehmen, seinen 125 000 Angestellten Verantwortungsbewusstsein und »positives Mitdenken für die Firma« beizubringen, ließ jedoch selbst jedes Verantwortungsbewusstsein vermissen und setzte viele tausend langgedienter Mitarbeiter vor die Tür. Nicht nur AT&Ts Image litt großen Schaden, sondern auch die Arbeitsmoral vieler Arbeitnehmer wurde zerstört, als die Telefon-Company 1984 schließlich in verschiedene Unternehmen aufgeteilt wurde. Aber das ist wieder eine andere Geschichte.

Die Managementmode der Neunziger: Business Reengineering

Unternehmen, so sagen manche Unternehmensberater, sind lebende Organismen. Wie Mediziner die Anatomie des Körpers studieren, so sezieren auch Unternehmensberater die Einzelteile und Organe von Firmen, spüren den Geheimnissen und Besonderheiten ihres Blutkreislaufs nach, entnehmen Proben und suchen Brüche und Störungen auf den Röntgenbildern des Consultings, den Organigrammen und Ablaufdiagrammen, um schließlich ihre Essenzen und Wundermittel zu verabreichen und die wundersamen Heilungsverläufe anschließend in sorgsam dokumentierten Fallstudien präsentieren zu können. Manchmal ist der Patient jedoch gar nicht krank.

Heute bedienen sich oft auch gesunde Unternehmen der Unterstützung strategischer Managementberater. Der Marktanteil sei nicht hoch genug, heißt es dann zur Begründung, oder es müssten neue Einsparpotentiale aufgedeckt werden. Manche Beratungsunternehmen gehen so weit, die ewige Erneuerung und Veränderung von Geschäftsprozessen zu propagieren, was im Hinblick auf den kontinuierlichen Fluss der Honorare natürlich äußerst vorteilhaft ist. Eines dieser Unternehmen, die die Philosophie vertreten, nur der unaufhörliche Wandel sichere den Geschäftserfolg, ist die amerikanische Mercer Consulting. Die Philosophie des Beratungsunternehmens wird von den schlauen Consultants als »Business Redesign« bezeichnet und soll, laut Mercer, für kontinuierlich steigende Gewinne beim Auftraggeber sorgen.

Ganz ähnlich funktioniert das Business Reengineering, auf Deutsch langatmig »Geschäftsprozessoptimierung« genannt. Das Konzept wurde Anfang der Neunzigerjahre von den Management-Gurus Mike Hammer und James Champy propagiert. In letzter Konsequenz bedeutet es, das Unternehmen völlig auseinander zu nehmen und wieder neu zusammenzusetzen. Da die Topmanager nie sicher sein konnten, dass sie nach der Radikalkur noch dabei sein würden, wurde meistens eine harmlosere Variante gewählt. Im Regelfall wird dabei der Betrieb gründlich durchleuchtet, um Schwachstellen zu erkennen. Mit dem Ziel, den Kundennutzen zu steigern, wird jeder einzelne Prozess untersucht und in seinem Ablauf und im Zusammenspiel mit vor- und nachgelagerten Prozessen verbessert.

Da war viel zu tun. Legionen von Managerberatern und Consultingspezialisten marschierten in die Unternehmen. Heraus kamen nicht wenige Beschäftigte, die von der Geschäftsprozessoptimierung zu Ex-Beschäftigten optimiert wurden. Was als Wunderkur daherkommt, erfüllt die Erwartungen nur selten: Schätzungen halten bis zu 70 Prozent aller Projekte des Reengineering für gescheitert.

Zeitbombe Wissensschwund

Warum Unternehmensberatungen so gerne dem Arbeitsplatzabbau das Wort reden, hat einen besonderen Grund: Um den Kunden von der Nützlichkeit der vorgeschlagenen Maßnahmen und dem eigenen Nutzen zu überzeugen, sind schnelle Ergebnisse gefordert. Mühevolle und langwierige Strukturarbeit würde verhindern, dass die Beratungsunternehmen dem Kunden schnelle Erfolge bei der Kostensenkung präsentieren können. Darum setzen so viele Unternehmensberater auf Show-Effekte – »Während die anderen Beratungsunternehmen ihre Show abziehen, wer befasst sich da noch mit Ihrem Problem?« wirbt das französische Unilog Management für sich.

Der Einsatz von Unternehmensberatern erhöht also den »Umsatz« an Mitarbeitern: Bewährte Mitarbeiter – und ein großer Teil Know-how – gehen verloren, dafür kommt »frisches Blut« in Form von unerfahrenen Mitarbeitern ins Unternehmen.

Diese gewaltige Vernichtung von Erfahrung macht die Unternehmen reif für ein anderes Holzpferd der Beraterzunft: In der Wissensgesellschaft nimmt das Wissensmanagement eine Schlüsselrolle ein, lautet eine Binsenweisheit. »In den Betrieben tickt eine regelrechte Zeitbombe. Sie heißt Wissensschwund«, schreibt der Berliner *Tagesspiegel.* Durch die Verrentung der Belegschaften und die hohe Fluktuation des Personals klaffe eine »riesige Know-how-Lücke«. Der in Deutschland tätige japanische Unternehmensberater Minoru Tominaga sieht in Zukunft sogar eigene »Knowledge-Manager« in den Unternehmen tätig werden.

Der Jugendwahn – eine deutsche Spezialität

Der Knowledge-Manager scheint in der Tat unentbehrlich zu sein. Bei der »Entsorgung« älterer Mitarbeiter gehört Deutschland nämlich zur Weltspitze, und sogar der wenig zimperlichen amerikanischen Geschäftspostille *Business Week* ist das Ausmaß der hierzulande stattfindenden Diskriminierung älterer Arbeitnehmer eine Seite wert. Zum Abbau älterer Mitarbeiter tragen die von den Beratungsunternehmen empfohlenen Rundumschlag-Kostenreduzierungen ihren Teil bei – die Hälfte des Gesamtumsatzes mit Beratungsdienstleistungen in Europa fällt in der Bundesrepublik an. Gerade die Berater, die den Wert des Wissens so hoch schätzen und mit Millionenaufwand »Wissensdatenbanken« aufbauen, setzen auf den konsequenten Blutaustausch in den Unternehmen, frei nach dem Motto »alles neu«.

Der Jugendwahn im deutschen Arbeitsleben trägt groteske Züge. Arbeitslose, die älter als 45 Jahre sind, haben einen Anteil von 40 Prozent an den Arbeitslosen. Nirgendwo sonst auf der Welt hat man es so eilig, ältere Mitarbeiter loszuwerden, wie in der Bundesrepublik. In einem Land, in dem nur noch 39 Prozent aller 55- bis 65-Jährigen im Arbeitsleben stehen, werden wertvolle Erfahrungen systematisch entwertet. In den Vereinigten Staaten sind immerhin noch 58 Prozent dieser Altersgruppe im Einsatz, in der Schweiz und in Norwegen sogar 70 Prozent.

Abschuss der Älteren: Der Staat hilft mit

Die Hamburger Phoenix AG war schlau. Für ältere Mitarbeiter hatte sie ein Merkblatt, das Formulierungshilfen gab für den Besuch beim Arzt. Der schrieb sie dann aus medizinischen Gründen arbeitsunfähig und ersparte dem Unternehmen dadurch viel Geld. Was die Privaten im kleinen Stil betreiben, betreibt der Staat im großen. Zum Beispiel bei dem Ex-Staatsbetrieb Deutsche Telekom, an dem der Bund zusammen mit der in Bundesbesitz befindlichen Kreditanstalt für Wiederaufbau (KfW) immerhin noch 43 Prozent der Aktien hält, so dass er, stimmrechtlich betrachtet, einiges mitzureden hätte. Trotzdem wählte die Telekom ein ähnliches Verfahren bei der Ausmusterung ihres überschüssigen Personals. Den sowohl an einer »Leistungsminderung« als auch an einer »allgemeinen Schwäche der körperlichen und geistigen Kräfte« leidenden Telekom-Bediensteten wussten die Ärzte nicht anders zu helfen als durch eine blitzartige Frühpensionierung.

Zwar erschwerte der Gesetzgeber Anfang 1997 den massenhaften Exodus von Arbeitnehmern in den Vorruhestand, doch nach wie vor werden Arbeitnehmer wegen ihres Alters diskriminiert und weggedrückt. Noch immer denken die meisten Unternehmen nicht im Traum daran, Menschen einzustellen, die älter als 40 sind. Mitunter führt das zu tragikomischen Zuständen: Zu Beginn des Jahres 2002 waren rund 51 000 Ingenieure in der Bundesrepublik arbeitslos, von denen ungefähr zwei Drittel älter als 45 sind. Gleichzeitig beklagt die Industrie einen Mangel an Ingenieuren und dass es nicht genügend Ingenieure an den Hochschulen gebe. Offenbar scheut sie den Weiterbildungsaufwand, mit dem ältere Ingenieure sich aktuelle Kenntnisse und Qualifikationen aneignen könnten. Dagegen hat sie kein Problem, auf die Erfahrungen älterer Fachkräfte zu verzichten – die Kosten der Arbeitslosigkeit trägt ja die Gesellschaft.

Während sich die Ingenieure und andere Arbeitnehmer der unteren und mittleren Hierarchieetagen die Köpfe an der tiefgehängten deutschen Altersgrenze stoßen, scheinen die Erfahrungen der Spitzenmanager stets gesucht zu sein. Die Chefs möchten gern auch über die Ruhestandsgrenze hinaus weitermachen, und wenn dann nichts mehr geht, gibt es ja noch den Aufsichtsrat und Beraterverträge, die für ein wenig altersgerechte Beschäftigung sorgen: Mit 66 Jahren ist da halt noch lange nicht Schluss.

Ältere Arbeitnehmer sind nicht schlechter

Während in der Bundesrepublik die Entsorgung älterer Arbeitnehmer weiter vorangeht, hat andernorts längst ein Umdenken eingesetzt. In Großbritannien zum Beispiel werden die Älteren wieder verstärkt zum Einsatz gebeten. Das hat ganz handfeste Gründe: Sie fehlen seltener, sind besser motiviert, zeigen weniger Neigung, den Arbeitgeber zu wechseln, und sie sind seltener als ihre jüngeren Kollegen in Unfälle am Arbeitsplatz verwickelt.

Es ist zwar unbestritten, dass mit zunehmendem Alter die körperliche Kraft schwindet und sich neben der Gedächtnisleistung auch die Fähigkeit des älter werdenden Menschen vermindert, komplexe Informationen schnell zu verarbeiten. In der beruflichen Praxis einer modernen, stark auf Dienstleistungen basierenden Wirtschaft sind diese Eigenschaften jedoch kaum relevant. So erfordern immer weniger Berufe überhaupt noch die Ausübung schwerer körperlicher Tätigkeit. »Ältere Arbeitnehmer sind generell ebenso gut wie jüngere Arbeitnehmer«, fasst Peter Warr, ein Arbeitspsychologe von der Universität in Sheffield/England, die Befunde der jüngeren Forschung zusammen.

Chefs, denen das nicht recht einleuchtet, werden vom Jahr 2006 an Nachhilfeunterricht erhalten, wenn eine Direktive der Europäischen Union in Kraft tritt. Besonders ärgerlich für deutsche Unternehmen ist daran: Sie wird die Diskriminierung aus Gründen des Alters erheblich erschweren.

8 Bücher wie Kanonen: Literatur gegen Jobs

Der Markt als Schlachtfeld

Wenn der Markt, wie ein altes chinesisches Sprichwort sagt, »ein Schlachtfeld ist«, sind Manager die Generäle. Die in den Krieg ziehenden Generäle und ihre Beraterstäbe suchen gerne Inspiration in den Bedienungshandbüchern der Handwerker des Krieges. Drei Beispiele von vielen:

1. Immer wieder auf dem Lesetisch landet die *Kunst des Krieges* von Sun Tzu. Dieser 2500 Jahre alte Text diente schon dem »großen Vorsitzenden« Mao Tse-tung als Leitfaden. »Gewinnen, ohne zu kämpfen« lautet Sun Tzus Ideal, doch daran scheinen die Leser noch arbeiten zu müssen. Von der gewaltsamen kommunistischen Revolution bis zum Köpferollen in der kapitalistischen Welt konzentrieren sich die Kriegsherren aller Zeiten lieber auf Ratschläge wie jenen, vorwiegend in abgelegenen Gebieten zu plündern, oder auf den folgenden: »Eine Katze vor dem Loch, und zehntausend Mäuse wagen es nicht, herauszukommen.«

2. Fernöstliche Weisheit atmet auch *Hagakure für Führungskräfte,* das den Manager auf den Weg des kriegerischen Samurai schickt: »Nicht länger als sieben Atemzüge soll es dauern, bis man eine Entscheidung getroffen hat.« Und diesmal trifft es möglicherweise auch einmal den Chef, denn der Weg des Kriegers liegt im Tod.
3. Größter Beliebtheit im Management erfreuen sich die Weisheiten des Carl von Clausewitz (1780–1831). Der preußische Militärstratege findet bei seinen neuzeitlichen Kollegen etwa dann Beachtung, wenn flexibilisierte Lösungen im Widerstreit der verschiedenen strategischen Kräfte gefragt sind. Der US-Colonel Harry Summers vertrat 1981 in seinem Buch *On Strategy: The Vietnam War in Context* sogar die Meinung, dass der Vietnamkrieg nur deshalb verloren wurde, weil die Strategen des Pentagon gegen maßgebliche Prinzipien von Clausewitz' verstoßen hätten. Clausewitz hin oder her – Colonel Summers dürfte einfach nicht wahrhaben wollen, dass es die Politik war, die in Vietnam auf allen Ebenen total versagt hat.

Management-Gurus, die ihre Beratungskunden gerne auf aggressiven Stil und Eroberungsfeldzüge einschwören, werden nicht Opfer herumfliegender Kugeln. Sie riskieren allenfalls Fehleinschätzungen und Irrtümer. Doch das ist kein Problem, denn sobald die wirtschaftliche Realität die Einschätzungen widerlegt, werden die neuen Erkenntnisse flugs zur neuen Lehre erklärt und in neue Theoriegebäude und Philosophien eingestrickt. Während die Beschäftigten und die Manager – ja, auch sie werden irgendwann in die Verantwortung genommen – die Suppe auslöffeln, können die Managementpropheten kaum verlieren.

Selbst die feine, auf lachsfarbenem Papier gedruckte *Financial Times,* sonst dem freien Spiel der wirtschaftlichen Kräfte und dem Wirken der Veränderer eng verbunden, reizte das Wirken der Gurus zum Spott:

> »Wenn ein Unternehmen, das von ihnen über den grünen Klee gelobt wurde, scheitert, analysieren die Akademiker nur die Fehler, die gemacht wurden, bei denen es sich plötzlich um interessante Lerneffekte (»Learning experiences«) handelt.«

Die Consultants und universitären Theoretiker sind dem Wirtschaftsleben eben immer einen Schritt voraus – und schon längst wieder woanders, wenn es ernst wird. Den in die Irre gelaufenen Beratungssubjekten in den Abgrund zu folgen, fiele ihnen nicht ein. Da sind die Verantwortlichkeiten im Militär klarer geregelt. Zumindest in dieser Hinsicht hat das Militärwesen den Vorzug, dass wenigstens hin und wieder selbst ein General für eine verlorene Schlacht geradestehen muss.

Querdenker sind nicht in Mode

Das Militärwesen mit seiner Betonung von Logistik, Organisation und Disziplin hat maßgeblichen Einfluss auf die Entstehung der Betriebswirtschaftslehre gehabt. Disziplin ist heute wieder gefragt in den Unternehmen der Republik und bei ihren Führungskräften, erst recht nach dem traurigen Ende des Booms in der New Economy: Da sieht man ja, wo Kreativität hinführt!

Überall haben sich auf den Chefetagen die grauen Mäuse wieder breitgemacht. Blass und farblos, ohne Phantasie führen sie ihr Unternehmen und geben sich doch gerne als Visionäre. Dabei laufen sie nur den Visionen nach, denen auch alle anderen folgen. Kaum ein Manager hat eine eigene Idee und koppelt sich ab von der herrschenden Meinung, wie etwa Wendelin Wiedeking, der Vorstandschef von Porsche, der sich konsequent an seine eigenen Überzeugungen hält und dessen Unternehmen damit gut fährt. Oberwasser aber haben jene, die mit dem Strom schwimmen. Wer einmal gegen den Stachel gelöckt hat, wird so lange untergetaucht, bis er die Vorteile eines stromlinienförmigen Daseins verstanden hat. Nur Aale gelangen so an die Spitze.

Die Zeit, als Querdenker in Deutschland etwas galten, ist vorbei. Es gab einmal junge Wilde in der Politik und Wildfänge in der Wirtschaft. Ihre Wildheit – wenn sie je mehr war als eine Erfindung der Medien – ist gebändigt. Jetzt, da sie oben angelangt sind, hört man keine unkonventionellen Töne mehr von ihnen. Querdenker sind aus der Mode – sogar das Wort gilt als überholt und wird kaum noch verwendet. Die Querdenker sind überflüssig geworden, sie werden inzwischen nicht mehr gelobt, sondern gleich weggelobt, wie alle anderen Manager, die nicht von der Stange sind und die beizeiten aussortiert werden. Da ist es nur passend, wenn der Markt für Martialisches und Militärisches in den Buchhandlungen boomt.

Verkäuferkonferenz im Tarnanzug

Schon das Wort »Führungskräfte« signalisiert ja, dass unter einer kräftigen Führung nicht eigenständige und mitdenkende Arbeitnehmer, sondern leicht zu dirigierende Jasager und angepasste Mitläufer gefragt sind. In den Neunzigerjahren brauchten die Führer dann wirklich Kraft, als es darum ging, die »Divisionen« in den Betrieben noch weit über das gewohnte Maß zu reduzieren, in den Organigrammen die »Kontrollspannen« zu verkürzen und bei alledem dennoch in einen »Krieg um Talente« und die »Killer-Anwendung« einzusteigen. Schließlich geht es um »Sieg« oder »Niederlage«, und wenn das Studium neuer Bücher nicht mehr hilft, wird auf die USA geschielt, wo auf der Verkäuferkonferenz eines Unternehmens der oberste »Verkaufsfeldwebel« sein Vietnamtrauma derart überwand, dass er im Tarnanzug mit scharfer Waffe auftrat, um die Truppe zur aggressiveren Vorgehensweise an der »Verkaufsfront« anzutreiben.

Martialische Posen und aggressive Rhetorik sind nicht unbedingt nur aufgesetzt. Nicht wenige Vorstandsvorsitzende amerikanischer Unternehmen entstammen den Militärakademien des Landes. Mehr als 1500 »Chief Executive Officers« (CEO), wie die Firmenchefs treffend heißen, sollen die West-Point-Militärakademie und andere Ausbildungsstätten der US-Streitkräfte hervorgebracht haben. So erweisen sich die militärischen Kaderschmieden zugleich auch als Durchlauferhitzer für die Topjobs in den Unternehmen. Seit die moralischen Verfehlungen und Durchstechereien bei Enron die Nation aufwühlen, gelten die Militärakademien wieder in ganz besonderem Maß als Hort zur Stärkung von Disziplin und Charakter. Die simple Erkenntnis, dass Opfer kein Mitleid verdienen, sondern normaler Bestandteil von Kampfhandlungen sind, wird gleich mit vermittelt.

In Deutschland wird eine militärische Karriere im Lebenslauf durchaus ebenfalls geschätzt, auch wenn sich die engeren Verbindungen zwischen Wirtschaft und Militär im Lauf des letzten Jahrzehnts etwas verloren haben. Das ist in der Schweiz anders. Die Leitungsebene in den Unternehmen ist mit der Armee geradezu exzellent verdrahtet, und viele Topmanager bekleiden auch beim Militär obere Ränge, vom Hauptmann bis zum Obersten.

Der Gegner als Kunde

»Strategieinstitute« wie jenes des großen Beratungsunternehmen Boston Consulting Group haben den preußischen Denk- und Degenstrategen Carl von Clausewitz zum Vorbild gekürt: *Clausewitz – Strategie denken,* so heißt der Titel eines von Beratern verfassten Managerbuchs. Die echte Armee ist da allerdings schon einen Schritt weiter. Den oft widersprüchlichen und vielschichtigen Gemengelagen der Probleme in unserer hochkomplexen Zeit werden Clausewitz & Co. nicht länger gerecht, meint der Ex-General Gordon Sullivan, der von 1991 bis 1995 den Stab der US-Army befehligte und bei der Army-Offiziersausbildung den Taktstock schwang. Jazzmusiker und Dirigenten wie Dave Brubeck seien besser als Vorbilder für die Offiziersausbildung geeignet. Deren klassisches Können bei gleichzeitigem Improvisationstalent sei ein zeitgemäßes Modell für Führung, äußerte sich der General gegenüber dem Magazin *Fortune*.

Aber auch das Militär sucht Rat – und schaut sich bei den Managern und der Wirtschaft um. Die amerikanischen Streitkräfte mussten nämlich eine scharfe Reduzierung der Belegschaftsstärke über sich ergehen lassen. Allein in der ersten Hälfte der Neunzigerjahre, als Gordon Sullivan noch als Stabschef diente, war die Zahl der Uniformträger von 780 000 auf 565 000 gekürzt worden. Army-General Sullivan hat daraus gelernt: Sich den Gegner als Kunden vorzustellen sei eine hilfreiche Übung. Denn es gehe schließlich darum, jene maßgeschneiderte Dienstleistung zu entwickeln, die eine Kontrolle des Feindes und – falls erforderlich – seine Vernichtung möglich mache. Ganz wie im richtigen Arbeitsleben, wo Arbeitskräfte unter dem Vorwand der Globalisierung divisionsweise als Kanonenfutter verheizt werden.

Grauhaarige Revolutionäre

Den Startschuss zur Großoffensive gegen die Arbeitnehmer in den Neunzigerjahren gab ein 1991 auf Deutsch erschienenes Buch von dem indischen Wirtschaftswissenschaftler Coimbatore K. Prahalad und Gary Hamel, Professor für strategisches Management an der London Business School, mit dem Titel *Nur Kernkompetenzen sichern das Überleben. Wer Regeln bricht, gewinnt*, das mit konkreter Hilfestellung zur Ermittlung angeblich vorhandener Kernkompetenzen aufwartete. »Sucht man allerdings ein Unternehmen, das diese Dinge praktiziert, findet man es nicht, oder es ist bereits Konkurs gegangen«, spotten die Personalentwickler und Unternehmensberater Rolf Fink und Karl Kälin in ihrem Buch *Topschrott*.

Gary Hamel ist laut *Economist* ein »weltweit führender Guru für Unternehmensstrategie«. Sein Buch *Das revolutionäre Unternehmen* machte sich auf die Suche nach »grauhaarigen Revolutionären« und »Agenten des Wandels«, und ausgerechnet bei Enron war er fündig geworden, einem wahrhaft revolutionären Unternehmen. In seinem Buch predigt Hamel den permanenten Umsturz und fordert die »Revolution als Lebensstil«, wie es die Enron-Macher praktizierten, die »sich selbst wiederholt von innen nach außen gekehrt und ihre Branche mehrfach auf den Kopf gestellt« haben. Revolutionär war Enron in der Tat, und auf den Kopf gestellt hat es nicht nur eine Branche, sondern die Moral und die ganze amerikanische Wirtschaft.

Während Gary Hamel auf den Spuren von Revolutionären wandelte, deren Wirken heute den Staatsanwälten viel Arbeit bereitet, wurden die Unternehmen »lean« gemacht, dürr und schlank. »Lean Management« bedeutet, eine Firma mit möglichst wenig Leuten am Laufen zu halten. Für die freigesetzten Beschäftigten trägt der Staat die Kosten. Neue Spielregeln sollten gelten. Vorgemacht hat es »Neutron Jack«, der einstige Chef von General Electric, Jack Welch, ein vielbewunderter Supermanager. Er verdankte seinen Spitznamen dem Umstand, dass er vor »unpopulärsten« Maßnahmen nicht zurückschreckte. Seine Blitzbesuche hatten denselben Effekt wie der Abwurf einer Neutronenbombe: Leere Fabrikhallen. Die Autobiographie der Nummer eins der amerikanischen Managergarde stand auch in den Bestsellerlisten der »Managerliteratur« ganz oben. Ein echter Leitfaden eben.

Jobs am seidenen Faden

1993 erschien ein Bestseller, der besonders »starken Eindruck« auf die Beschäftigten machen sollte. *Business Reengineering. Die Radikalkur für das Unternehmen* war ganz nach dem Geschmack der »kreativen Zerstörer« in Wirtschaft und Technik. Die Autoren Michael Hammer und James Champy stellten den Häuserkampf gegen die Arbeitsplätze ein und legten ganze Unternehmenseinheiten lieber auf einen Schlag still. Gleich stürmten die Manager frisch gestärkt und mit neuen Ideen munitioniert in die Unternehmen, um Pläne für Umstrukturierungen und »Downsizings«, wie die Entlassungen unverfänglich genannt werden, in die Tat umzusetzen.

Die Idee hinter dem Reengineering ist simpel: Während Einsparungen und Verschlankungen nur bedeuten, weniger mit weniger zu leisten, will Reengineering mehr mit weniger leisten. Spätestens von diesem Zeitpunkt an sollte das Leiden der Beschäftigten keine Grenzen mehr kennen. Wie so viele Trends aus Amerika machte unglücklicherweise auch dieser vor Europa nicht Halt, und so wurden auch auf dem alten Kontinent erst einige wenige, dann immer mehr Unternehmen einer Umorganisation unterzogen. Das ging immer einher mit schmerzhaften Einschnitten bei der Beschäftigung und führte zur Zerlegung ganzer Konzerne, wie beispielsweise Hoechst. Doch die Schärfe wie in den Vereinigten Staaten erreichte der Reorganisationswahn in unseren Breiten nicht. Wo die Consultants aber Gehör fanden, schrieben sie ein ums andere Mal in ihre Gutachten, die Unternehmen seien zu schwerfällig. Auf ihren Rat hin drehten die Chefs und ihre Kanoniere dann die Geschütze um und feuerten in die eigenen Reihen.

Am konsequentesten ging das Management von AT&T vor. Der Telefonkonzern kündigte Anfang 1996 an, 40 000 Jobs zu eliminieren. Die Bestsellerautoren Mike Hammer und James

Champy priesen den Mann mit dem eisernen Besen an der Spitze des Telefonriesen in der *New York Times:* »Dieser Schritt kündet von unglaublicher Voraussicht. Andere Unternehmen mögen weniger mutig sein, letztlich werden auch sie die Reihen in ihrem Management lichten.«

Angst um Arbeitsplätze essen Seele auf

Unglaubliche Voraussicht war nicht nötig, um zu erkennen, dass die Zeichen der Zeit schlecht standen für Menschen, die ihren Lebensunterhalt mit Arbeit verdienten. Rotierende Besitzverhältnisse bei den Unternehmen und wild gewordene Management-Gurus machten ihnen ebenso zu schaffen wie die Horden von Investment-Bankern mit Unternehmensberatern im Schlepptau, die in die Unternehmen einfielen und dort Fusionen, Übernahmemanöver, Firmenaufspaltungen und Unternehmensausgründungen, Reorganisationen und Schlankheitsprogramme inszenierten. Ohne Unterlass sahen sich die Unternehmen in den Neunzigerjahren mit Forderungen nach Kostendiät und möglichst schlanken Strukturen konfrontiert. Alle Betriebsteile, die nicht zu einem eng umgrenzten Kerngeschäftsfeld gehörten, in dem die Marktführerschaft oder wenigstens einer der ersten Plätze erreicht werden konnten, waren abzustoßen oder zu schließen.

Soweit betriebsinterne Tätigkeiten nicht durch technische Vorrichtungen ersetzt werden konnten, wurden sie an Dienstleistungsunternehmen »outgesourct«, also ausgelagert. Das Outsourcing ist einer der großen Trends der Neunzigerjahre, der für erhebliche Unruhe unter den Beschäftigten gesorgt hat. Selbst vor wichtigen Grundfunktionen wie der Betreuung von Kundenkontakten macht dieser Trend nicht Halt. Dabei hatten Marketingspezialisten lange Zeit den Kontakt mit dem Kunden und den Kundendienst als unverzichtbare unternehmerische Schlüsselaktivität definiert. Nun ist der Kundenkontakt vielfach in die Hände von spezialisierten Unternehmen gelegt, die Callcenter betreiben. Die wichtigen Kundenerstkontakte werden dort gebündelt, bearbeitet und in Form von Serviceleistungen »wertgesteigert«. Bei dem Kunden führt das mitunter zu dem Eindruck, dass das Unternehmen, an das er sich wenden wollte, in unerreichbare Ferne gerückt, unpersönlich und austauschbar ist. So ist denn einer der wichtigsten Trends überhaupt der Trend zur Selbstentblößung auf der Suche nach dem schieren Kostenvorteil.

9 Kentern für Investoren: Auf dem Surfbrett im Börsensturm

Managementmode Shareholder Value

Die Unternehmen waren vom Personalabbau schon reichlich blutarm geworden und die Verunsicherung der »Jobholder« mit Händen zu greifen, da betrat ein neuer Held die Bühne. Im rauschenden Ball an der Börse schwang der Investment-Banker den Taktstock, denn es waren jene goldene Zeiten, in denen das Börsenparkett tanzte und die Finanzjongleure die Schritte vorgaben. Während die Management-Gurus noch in ihren Büros über neuen Konzepten brüteten, wurden die smarten Berater ins Abseits gestellt. Ausgerechnet einer der Ihren, der Unternehmensberater und ehemalige Hochschullehrer Alfred Rappaport, hatte jenes Konzept entwickelt, das den Finanzjongleuren und Investmentstrategen die Federführung beim Geldscheffeln sicherte.

Die neue Religion hieß Shareholder Value und erklärte die Wertsteigerung der Aktie zur verbindlichen Messlatte für die Leistung des Managements. Das hieß aber auch: Die Gewinne müssen steigen. Alle betrieblichen Bereiche, die nicht zur Steigerung der Gewinne beizutragen vermochten, mussten weichen. So legte die Umsetzung des Shareholder Value als Konsequenz die Konzentration auf eng gefasste Kerngeschäftsfelder nahe. Statt der in den Sechzigerjahren entstandenen schwerfälligen und aufgedunsenen Mischkonzerne sollten jetzt schlanke, muskulöse Unternehmen entstehen. Die jedoch gingen gleich wieder auf Einkaufstour.

Raider und Räuber

Hatten die Konglomerate in den Siebzigern noch eher wahllos ihre Zukäufe getätigt und dabei auch vor Kleinvieh nicht zurückgeschreckt, gehörten die Achtzigerjahre den echten Megadeals. Nun waren es Verschmelzungen und Übernahmen in ganz großem Stil, die sogenannten Mergers & Acquisitions, die als die Supermedizin für jede Art echter und eingebildeter wirtschaftlicher Krankheiten und Ineffizienzen galten. Alles, was kleiner war als gigantisch, war – so die Meinung – kaum mehr überlebensfähig in einer durch und durch globalisierten Welt.

Das Zauberwort lautete »Synergieeffekte«, denn die würden sich aus jeder Verschmelzung zweier Unternehmen ergeben. Voraussetzung dafür war lediglich, dass die gesamte neue Einheit nicht nur in idealer Weise zusammenpasste und ihre unternehmerische Schlagkraft und die Marktanteile erhöhte, sondern dass die Einsparungen bei den Kosten und natürlich vor allem bei den Jobs den Zusammenschluss zur guten Empfehlung machen würden. Wenn Investment-Banker und Berater eine solche Wundermixtur anpreisen, sind natürlich erhebliche Eigeninteressen mit im Spiel, denn die erzielten Profite sind beträchtlich. Das führte dazu, dass selbst veritable Großunternehmen in den Achtzigerjahren nicht mehr vor dem Zugriff von Übernahmepiraten oder der gierigen Konkurrenz gefeit waren.

Besonders wild ging es in den Vereinigten Staaten zu, zumal sich unter Präsident Reagan keine Hand rührte gegen derlei Umtriebe. Es war die Devise der – republikanischen – Washingtoner Politik, der Wirtschaft und vor allem der Wall Street freien Lauf zu lassen. Von den zehn bis dahin größten Mammuthochzeiten in der US-Geschichte fanden nicht weniger als neun in der Reagan-Ära statt. Nicht selten stand am Ende einer solchen Transaktion die Zerschlagung eines Unternehmens. Wirtschaftlich war das immer dann sinnvoll, wenn der Börsenwert eines Unternehmens niedriger war als der Wert seiner einzelnen Bestandteile.

Innerhalb von »Corporate America« machte sich Angst vor den aggressiven Übernahmen breit. Der Schaden für die Beschäftigten war hoch. Es gab Unternehmen wie US Steel, die auf notwendige Investitionen verzichteten und sich stattdessen gewaltig verschuldeten, um für 4,3 Milliarden Dollar zur Übernahme des Mineralölkonzerns Marathon Oil zu schreiten. Es gab sogar Unternehmen, die sich, um einer Übernahme zuvorzukommen, selbsttätig in ihre Bestandteile zerlegten und meistbietend verkauften. Die einzige Rettung vor dem Zugriff von Raidern lag in der Regel darin, den Börsenkurs so hoch zu treiben, dass sich eine Übernahmeattacke nicht lohnte.

Totes Holz

Während die rauhen Raider nicht lange fackelten, wenn es um ihren Vorteil ging, war das Vorgehen beim Shareholder Value um etliches raffinierter. Das Ergebnis ist jedoch meistens dasselbe: Die Beschäftigten müssen sich aufs Schlimmste gefasst machen.

Was dem Shareholder-Value-Konzept erst den rechten Schwung verschaffte und ihm wohl zum Durchbruch verhalf, war, dass es den Managern satte Zusatzverdienste in Aussicht stellte. Sogenannte Stock-Options-Pläne ließen die Reichtümer der Manager steigen, denn mit diesen Aktienoptionen am eigenen Unternehmen verdienten sich viele eine goldene Nase. Während die Beschäftigten in den Neunzigerjahren auf Diät gesetzt waren, konnten die US-Topmanager ihre Einkünfte verfünffachen, so dass Jahreseinkommen in zweistelliger Millionenhöhe keine Ausnahme, sondern schon die Regel waren. Die 5 Prozent der bestverdienenden amerikanischen Haushalte steigerten bis zum Jahr 1994 ihren Anteil an den Einkünften im Vergleich zu 1977 von 16,8 Prozent auf 21,2 Prozent; im selben Zeitraum verloren die 20 Prozent der Haushalte, die am unteren Ende der Einkommensskala rangieren, weitere Anteile, so dass schließlich nur noch kümmerliche 3,6 Prozent des US-Einkommensstroms bei ihnen ankamen.

Während 1996 dem in der Öffentlichkeit völlig unbekannten Lawrence Coss von Green Tree Financial 102 Millionen Dollar an Verdienst und Bonus gutgeschrieben wurden und Andrew Grove von Intel gut 97 Millionen Dollar verdiente, produzierte die US-Wirtschaft trotz des Booms reihenweise »dead wood« – totes Holz. Das sind Menschen, die keinen Job mehr finden. Während die Vorstände die Champagnerlaune an den Börsen nutzten, um ihre Schäfchen ins Trockene zu bringen und Kasse zu machen, flogen die Beschäftigten zu Tausenden aus den großen Corporations.

Andere Länder, andere Sitten. Der Chef eines großen japanischen Handelsunternehmens sagte: »Wir würden zu Ausgestoßenen, wenn wir das machten, was amerikanische Unternehmen tun.«

Ignoranz als Luxus

Es ist etwas Besonderes, Porsche zu fahren. Die Geschäftspolitik des Unternehmens passt dazu. Sie leistet sich den Luxus, dem Drängeln der Börse zur brutalen, aber meist schädlichen Kostendiät nicht nachzugeben. Käufe von anderen Unternehmen, etwa gar eine Fusion? Porsche zeigt daran kein Interesse. Das Unternehmen kann es sich leisten, denn die Porsche AG ist der profitabelste Autohersteller der Welt.

Obwohl sich die Rezession auch bei dem Autohersteller aus Zuffenhausen in geringeren US-Verkäufen niederschlägt, kommt es dem Porsche-Chef Wendelin Wiedeking nicht in den Sinn, seinen Expansionskurs abzubrechen. Statt die Kostenbasis des Unternehmens eilig zurückzustutzen, dreht er in der Krise erst richtig auf: Bei Porsche wird die Modellpalette noch im Jahr 2002 planmäßig um einen sportlichen Geländewagen erweitert, der in einem neuen Werk in Leipzig gefertigt wird, das ein Investitionsvolumen von 128 Millionen Euro repräsentiert. Damit erweitert Porsche mitten in der Krise seine Kapazitäten um 50 Prozent.

Ein Teil der Erfolgsphilosophie des Hauses Porsche besteht darin, sich nicht von der Masse anstecken zu lassen und lieber eigene Wege zu gehen. Dazu gehört auch, dass sich Porsche nicht darum kümmert, welche Gepflogenheiten in den USA üblich sind. Beispielsweise lehnt Porsche es ab, sich in das enge Bett der Quartalszahlen pressen zu lassen.

Was den Brokern gefällt

Vierteljährlich wollen die Akteure am Finanzmarkt von den Unternehmen auf dem Laufenden gehalten werden, um ihr provisionsträchtiges Kursjojo spielen zu können: War das Unternehmen brav und hat es die Erwartungen erfüllt, so dass seine Quartalszahlen stimmen, steigen zur Belohnung die Kurse, andernfalls sinken sie. Was den Brokern und Analysten gefällt, weil sie vom Auf und Ab der Kurse leben, beschränkt den Spielraum der Manager des Unternehmens, die sich immer stärker den kurzatmigen Erwartungen des fiebrigen Börsenmarkts unterordnen müssen. Während langfristige Erwägungen, wie sie im Interesse der Unternehmen sind, die Börsianer kaum interessieren, finden schnelle Tricks und eifrige Manipulatoren umso mehr Gefallen, wenn sie die Quartsalzahlen mit schnellen Maßnahmen nach oben pushen.

Wer nicht mitmacht, kann sich nach einem anderen Job umsehen. Im Jahr 2001 hat die Verbrennungsrate neuer Vorstandschefs in den Vereinigten Staaten einen Höchststand erreicht. Bereits bei nur einem verhagelten Vierteljahresergebnis riskieren Vorstandschefs ihren Job – und um das zu verhindern, muss eben manchmal die Belegschaft dran glauben, wenn die Meldung über einen geplanten Stellenabbau an die Presse gegeben wird.

Dem mochte sich Wendelin Wiedeking nicht aussetzen. Tapfer widersteht er dem Begehren der Frankfurter Börsenkönige nach der Herstellung einer solchen kurzfristigen und, wie er meint, durchaus schädlichen Transparenz. Beim anschließenden Kräftemessen verloren sowohl die Börse als auch der Autobauer, denn die Deutsche Börse entschied, Porsche nicht mehr im M-Dax zu führen, weil sich die Zuffenhausener geweigert hatten, alle drei Monate einen Quartalsbericht vorzulegen. Jetzt fehlt der Glanz des nobelsten deutschen Autobauers dem Index der mittelgroßen Unternehmen.

Shareholder Value und Pink Slips

In den Neunzigerjahren kam das Konzept des Shareholder Value in Mode und sorgte für ganz neue Gefahren. Waren die Mischkonzerne wie Öltanker in schwerer See kaum mehr steuerbar gewesen, hatten die Manager der schlanken, ganz nach den Vorstellungen der Ideologen des Shareholder Value geformten Unternehmen ihre Boote gegen schmale Surfbretter eingetauscht, die reihenweise kenterten, als das sonnige Börsenjahrzehnt von stürmischen konjunkturellen Unwettern abgelöst wurde. Die berüchtigten »pink slips«, die Entlassungsbriefe, wurden den Mitarbeitern gleich stapelweise überbracht.

Vor allem die Telekommunikationsunternehmen setzten viele ihrer hochqualifizierten Mitarbeiter Knall auf Fall auf die Straße. Es zeigt sich, dass im Zeitalter des Turbokapitalismus weder die Tätigkeit in einer Boombranche wie der Telekommunikations- und Netzwerktechnologie noch eine hohe Qualifikation vor dem Arbeitsplatzverlust schützt. Diese Unsicherheit wird noch weiter steigen, weil die auf den Shareholer Value fixierten Manager nur in Quartalsergebnissen zu planen bereit sind und ihnen an der längerfristigen Zukunft des Unternehmens wenig bis nichts zu liegen scheint. Die Angst vor dem Börsenkurs ist ihr Leitmotiv.

Unter der Wasserlinie von Wall Street

Wenn die Philosophie des Shareholder Value und die Spekulationswut Hochzeit feiern, müssen sich die Beschäftigten warm anziehen. Diese Erfahrung mussten die Angestellten auf der Lohnliste von Nortel machen, ein Unternehmen, das aus der ehemaligen kanadischen Telefongesellschaft Northern Telecom hervorgegangen war. Das Topmanagement von Nortel setzte im Technologieboom ganz auf die Glasfasertechnik. Das schien eine gute Idee zu sein. Doch in den Tagen der Börseneuphorie erlag das Nortel-Management der allgemeinen Kaufwut und raffte zu weit überteuerten Preisen ein Sammelsurium an Unternehmen zusammen, deren Geschäftserfolgen nach dem Abebben des Technikbooms an den Börsen die Luft ausging.

Bald produzierte Nortel nicht nur Kommunikationstechnologie und Glasfaser, die aufgrund der Überkapazitäten am Markt niemand mehr wollte, sondern auch so atemberaubende Quartalsverluste, dass es selbst hartgesottenen Wallstreetianern die

Sprache verschlug. In einem Quartal war ein Rekordverlust von 19,9 Milliarden Dollar zu verzeichnen – da wurde Geschichte neu geschrieben. Den Größenwahn des Managements musste auch dieses Mal – natürlich – wieder die Belegschaft ausbaden: Standen Anfang 2001 noch 95 000 Angestellte in Nortels Diensten, schrumpfte deren Zahl im Lauf des Jahres um mehr als 50 000.

Nicht viel besser erging es dem amerikanischen Netzwerkhersteller Lucent, wo auf dieselbe Art und Weise 44 000 Angestellte »abhanden« kamen. Wer von ihnen hoffte, dass er rasch bei der Konkurrenz anheuern könnte, wurde gleich eines Besseren belehrt, denn dort lief es ebenfalls gründlich schief. Konkurrent JDS Uniphase half Nortel, dem unfreiwilligen Rekordhalter bei den Verlusten, aus der Verlegenheit und meldete für das zweite Quartal 2001 ein noch größeres Verlustloch von bodenlosen 41,8 Milliarden Dollar!

Comeback der Kellerkinder

Surfbretter, die bei optimalen Windverhältnissen besonders hohe Geschwindigkeiten erreichen, bei gemächlicherem Tempo aber untergehen, heißen passenderweise »Sinker«. Dank Shareholder-Value-Einheitskorsett und den Standardsprüchen der Einpeitscher auf der Börsengaleere waren viele Unternehmen jetzt zu solchen Sinkern geworden, die im Sturm nicht mehr auf Kurs zu halten waren und jetzt unter die Wasserlinie gedrückt wurden. Zu spät war vielen Börsianern und Managern aufgegangen, dass Diversifikation durchaus ihre Verdienste hat – nicht zuletzt auf den schwankenden Brettern der Technologiewelt.

Auch die Aktionäre denken um. Einst von der Börse verschmäht, wurden Unternehmen wie die Linde AG, die den Anlegern zu breit aufgestellt erschienen und die lange als Gemischtwarenläden verspottet wurden, plötzlich wieder attraktiv. Nun sind den Börsianern Unternehmen, die ihre geschäftlichen Risiken breit streuen, lieb und teuer, so dass man ihren Aktien plötzlich sogar wieder eine Prämie für hohe Sicherheit, den sogenannten Konglomerataufschlag, bewilligt.

Auch andere Unternehmen in der Deutschland AG haben in der überwiegenden Mehrzahl in den Boomjahren besonnen gehandelt und mit Vorsicht investiert. Die meisten Gesellschaften waren deshalb 2001 in der Lage, die Krise durchaus passabel zu meistern. Der Vorstandsvorsitzende von Siemens, Heinrich von Pierer, hatte nicht auf die Berater und die zahlreichen Ratschläge der Analysten und Investment-Banker gehört. Nun steht Siemens in der Krise vergleichsweise gut da. Trotz der Bekenntnisse zum Shareholder Value und entsprechendem Druck auf die Arbeitsplätze hatte der Konzern auf eine zu weit getriebene Spezialisierung verzichtet. In einem Interview mit der *Zeit* erklärte Pierer:

> »Siemens ginge es heute viel schlechter, wenn wir manchen Empfehlungen der Finanzmärkte gefolgt wären – etwa dem Ratschlag, die Medizintechnik oder die Bahnsysteme zu verkaufen, die Kraftwerkstechnik einzuschränken und uns klar auf das Telekommunikationsgeschäft zu konzentrieren. Inzwischen ist spannend zu lesen, wie schlecht es Unternehmen geht, die solchen Empfehlungen gefolgt sind.«

Opfergaben an den Börsengott

Die Weisheit ihres Chefs hilft den Beschäftigten bei Siemens nicht weiter. Als Ende 2001 der Abschwung auch in Deutschland durchschlug, stieg die Zahl der Firmenpleiten um 16 Prozent ungewöhnlich stark an und erreichte einen Rekordstand von 32 000 Konkursen, während gleichzeitig das Arbeitslosenheer auf über 4 Millionen Menschen anwuchs. In dieser Situation geben jetzt auch deutsche Unternehmen, ganz nach amerikanischem Brauch, ihre Zettel mit den Entlassungszahlen bei den Medien ab, um die Erwartungen der Investoren nach Kostensenkungen zu befriedigen. Siemens ist mit von der Partie – da hilft es wenig, dass der Elektronikkonzern die Krise im Vergleich zu anderen Technologieunternehmen vergleichsweise gut gemeistert hat. Mindestens 20 000 Stellen standen Ende 2001 zur Streichung an. Auch wenn das durchaus als Opfergabe an den Börsengott interpretiert werden darf, ist damit klar, dass sich der Konzern beim Umgang mit den Beschäftigten seiner Samthandschuhe entledigt hat.

Die *Wirtschaftswoche* verpasste Siemens und seinen Technologieablegern Infineon und Epcos ganz zu Recht das Prädikat »Jobkiller«. Nach einem dem Anlegermagazin *Focus Money* zugespielten Papier, dessen Authentizität Siemens bestreitet, soll Topmanagern im Mobilfunkbereich sogar ein Gehaltsbonus bei erfolgreichen Stellenstreichungen in Aussicht gestellt worden sein. Ob die Bonuszahlungen nun ausgelobt wurden oder nicht, besonders unangenehm an der Sache ist, dass das Management erst kurz zuvor voller Optimismus die Mitarbeiterzahl im betreffenden Bereich (»Information, Communication«) noch um 2600 Mitarbeiter nach oben gedreht hatte.

Der Nutzen der eingeleiteten Maßnahmen ist fraglich: Dem Börsentrend folgend, macht auch die Siemens-Aktie im allgemeinen Sturzflug keine Ausnahme, und Epcos und Infineon zählen zu den Hauptverlierern.

Amerikas bittere Erfahrung, Deutschlands Zukunft?

Bislang galten Arbeitsplätze in der chemischen Industrie – eine der besonderen Stärken der Deutschland AG – als besonders sicher. Doch seit auch dort das Motto herrscht: »Börse zuerst«, droht jetzt eine chemische Kettenreaktion der Jobverbrennung. Noch liegen die angekündigten Streichungen in einem erträglichen Rahmen: Einstweilen geht es »nur« um 4000 Stellen bei der BASF, um 3000 bei Henkel und um 6000 bei Bayer. Doch auch wenn der Applaus des Börsenpublikums auf diese Ankündigungen eher verhalten ausgefallen ist und sich beim Aktienkurs kaum bemerkbar gemacht hat, wird mit Sicherheit eine Zugabe verlangt werden.

Deutsche Unternehmen sind sonderbar. Jahrzehntelang haben sie sich nicht für den Aktienkurs und den Finanzmarkt interessiert. Nun blicken sie dafür umso mehr in Richtung Börse und heischen nach Beifall für ihre Stellenstreichungen. Dabei sind es gar nicht so sehr die in den Medien verkündeten großen Zahlen, die für den zunehmenden Stellenschwund verantwortlich sind, sondern in vielen Wirtschaftsbereichen findet eine schleichende Auszehrung der Arbeitsplätze statt. Besonders betroffen sind die Baubranche, der Einzelhandel und natürlich die Land- und Forstwirtschaft, die schon traditionell von einem rapiden Arbeitsplatzschwund heimgesucht werden.

Die Arbeit im »Modell Deutschland« ist angezählt. Das Schicksal vieler amerikanische Arbeitnehmer in den Neunzigerjahren ist wie ein Vorgeschmack auf die Zukunft der Deutschland AG – auch wenn die Folgen des Arbeitsplatzverlustes noch sozial abgefedert werden, läuft die Demontage der Jobs und des erfolgreichen deutschen Wirtschaftsmodells bereits mit Hochdruck.

10 Wirtschaft auf Übernahmekurs – Von Fusionskandidaten und anderen Fußkranken

Der Fusionsrausch der globalen Wirtschaft dürfte nach einer Pause weitergehen. Noch im Jahr 2001 war die Wirtschaft in einem wahren Fusionsrausch. Nur wenige Unternehmen entzogen sich der allgemeinen Kopulierfreude der Übernahmen und Zusammenschlüsse. Stille Stars wie Beiersdorf oder auch Porsche konzentrierten sich lieber auf die Entwicklung ihrer Marken und zogen es vor, aus eigener Kraft zu wachsen. Andere dagegen konnten sich dem Trend nicht entziehen und erlitten Schiffbruch. Darunter waren sogar echte Management-Gurus aus den USA wie zum Beispiel der Managementberater und Bestsellerautor Stephen R. Covey *(Die sieben Wege zur Effektivität)*.

Er hätte es eigentlich besser wissen müssen, als er sein Unternehmen, das »Covey Leadership Center«, mit einer anderen Strategiefabrik fusionierte. Die erhofften »Synergieeffekte« blieben aus, der Zusammenschluss des schlecht beratenen Beraters war ein völliger Fehlschlag. Die Mitarbeiter verließen das neue Unternehmen in Scharen, und als auch die Aktie noch nach unten sauste, war klar, dass es in Amerika einen neuen »Loser« gab.

Katerstimmung, Enttäuschung, peinliches Schweigen

Wenn es um die Ergebnisse der vielgepriesenen Fusionen und Zusammenschlüsse geht, herrschen allerorten »Katerstimmung, Enttäuschung, peinliches Schweigen oder offene Bedrückung«, schreiben die Unternehmensberater Uwe Böning und Brigitte Fritschle in ihrem Buch *Herausforderung Fusion*. Angesichts der dramatischen Misserfolgsbilanz ist es ein Rätsel, warum dennoch mit anscheinend ungebrochenem Optimismus weitergemacht wird wie bisher. Untersuchungen zufolge gelten die Hälfte bis zu zwei Drittel aller Fusionen als gescheitert. Die Bilanz für Beschäftigte ist noch wesentlich schlechter. Sie zählen fast immer zu den Verlierern, leiden sehr oft unter Zukunftsangst und müssen nicht selten den Verlust ihres Arbeitsplatzes in Kauf nehmen.

Nicht einmal der Shareholder Value wird durch viele Fusionen erhöht. Aktionäre freuen sich gar nicht, wenn ihre Aktien dem allgemeinen Markt hinterherhinken, »underperfomance« zeigen. Genau dies ist aber bei den Anteilspapieren solcher Unternehmen, die andere aufkaufen, der Fall. Wie eine Studie zeigt, lagen sie 1997 durchschnittlich um 14 Prozent unter der Entwicklung des Markts. Das ficht das Heer von Unternehmensberatern jedoch nicht an: Boston Consulting, McKinsey und andere beschäftigen viele tausend Berater, die Studien und Schaubilder, Branchenanalysen und Sandkastenspiele zum Thema Übernahme durchführen und sich nach Abschluss der Übernahmeoperationen um das Gelingen der Fusion kümmern. In dieser Phase können sie auf reiche Aufträge hoffen, denn nun ist die mühsame Integration vieler Geschäftsbereiche zu leisten, die Abstimmung von Unternehmenskulturen lockt jede Menge Spezialisten ins Boot. Zumindest deren Arbeitsplätze sind im Reigen der Fusionen sicher.

Angesichts so hoher Risiken könnte man sich fragen, ob Spitzenmanager völlig unbelehrbar sind oder sich vielleicht sogar wissentlich der Untreue am Vermögen ihres Unternehmens und der leichtfertigen Vernichtung von Arbeitsplätzen schuldig machen. Die Frage beantwortet sich von selbst, wenn man sich anschaut, wie die Bilanz der Zusammenschlüsse für die Manager ausschaut. Unternehmenszusammenschlüsse sind für Manager entweder mit einem erheblichen Machtgewinn verbunden oder aber, wenn sie zu den »Verlierern« gehören sollten, mit einem anständigen Handgeld beziehungsweise einem »goldenen Fallschirm«, der ihnen den Abschiedsschmerz erleichtert. Mit reichlich Kapital für neue Projekte ausgestattet, zog beispielsweise Ex-Mannesmann-Chef Klaus Esser von dannen, um dann als Kapitän auf der Brücke der Venture-Capital-Firma General Atlantic aufzutauchen.

Ähnlich erging es auch dem Ex-Thyssen-Lenker Dieter Vogel. Der Krupp-Konzern war durch die Stahlkrise schon recht mürbe geworden, als sich Krupp-Chef Gerhard Cromme zur Vorwärtsverteidigung entschloss. Schon einmal war dies gelungen, als sich der Ruhrkonzern Anfang der Neunzigerjahre die Dortmunder Hoesch AG einverleibt hatte. 1996 war die Lage bei Krupp erneut äußerst trostlos, der Konzern schob Milliardenschulden vor sich her, und die Zukunft sah düster aus. Klammheimlich erhielt deshalb Goldman Sachs den Auftrag, eine feindliche Übernahme der wesentlich größeren Thyssen AG vorzubereiten. Mit in den Plan eingeweiht waren auch die Vorstände von Deutscher und Dresdner Bank, die Kredite von fast 7 Milliarden Euro bereithielten, um den Kauf von Thyssen-Aktien zu finanzieren.

Die Vorgehensweise von Krupp ist typisch für viele Fusionen, die aus der Not geboren zu sein scheinen und oft »eine zivilisierte Alternative zum Konkurs« darstellen, wie der Börsenspezialist Donald Dewey meint. Wer glaubt, dass der Tüchtigere und Erfolgreichere bei einer Fusion obsiege, konnte sich im Fall der Attacke der maroden Krupp auf die gesunde Thyssen eines Besseren belehren lassen. Bei dem Zusammenschluss zog der hoch verschuldete Krupp-Konzern mit der Unterstützung der Banken die Fäden. Zwar landete schließlich mit Ekkehard Schulz der Stahlchef von Thyssen auf dem Vorstandssessel des neuen Konzerns, doch Dieter Vogel, der eigentlich den Spitzenjob bei ThyssenKrupp hätte erlangen müssen, war durch ein Ermittlungsverfahren ausgebremst worden. So suchte und fand auch er eine neue berufliche Existenz im Beteiligungsgeschäft.

Hauen und Stechen um eine Fusion

Nur selten wird um den Sinn von Fusionen erbittert gestritten. Die gelten meistens als der Weisheit letzter Schluss, obwohl gerade die besten Unternehmen ihre glänzende Marktstellung durch organisches Wachstum von innen heraus erreicht haben. Weil das jedoch viel Zeit und Mühe kostet, neigen viele Manager dazu, Größe einfach hinzuzukaufen. Ob es passt oder nicht, scheinen sie zu denken, und ob es wirtschaftlich Sinn macht – das wird sich ja später noch zeigen (und meist zeigt es sich anders als erhofft). Zumal wenn es an Innovationen und Ideen fehlt, gehen Topmanager gerne shoppen und rufen bei einer großen Investment-Bank an.

Unter Wirtschaftsexperten kamen die Fusionen denn auch zuletzt mehr und mehr als Wertvernichter in Verruf. Nur in Ausnahmefällen spielen die Interessen der Jobbesitzer bei den Debatten um Aufkäufe und Unternehmenszusammenschlüsse eine Rolle. So etwa bei dem Anfang 2002 in den Vereinigten Staaten in voller Heftigkeit entbrannten Kampf um den Zusammenschluss des Computerherstellers Compaq mit Hewlett-Packard (HP), bei dem sich Walter Hewlett, Sohn eines der Mitbegründer von HP und Aktionär des Unternehmens, und das HP-Management, das sich von der Elefantenhochzeit Kostenersparnisse in Höhe von 2,5 Milliarden Dollar erhoffte, in die Haare gerieten. Kurioserweise setzte der Aktionär Hewlett alle Hebel in Bewegung, um den Zusammenschluss zu blockieren, und trieb die zur Größe entschlossene Chefin von HP, Carly Fiona, zur Weißglut: »Groß zu werden, indem Konkurrenten aufgekauft werden, ist nicht die Art von HP«, hielt Walter Hewlett ihr entgegen. Und viele der Angestellten von HP denken ähnlich wie der abtrünnige Aktionär – es geht schließlich um ihre Arbeitsplätze. »Carlys Traum ist ein Albtraum für die Arbeiter«, lautete eine der Parolen von HP-Beschäftigten.

Die Umstände, unter denen um diesen Zusammenschluss gestritten wird, werfen ein bezeichnendes Licht auf die Fusionsindustrie und ihre Protagonisten. Nach einer Abstimmungsniederlage von Fusionsgegner Hewlett ging der erbittert geführte Kampf in die nächste Runde. Walter Hewlett brachte seine Rechtsanwälte gegen HP und die fusionsfreudige Fiona in Stellung: Die Angaben bezüglich der zu erzielenden Kostenersparnis seien falsch. Die Juristen rechneten vor, dass die angepeilte Milliarden-Dollar-Einsparung mit der geplanten Streichung von 15 000 Stellen nicht zu machen sei, sondern vielmehr den Abbau von 24 000 Jobs erforderlich mache, berichtete der *Economist.* Unversehens wurde auch die Deutsche Bank in die Auseinandersetzung verwickelt. Hewletts Rechtsanwälte behaupteten, die Deutsche Bank, in deren Besitz sich 1,3 Prozent der Aktien von HP befinden, habe erst dann ihre Stimmen für die Fusion in die Waagschale gelegt, nachdem ein Telefongespräch die Finanzmänner der Deutschen davon überzeugt habe, dass andernfalls das weitere geschäftliche Einvernehmen kräftig gestört wäre.

Die Deutsche Bank war zu diesem Zeitpunkt schon an Ärger gewöhnt. Sie war nämlich im April 2002 in den Verdacht geraten, Manager des Enron-Konzerns, die Tausende von Jobs ruiniert und Millionen beiseite geschafft hatten, bei Insidergeschäften unterstützt zu haben. Seit an der Wall Street nicht mehr viel zu holen ist, verlagert sich das Geschehen in den Vereinigten Staaten mehr und mehr in die Gerichtssäle.

Anfang Mai 2002 wies ein Gericht die Klage von Walter Hewlett ab. Damit war der Weg frei für die bei der Aktionärsabstimmung im März mit knapper Mehrheit beschlossene Fusion. Die Folgen ließen nicht lange auf sich warten: Anfang Juni verkündete die HP-Chefin, innerhalb der nächsten sechs Monate 10 000 Stellen einzusparen. Anfang Juli verlautbarte, Hewlett-Packard werde von den 46 000 Stellen in Europa 5900 streichen. Wie viele von den 5900 Arbeitsplätzen von HP und den 2600 bei Compaq in Deutschland dabei geopfert werden, steht noch nicht fest. Klar ist: Wieder werden die Beschäftigten die Zeche zahlen.

Fusion rückwärts als Weg zum Erfolg

Dass Unternehmenschefs die Lage allzu gern durch die rosarote Brille betrachten, bringt manche Firma in Nöte. Die Gründe für das Scheitern der meist mit großem Getöse angekündigten Fusionen können ganz unterschiedlich sein. Ein Beispiel für die hohen Risiken, die mit einer Fusion verbunden sind, hat ausgerechnet das weltweit führende Unternehmen für Sicherheits- und Risikoconsulting Kroll aus New York geliefert. Das Unternehmen, das unter anderem im Auftrag der US-Regierung gegen Produktpiraten in Asien ermittelt, hatte sich mit dem Panzerfahrzeughersteller O'Gara verschmolzen. Die entstandene Legierung war jedoch weich und brüchig. Völlig unterschiedliche Unternehmenskulturen wirkten sich verheerend aus. Die Gemeinsamkeiten zwischen Geschossabwehr und Ermittlungen, zwischen Panzerplatte und Festplatte waren nur theoretischer Natur. In der Praxis beherrschten Frustrationen und Misstöne das Unternehmen, und da sie sich nicht zuletzt auf der Führungsebene abspielten, bekam dies dem Gang der Geschäfte nicht.

An der bitteren Erkenntnis, dass das Duo Kroll und O'Gara alles andere als eine Erfolgsnummer war, kam auch die Unternehmensführung letztlich nicht vorbei. Im Jahr 2001 wurde ein sogenanntes Demerger vollzogen, und O'Gara wurde verkauft. Seit der erfolgreich abgewickelten »Fusion rückwärts« ist Kroll wieder auf dem besten Weg, an die guten alten Zeiten anzuknüpfen, und verzeichnet ein hervorragendes Wachstum (natürlich auch bedingt durch den Boom der Sicherheitsbranche seit dem 11. September 2001).

Kroll hatte dabei noch Glück im Unglück: Bei dem Sicherheitsspezialisten waren keine Arbeitsplätze in Gefahr geraten. Vielmehr ging das Unternehmen nach dem Abschluss der Rückabwicklung des Mergers wieder auf Expansionskurs und konnte sogar Neueinstellungen vornehmen.

Oft stimmen die juristischen, administrativen und organisatorischen Voraussetzungen für Unternehmenszusammenschlüsse von vornherein nicht. In vielen Fällen schätzen die Manager ihre eigenen Stärken völlig falsch ein. So berichtete Mark King, Finanzchef des amerikanischen Unternehmens Affiliated Computer Systems (ACS), dass von den über 1000 Firmen, an deren Prüfung er beteiligt war, 80 Prozent für die nächsten Jahre enorme Wachstumsraten erwarten, obwohl sie in der Vergangenheit nur wenig Wachstum erzielt hatten.

Als sich Thyssen und Krupp 1998 schließlich doch einvernehmlich zusammenfügten, war von Wachstum kaum mehr die Rede. Im Gegenteil: Der überschuldete Krupp-Konzern stand kurz vor der Pleite. Erst mit der Fusion war Krupp aus dem Schneider. Damit dürfte zum letzten Mal eine nationale Lösung für den problematischen Stahlbereich gefunden worden sein. Die Gefahr dabei: Solche aus der Not geborenen Zusammenschlüsse können auch Arbeitsplätze bei den Belegschaftsangehörigen des gesunden Unternehmens gefährden. Und gerade im gebeutelten europäischen Stahlbereich werden voraussichtlich noch viele derartige »Operationen« eingefädelt. Ein Ende des Jobabbaus ist nicht in Sicht.

Darf ich bleiben oder muss ich gehen?

Ein wichtiges Motiv bei der Durchführung von Fusionen liegt im Machtgewinn. Der Machtzuwachs an der Spitze eines fusionierten und somit wesentlich vergrößerten Unternehmens wiegt manches Risiko auf. Letztlich geht es also auch um die Befriedigung von Eitelkeiten, wie Gottfried Heller, Fondsmanager und Chef der Fiduka Vermögensverwaltung in München, in *Börse Online* erklärte: »Macht und Ansehen sind für so manchen Chef die Triebfeder für eine Übernahme.«

Immer wieder heißt es nach vollzogener Fusion, dass es jetzt auf die Menschen ankommt. Doch nachdem der Mensch an der Spitze sein Ego befriedigt hat, steht den Menschen im Unternehmen niemand zur Seite, sie reagieren auf die neue Lage verunsichert. Der Münchner Organisations- und Wirtschaftspsychologe Lutz von Rosenstiel sagt: »Viele Betroffene fragen sich verstört oder verängstigt in einer derartigen Situation: ›Werde ich bleiben dürfen oder muss ich gehen?‹« Nimmt man die Zahl der Bücher und Ratgeber zum Maßstab, die sich mit Fusion als Krankheit, als persönliche Sackgasse oder Lebenskrise beschäftigen, muss der Grad der Betroffenheit enorm angestiegen sein. Immer neue Survivalkits und Überlebenshilfen im Dschungel der Wirtschaft werden angeboten, zum Beispiel *Fusionen überleben – Strategien für Manager* oder *Bleiben oder Gehen? Ihre persönliche Erfolgsstrategie bei Fusionen, Übernahmen und Umstrukturierungen.* Darin heißt es unter anderem:

> »Was, wenn Sie bereits wissen, dass Sie gehen müssen, aber noch keine Alternative haben? Genau diese Situation wollten wir eigentlich mit der ganzen Vorarbeit der vorausgegangenen Kapitel vermeiden, denn dann kommen Sie natürlich unter Druck.«

Wer unter Druck steht, dem bleibt oft nur eins: Er kann, der Überschrift eines Kapitels folgend, immerhin noch einen »guten Abgang machen«. Nicht wenige Beschäftigte, so sie denn eine Wahl haben, ziehen es in dieser schwierigen Situation vor zu kündigen. Das hat seine angenehmen Seiten für das Unternehmen – die Zahl der Beschäftigten, die noch vor die Tür gesetzt werden sollen, verringert sich. Andere verharren auf ihren Arbeitsplätzen, in der Hoffnung, dass sie auch weiterhin gebraucht werden.

So wie die verschiedenen Computersysteme und Datennetze zweier fusionierter Unternehmen aufeinander abgestimmt werden müssen, damit die Verständigung untereinander klappt, müssen auch die verschiedenen Kulturen integriert werden. Das ist eine schwierige Aufgabe, denn die Unternehmenskulturen passen in den seltensten Fällen zueinander. Es reißen Gräben auf in den vereinigten Unternehmen, die Produktivität sinkt, denn die Beschäftigten sind in Machtkämpfe verwickelt und beobachten einander voller Misstrauen, und die Führungskräfte sichern ihr Revier. Mitarbeiter, die sich als nicht systemkompatibel erweisen, gehen schweren Zeiten entgegen. Auf der Verliererseite steht, so Lutz von Rosenstiel, ein »Heer Tausender wenig qualifizierter un- oder angelernter Mitarbeiter, die schließlich als Arbeitslose auf der Strecke bleiben«.

People driven aspects

Wenn es um die menschliche Seite der Zusammenschlüsse geht, sind die meisten Investment-Banker überfordert. Mit der Belegschaft und ihren Belangen, unterschiedlichen Überzeugungen, Arbeitsmethoden und Wertvorstellungen kennen sie sich nicht aus. Ihr Metier ist die Welt der Kapitalmärkte und der Zahlen. Da die Kapitalmärkte ihrer Meinung nach den Lauf der

Dinge – natürlich vor allem den des Geldes – bestimmen, wird alles andere unbedeutend. Mit den »soft facts«, den sogenannten weichen Faktoren, und den »human resources«, wie das »Humankapital« so treffend heißt, mögen sich die Investment-Banker am liebsten gar nicht abgeben. Dabei sind es genau diese menschlichen Faktoren, die letztlich darüber entscheiden, ob das gemeinsame Unterfangen überhaupt Aussicht auf ein gutes Gelingen hat. Das Schlagwort dafür heißt »Change Management«, und wie die »Agenten des Wandels« sich in dieser Disziplin bewähren, davon zeichnen Uwe Böning und Brigitte Fritschle kein sonderlich schmeichelhaftes Bild:

> »Bei den Investment-Bankern scheint es, von wenigen Ausnahmen abgesehen, leider sehr einfach zu sein: Sie halten von diesem Human-Resource-Management-Bereich ziemlich wenig, zumindest solange es nicht um ihre eigene Karriere geht ... Eigentlich ist dieser Bereich der ›people driven aspects‹ nicht so wichtig wie ihre Kenntnisse in den Bereichen Strategie, Kostenmanagement, IT, Technik usw. Sollte er aber wider Erwarten doch wichtig sein, dann verstehen sie von den Feldern Unternehmenskultur, Change Management, Kommunikation und Konfliktmanagement selbstverständlich mehr als alle anderen. Aufgeladen durch quasi-natürliche Fähigkeiten, reklamieren sie Übersicht und Zuständigkeit auch dafür.«

Das Motiv und die Gelegenheit

Investment-Banker sind von sich und ihrer Arbeit überzeugt. Ihre Tätigkeit ordnet die Wirtschaft und verhilft der »unsichtbaren Hand des Marktes« zu ihrem Recht, auf dass sie zum Wohle des Ganzen wirken könne. Sie haben die Macht, das Motiv und die Gelegenheit, Unternehmen zu zerlegen und in ganz anderer Form wieder auferstehen zu lassen. Und das Schicksal der Beschäftigten? Die Antwort ist einfach, und sie lautet immer gleich: Es würden noch mehr Arbeitsplätze entstehen, wenn es nur gelänge, die Wirtschaft in Richtung auf verbesserte Produktivität und Effizienz zu trimmen. Soweit die Theorie. In der Praxis folgt auf die Fusion der Jobabbau – und auf neue Arbeitsplätze wartet man vergebens.

Um die Ausweitung von Marktanteilen gehe es ihnen bei einem Zusammenschluss. Dieses Motiv haben immerhin 70 Prozent der Manager in einer Untersuchung über die angestrebten Ziele von Fusionen angegeben. Nur 39 Prozent wollen die Realisierung sogenannter Kostensynergien in der Produktion (»auf der Leistungserstellungsseite«) im Auge haben. Die Realität sieht anders aus, nämlich so, wie es die Berliner Wirtschaftsjournalistin Ulrike Fokken in ihrem Buch *Die Welt AG* beschreibt:

> »In der Tat findet keine Fusion ohne Stellenabbau statt. Die vielbeschworenen Synergieeffekte lassen sich in den meisten Fällen am einfachsten durch Personalkürzungen erreichen.«

So wiederholt sich nach dem Abschluss der Transaktion immer das gleiche Spiel, und es werden Stellen gekürzt, so viel nur möglich ist.

Ferraris als Mangelware

Das Investment-Banking als Gewinnmaschine: seine soziale Taubheit lässt es sich teuer bezahlen. Von seinem Glanz und seiner Glorie prahlen die Zahlen der beiden Branchenführer Goldman Sachs und Morgan Stanley Dean Witter. Im Jahr 1999 hatte die Größe der Megadeals eine neue Dimension erreicht, nicht zuletzt wegen der Übernahme von Mannesmann durch Vodafone. Allein Goldman Sachs – auf Rang eins des Investment-Banking –

vermittelte und betreute Übernahmen im Volumen von 239 Milliarden Dollar, was die Beratungsgebühren entsprechend stark ansteigen ließ. Während die Zeitungen Ende Januar 2000 berichteten, Bundeskanzler »Schröder warnt vor zu viel Fusionsaktivität«, waren in New York schon die Ferraris und Porsches knapp geworden, so üppig waren die Bonuszahlungen an die Investment-Banker und Börsenhändler ausgefallen. Auch für Morgan Stanley waren noch gigantische 229 Milliarden Dollar bei europäischen Übernahmedeals abgefallen.

Mit jeweils gut 20 Millionen Dollar fiel die Belohnung für die New Yorker Chefs der Bank John Mack (Spitzname: »the knife« – das Messer) und Philip J. Purcell auch großzügig aus, Goldman-Sachs-Chef Henry M. Paulson konnte noch gut 1 Million Dollar mehr auf seinem Gehaltskonto verbuchen. Das dürfte ihn allerdings nicht mehr groß interessiert haben. Nur ein Jahr zuvor stand der Börsengang von Goldman Sachs an, und der hatte ihn ohnehin zum reichen Mann gemacht.

Nicht jedem bekommt es, einem so elitären Club anzugehören. Nicht jedem Mitarbeiter und nicht jedem Kunden. So berichtet James B. Stewart in *Club der Diebe,* seinem faszinierenden und faktenreichen Buch über die Wall Street, vom Besuch eines hochrangigen Goldman-Sachs-Mitarbeiters bei dem Präsidenten eines japanischen Medizintechnikunternehmens an der amerikanischen Westküste. Der japanische Manager war wenig angetan: »Goldman hat mir nur dauernd gesagt, wie toll Goldman ist.«

Geld oder Liebe?

Wenn Investment-Banker einen Gedankenblitz haben, kommt das die betroffenen Unternehmen teuer zu stehen. 1977 hatte ein junger ehrgeiziger Investment-Banker so eine grandiose Idee. Sie ist eine der Ursachen dafür, weshalb Investment-Banker und ihre Auftraggeber, die Topmanager von Unternehmen, eine besondere Zuneigung für dieses Dienstleitungsgenre entdeckt haben. Geld oder Liebe – auf diese Frage wusste das Jungtalent Martin Siegel vom Finanzhaus Kidder Peabody eine Antwort: »Geld *und* Liebe.« Siegel war es, der den »goldenen Fallschirm« erfand, eine Klausel im Anstellungsvertrag, die Spitzenmanagern für den Fall einer erfolgreichen Übernahme eine stattliche Dollarsumme als Abfindung sicherte.

Was vorgeblich der Abwehr und Verteuerung von Übernahmen dienen sollte, hatte gigantische Entschädigungszahlungen zur Folge. Ihren eigentlichen Zweck, Übernahmen zu verhindern, erfüllten die goldenen Fallschirme nicht. Eher das Gegenteil war der Fall: Der Jobverlust nach einer Übernahme durch feindlich gesinnte Kräfte verlor für die Chefs seine Schrecken. Die obersten Unternehmenslenker konnten erst einmal richtig absahnen, in Rente gehen oder wohlgepolstert in aller Ruhe nach einer neuen gut dotierten Position Ausschau halten. Und die nassforschen und gut kapitalisierten Übernahmepiraten zeigten sich ebenfalls unbeeindruckt. Mehrte es nicht ihren Ruhm, wenn die Übernahme noch teurer wurde?

Martin Siegel aber, der innovative Investment-Banker, der sich so selbstlos um die Zunahme der Spitzeneinkommen bei Managern und eine wachsende Ungleichheit bei den Einkommensverhältnissen Amerikas verdient gemacht hatte, sollte später bei den großen Insiderprozessen an der Wall Street als reuiger Sünder noch eine Rolle spielen und bereitwillig mit den Strafverfolgungsbehörden zusammenarbeiten. Mitte der Achtzigerjahre hatte der Übernahmeboom völlig übersteigerte Züge erreicht. Eine der Folgen war, dass Beschäftigte zu Tausenden hart auf der Straße landeten, während die CEOs und ihre Vorstandskollegen sich an millionenschweren Abfindungspaketen freuen konnten.

Umgedrehte Abgeordnete

Angesichts der Übernahmeexzesse in dieser Zeit wurde im amerikanischen Kongress Unmut laut. Ein Abgeordneter wollte einen Gesetzesantrag einbringen, der die in jenen Tagen viel geübte Praxis des »greenmail« verbieten wollte, ein Vorstoß, der die Finanzindustrie aufs Äußerste beunruhigte. »Greenmail« ist eng verwandt mit ihrer düsteren Schwester »blackmail«, die sich mit Erpressung beschäftigt. Beim sogenannten Greenmail wird das Management eines Unternehmens durch Drohungen mit besonders schädlichen Übernahmefolgen (Zerschlagung, Rauswurf des Managements) zum Rückkauf eigener Aktien über die Börse genötigt. Das wirkt sich wertsteigernd auf den Kurs aus und erlaubt dem Angreifer, die von ihm erworbenen Aktien zu den auf diese Weise gesteigerten Kursen an das attackierte Unternehmen selbst zu verkaufen – ein Hattrick der besonders üblen Art.

Als der Kongress ihnen nun dieses Spielzeug wegzunehmen drohte, zeigten die Finanzakrobaten, dass sie sich auch im politischen Übernahmekampf zu behaupten wussten. »Wahlkampfspenden« der Junk-Bond-Bank Drexel genügten, um den Abgeordneten umzudrehen. Der Gesetzesvorstoß gegen die Greenmails verschwand in der Versenkung. Der »kritische« Kongressabgeordnete tauchte 1986 auf einer Konferenz der Finanzindustrie zum Thema Junk Bonds sogar als Hauptredner auf.

Daran zeigt sich ein Kernproblem der Arbeitnehmer: Sie haben keine großzügigen »Wahlkampfspenden« zu verteilen. Doch auch manchen Übernahmepiraten stand eine ernüchternde Erfahrung bevor, als Staatsanwalt Rudolph Giuliani, der spätere Bürgermeister von New York, Ende der Achtzigerjahre Ermittlungen einleitete gegen die illegalen Machenschaften im Zuge der abgesprochenen Kaperaktionen an der Börse. Das war das Aus für Drexel Burnham, den Marktführer bei den Junk Bonds, den Schrottanleihen.

11 Vom Regen in die Traufe: Vom Shareholder Value zur Corporate Governance

Einst war es hoch gelobt und viel gepriesen – jetzt ist sehr umstritten, ob das Konzept des Shareholder Value den Erfordernissen einer langfristigen Unternehmensführung gerecht wird. Die Idee war simpel. Der Erfolg eines Unternehmens sollte an der Wertsteigerung (»value«) seiner Anteilscheine (»share«) an der Börse gemessen werden. Motto: Was den Aktionären (»shareholder«) nützt, nützt auch dem Unternehmen. Doch das Konzept hatte ein entscheidendes Manko: Die Unternehmensmanager stehen unter dem Druck, kurzfristig ansprechende Finanzergebnisse zu erzielen. Langfristig gesehen, ist eine solche Strategie nicht unbedingt im besten Interesse des Unternehmens, denn was kurzfristig Gewinne bringt, kann langfristig durchaus ein Nachteil sein.

Der St. Gallener Professor und Managerberater Fredmund Malik hat im österreichischen Wirtschaftsmagazin *Trend* mit dem Shareholder Value als einer »Art Primitiv-Kapitalismus« abgerechnet, bei dem der Blick der Manager auf den Kursverlauf an den Finanzplätzen gerichtet ist, statt dorthin, wohin sie wirklich schauen sollten: auf den Markt. Und das sei schädlich gegenüber Mitarbeitern, Kunden und Lieferanten.

Sogar die einstigen Propagandisten des Shareholder Value sind inzwischen ernüchtert und präsentieren sich nun als Kritiker. Agil gewendet ist auch Gary Hamel, einst ein gefeierter Shareholder-Value-Prophet und der Welt bekanntester Stratege für schlanke Unternehmensstrukturen. Der Professor an der London Business School richtet seine Fahne zügig nach der neuen Windrichtung und kritisiert die »lächerlich ungeduldigen« Investoren, die einseitige Fixierung auf den Aktienkurs und die überdimensionierten Aktienpakete, die die Manager als Prämie erhalten. Wendehals Hamel weiß es nun besser und kritisiert, dass das System Manager dazu bringe, ihr Unternehmen Gefahren auszusetzen, »einfach um auf dem Papier gut dazustehen«.

Recht hat er. Amerikanische Unternehmen wie die Telekomriesen WorldCom und Global Crossing und viele andere sahen allzu lange nur auf dem Papier gut aus. In Wirklichkeit zauberten Bilanztricks jene »values« herbei, die den Investoren die Illusion großartiger Gewinne vermittelten. Einige dieser Trickkünstler sind inzwischen tief gestürzt und zu Kunden der Insolvenzverwalter geworden, andere werden ihnen sicher folgen. Neuere Erkenntnisse der ökonomischen Forschung deuten sogar darauf hin, dass durch eine zu einseitige Orientierung auf den schnellen Erfolg die für ein Unternehmen so wichtigen Marken Schaden nehmen können – mit der Folge, dass das Unternehmen möglicherweise so geschwächt ist, dass es einen Konjunkturabschwung nicht übersteht. Was der Steigerung des Shareholder Value dienen sollte, erweist sich als Vernichtung von Shareholder Value.

Gift für die Marke

Eine der Folgen von Shareholder Value war, dass die Wirtschaft zur Dauerbaustelle mutierte und Arbeitsplätze wie auf dem Verschiebebahnhof hin und her geschoben wurden, wenn sie nicht gleich auf dem Abstellgleis landeten. Aber nicht nur die Beschäftigten gerieten aus dem Blick, auch den vorhandenen Marken und ihrer Pflege wurde weniger Beachtung geschenkt. »Ein überzogenes Shareholder-Value-Denken beunruhigt viele Markenverantwortliche heute«, notierte Thomas Jenner im *Harvard Businessmanager.* Langfristige Vorhaben, die der Zukunftssicherung des Unternehmens dienen, wurden zurückgestellt, um kurzfristig gut dazustehen. Der Verzicht auf Investitionen in Markenprodukte – der größte Vermögenswert vieler Unternehmen – bedeutet für ein Unternehmen und seine Aktionäre, dass sie gegenwärtigen Gewinn mit einem zukünftigen Verlust erkaufen.

Die von Strategen des Shareholder Value gerne praktizierten eher undifferenzierten Kostensenkungsprogramme sind »Gift für die Marke«. Das ergibt eine gemeinsame Studie des Beraterunternehmens Boston Consulting Group, des Medienhauses Gruner & Jahr und von IP Deutschland, einem Medienvermarktungsunternehmen. Gerade zu Beginn einer wirtschaftlichen Schwächephase kann eine starke Produktmarke allzu große Absatzrückgänge verhüten.

Kommt zum Kurzfristdenken à la Shareholder Value noch die verbreitete Praxis, die Geschäfte eines Unternehmens auf wenige »Kernkompetenzen« zu fokussieren, steigt die Risikoanfälligkeit und die Empfindlichkeit gegenüber konjunkturellen Einbrüchen noch weiter. Die Druckstellen der Rezession bekommen besonders die Beschäftigten der so verschlankten und auf Effizienz getrimmten Unternehmen zu spüren. Denn als im Jahr 2000 der wirtschaftliche Abschwung einsetzte, hatten diese Unternehmen die Bandbreite ihrer Aktivitäten so weit reduziert, dass sie die Verluste in einer Geschäftssparte nicht mehr durch Erfolge oder zumindest stabile Erträge in anderen Unternehmenssparten ausgleichen konnten. Wer aber nichts zuzusetzen hat, baut weiter ab – im Zweifel Arbeitsplätze.

Schon kündigt sich vor dem Hintergrund dieser Erfahrungen

eine erneute Trendwende an: Seit kurzem ist wieder die altmodische Risikomischung mehrerer sinnvoll aufeinander abgestimmter Geschäftsfelder gefragt. So schlägt das Pendel der Managementmoden wieder zurück. Unter dem Schlagwort »Diversifizierung« war diese Strategie in den Achtzigerjahren schon mal aktuell.

Bühne für gefeierte Betrüger

Zu welchen Verhaltensweisen die einseitige Fixierung auf die Entwicklung des Aktienkurses im Extremfall führen kann, zeigt eine skurrile Begebenheit aus dem Innenleben des abgestürzten texanischen »Big Players« Enron. Bevor der Energie-Gigant im Dezember 2001 Konkurs anmeldete – die bis dahin größte Insolvenz der US-Geschichte –, wurde mit allerlei Tricks versucht, den Shareholder Value immer weiter zu steigern. Dabei entwickelten die Enron-Regisseure eine besondere Findigkeit.

Eines Tages wurden Kundenbetreuer, Sekretärinnen und andere Angestellte von der Enron-Leitung in einen leerstehenden Handelsraum geschickt, wo sie hektische Betriebsamkeit entfalten und Telefongespräche sowie nervöse Handelsaktivitäten vortäuschen sollten. Um den Eindruck der Echtheit zu verstärken, wurden sogar persönliche Gegenstände wie zum Beispiel Familienfotos mitgebracht. Der »trading floor«, der Handelsraum mit den hundertfach leuchtenden Monitoren, den armdicken Adern der digitalen Übertragungsmedien und dem Tiefseeblau der Großbildschirme an den Saaldecken wurde zur Theaterbühne, auf der gefeierte Betrüger im Gewand von Managern ihre Komödien inszenierten. Zum Zuschauer und ahnungslosen Opfer der Inszenierung wird an diesem Tag im Jahr 1998 ein Trupp erheblich beeindruckter Wall-Street-Analysten.

Ans Licht kam diese Geschichte erst Mitte Februar 2002, nachdem die beispiellosen Bilanztricksereien bei Enron aufgedeckt worden waren. »Beispiellos« allerdings nur in der Höhe des Betrugs. Denn eine Studie des Center for Economic and Business Research in London stellt fest, dass allein im Jahr 2001 an der Wall Street notierte Unternehmen sich 130 Milliarden Dollar bilanztechnisch zusammengeschwindelt haben.

Der Vorspiegelung eines guten Images und spannender Investmentstorys sind übrigens auch die Enron-Angestellten selbst auf den Leim gegangen. Als aus der Marktkapitalisierung des Börsenstars in Höhe von 63 Milliarden Dollar die Luft entwich und eine einstmals 90 Dollar teure Aktie gerade noch 60 Cent wert war, ging nicht nur der Arbeitsplatz verloren, sondern auch ein großer Teil der in steuerlich begünstigten Investmentkonten angesparten zusätzlichen Altersversorgung war perdu – die war nämlich zu 47 Prozent in die Aktien des bankrotten Unternehmens investiert. Rentnern von Enron, berichtete der *Spiegel,* blieb nur ein monatlicher 63-Dollar-Scheck.

Enrons Rekord hielt gerade mal sieben Monate. Dann musste WorldCom Konkurs anmelden und konnte den Titel »größter Konkurs in der US-Firmengeschichte« für sich reklamieren. Der zweitgrößte amerikanische Telekom-Konzern war mit 41 Milliarden Dollar verschuldet, und im Juni 2002 hatte das Unternehmen Bilanzfälschungen im großen Stil zugeben müssen: 3,85 Milliarden Dollar an Ausgaben waren fälschlich als Investitionen verbucht worden. Daraufhin war der zu seinen besten Zeiten mit 63 Dollar bewertete Aktienkurs auf zuletzt unter 10 Cent abgestürzt, der Börsenwert des Unternehmens, einst stolze 120 Milliarden Dollar, betrug nur noch 280 Millionen Dollar. Neben den selbst nach vorangegangenen Massenentlassungen immer noch über 60 000 Arbeitsplätzen waren diesmal auch die Banken und Versicherungen von der Insolvenz betroffen, die zum Teil erhebliches Kapital in den einstigen Börsenstar investiert hatten: allen voran die Deutsche Bank, nach einigen Angaben größter europäischer Kreditgeber von WorldCom und zugleich der achtgrößte Aktionär des Konzerns. Aber auch die Allianz, die WorldCom-Aktien im Wert von »300 bis 400 Millionen Euro« hielt, und die Münchener Rück (80 Millionen Euro) mussten nach Bekanntwerden der Insolvenz Kursverluste hinnehmen.

Übernahmewillige EU

Die Entscheidungsträger der Europäischen Union stören solche Betrügereien nicht weiter. In einer Übernahmerichtlinie will die EU-Kommission nationale Barrieren gegen feindliche Übernahmen aufheben. Das Ziel: Nationale Schutzwälle gegen Firmenkäufe sollen fallen, um so den grenzüberschreitenden Kapitalfluss zu fördern. Der Entwurf dieser Übernahmerichtlinie atmet den Geist des Shareholder Value. Angelehnt ist er an den Übernahmekodex der Londoner City. Der Plan sieht vor, dass die Abwehrmöglichkeiten eines Unternehmens im Übernahmefall für einen befristeten Zeitraum – nämlich genau für die Zeit, in der sich die weitere Zukunft des Unternehmens entscheidet! – ausgesetzt werden. Im Kern geht es darum, Stimmrechtsbeschränkungen (wie es sie zum Beispiel bei VW und in der Versicherungsbranche gibt) aufzuheben und dem Prinzip von »Eine Aktie, eine Stimme« Gültigkeit zu verschaffen.

Das von der Bundesrepublik beschlossene Übernahmegesetz sollte in letzter Minute das Schlimmste für die deutsche Industrie verhindern. Jetzt stößt es auf hartnäckigen Widerstand seitens der EU. »Das Gesetz kann eingestampft werden«, hörte die deutsche Ausgabe der *Financial Times* Anfang 2002 aus den Kulissen des Europaparlaments. Es soll die Aktivitäten von Unternehmensaufkäufern erschweren, indem es einen »Bypass« legte, der dem Vorstand – mit Zustimmung des Aufsichtsrats, aber unter Umgehung der Aktionäre – die Möglichkeit zur Einleitung von

Gegenmaßnahmen gibt. Das steht eindeutig im Widerstreit mit den vorherrschenden Auffassungen in Brüssel.

Die EU-Übernahmerichtlinie war in einem ersten Entwurf, der nach zwölfjährigen Verhandlungen vorgelegt worden war, im Sommer 2001 am Europäischen Parlament gescheitert. Seither wird nachgebessert. Die endgültige Entscheidung wird frühestens im Herbst 2002 fallen, wenn die neue Richtlinie präsentiert wird.

Herausquetschen und Plattmachen

Nicht umstritten ist eine andere Regel: Seit dem 1. Januar 2002 ist es in Deutschland möglich, per Mehrheitsbeschluss Minderheitsaktionäre gegen eine Barabfindung auszuschließen. Das ist ein echtes Meisterstück aus der Kiste der Konzernbaumeister. Die sogenannte »Squeeze-out«-Regel macht Druck auf die Kleinen. Die können zwangsweise aus dem Unternehmen gedrängt werden und erhalten dafür eine Entschädigung. Wenn die Kleinen rausfliegen, freuen sich die großen Aktionäre, die einen Mehrheitsanteil von 95 Prozent und mehr halten. Im Juli 2002 hat Ford von dieser Regelung Gebrauch gemacht und den Anteil der Minderheitsaktionäre, die zuletzt nur noch 0,15 Prozent der Anteilscheine hielten, gegen eine Barabfindung von 640 Euro pro Aktie auf den Hauptaktionär, die Ford Deutschland Holding, übertragen. Im selben Schritt wurde die Notierung des Automobilbauers an der Börse eingestellt. Damit war Ford wieder zu 100 Prozent im Besitz von Ford.

Minderheitsaktionäre sind unbequem und störend. In der Vergangenheit haben sie immer wieder Ärger gemacht, und sei es nur, dass man ihretwegen eine teure Hauptversammlung abhalten und sich kritischen Fragen stellen musste. Wenn die kleineren Aktionäre beim Vollzug der großen Geschäfte nicht weiter stören können, wird der Vollzug von Fusionen und Übernahmen enorm erleichtert. Für die Belegschaftsaktionäre, also jene Arbeitnehmer, die Aktien an dem Unternehmen halten, in dem sie arbeiten, ist die neue Regel allerdings ein Schlag ins Gesicht. Die Inhaber von Belegschaftsaktien halten in der Regel höchstens wenige Prozent an »ihrem« Unternehmen. Jetzt kann man bei Übernahmen erst die möglicherweise um ihren Arbeitsplatz besorgten Belegschaftsaktionäre »herausquetschen«, bevor dann die Reihe an die Arbeitsplatzinhaber selbst kommt.

Ob mit oder ohne Belegschaftsaktionäre, das neue Gesetz kommt an. Die Allianz kündigte im Februar 2002 an, bei ihren Gruppengesellschaften Dresdner Bank, Hermes und Vereinte Versicherung »von der im neuen Übernahmegesetz geschaffenen Möglichkeit des Ausschlusses der Minderheitsaktionäre Gebrauch zu machen«. Dort hält der Versicherungskonzern jeweils mehr als 95 Prozent der Anteile. Sowohl bei der Vereinten als auch bei Hermes liegt der Streubesitz unter 1 Prozent, im Fall der Dresdner Bank sind es ungefähr 2,8 Prozent, unter deren Börsenkarriere damit ein Schlusspunkt gesetzt wird.

Das Wasserzeichen der Manager: Corporate Governance

Seitdem das Image des Shareholder Value nicht zuletzt unter seinem Ruf als Arbeitsplatzkiller so gelitten hat, ist neuerdings »Corporate Governance« in aller Munde. Corporate Governance ist nichts anderes als ein System von Regeln, wie Unternehmen durch Vorstand, Aufsichtsrat und Aktionäre geführt und überwacht werden. Damit sind Shareholder Value und Corporate Governance insofern eng verwandt, als es bei beiden Begriffen um das Verhältnis der verschiedenen Interessengruppen eines Unternehmens zueinander geht.

In der Praxis steht die Durchsetzung der Interessen der großen institutionellen Investoren im Vordergrund. Das interessiert die Topmanager von börsennotierten Unternehmen ganz besonders. Sie sind es ja, deren Handeln und Arbeit durch Corporate Governance überwacht und transparent gemacht werden soll. Da ist es nur gut für die Spitzenkräfte, wenn sich auch die Politik des Themas annimmt, um mittels Corporate Governance den Finanzplatz zu stärken und Transparenz, Kontrollmöglichkeiten und Fairness zu verbessern. Noch erfreulicher ist es indes, wenn Vorstandsmitglieder und frühere Vorstände, die nun Aufsichtsratsfunktionen wahrnehmen, sich gleich selbst die Kontrollstrukturen auf den Leib schneidern dürfen. So geschehen, als Bundesjustizministerin Herta Däubler-Gmelin mit der Ausarbeitung des Kodex die sogenannte Cromme-Kommission beauftragt und damit den Bock zum Gärtner gemacht hat. Denn neben Wissenschaftlern, einem Fondsmanger und einem Aktionärsvertreter, einem Wirtschaftsprüfer und mehreren Managern wirkten in dem Gremium auch Rolf-E. Breuer mit, damals noch amtierender Vorstandssprecher der Deutschen Bank AG, außerdem Paul Achleitner, Vorstandsmitglied der Allianz AG, und Gerhard Cromme, der Aufsichtsratsvorsitzende von ThyssenKrupp, der der illustren Managerkommission als Vorsitzender seinen Namen geliehen hat.

Der von dieser Kommission erarbeitete Verhaltenskodex für Unternehmenskontrolle, der im Februar 2002 der Öffentlichkeit vorgestellt wurde, wird heftig kritisiert – vor allem von Seiten der Shareholder-Value-Freunde. Zu zahm sei der Entwurf, er nehme die zahlreichen Interessenkonflikte nicht scharf genug aufs Korn, und es fehle an Sanktionen, mit denen Regelverstöße geahndet werden, monieren die Kritiker. In der Tat: Das geplante »Gütesiegel« für den deutschen Kapitalmarkt trägt das Wasserzeichen der Manager. Den gerne gepflegten komfortablen Wechsel vom Vorstand in den Aufsichtsrat nimmt der Kodex gar nicht erst aufs Korn.

Ein ähnliches Bild bietet sich in der Schweiz. Die Regeln des Corporate Governance wurden im »Swiss Code of Best Practice« niedergelegt. In der Schweiz übt man sich immerhin in der Transparenz der Managementgehälter. Das hat allerdings einen unerwünschten Nebeneffekt, vermutet die *Weltwoche:* Je mehr Transparenz herrscht, umso höher steigen die Gehälter. Denn nun wissen die schlechter bezahlten Kollegen, was bezahlt werden kann, und passen ihre Gehaltsforderungen entsprechend nach oben an.

Neuer Wein in alten Schläuchen

Entgegen dem Anschein handelt es sich bei Corporate Governance nicht um eine Novität. Seitdem sich im 20. Jahrhundert das Prinzip des »Manager-Kapitalismus« durchgesetzt hat und Unternehmen zunehmend durch angestellte Manager geleitet werden, die oft eigene Interessen verfolgen, besteht das sogenannte Agenten-Problem. Verkürzt kann man es als Interessengegensatz zwischen den Kapitaleignern und ihren Verwaltern beschreiben (und der lässt sich natürlich nicht entschärfen, indem die Verwalter – wie in der Cromme-Kommission – Strukturen zu ihrer eigenen Kontrolle entwickeln). In der betriebswirtschaftlichen Investitions- und Finanzierungstheorie ist das Agenten-Problem schon lange bekannt und vielfach untersucht.

Insofern handelt es sich bei Corporate Governance nur um neuen Wein in alten Schläuchen. Das Konzept birgt jedoch ein ganz neuartiges Problem, das kaum Beachtung findet, denn es sieht die Investoren als eine einheitliche Gruppe an. Damit unterstellt es ihnen auch ähnliche Ziele und Absichten. Das ist in der Realität jedoch nicht der Fall. Anleger unterscheiden sich schon im Hinblick auf die zeitlichen Erwartungen bei ihren Investitionen erheblich, wie Professor Rory Knight aus Oxford im Interview mit dem Schweizer Wirtschaftsmagazin *Bilanz* zu bedenken gibt: »Die einen sehen die Entwicklung des Unternehmens eher als Marathon, die anderen als Kurzstreckenlauf.«

Die leeren Flaschen der Quartalszahlensäufer

Amerikanische Investoren haben für den Marathon nur wenig übrig, für den Gewinn auf der kurzen Strecke dagegen jede Menge. Sie wollen schnelle Resultate sehen. Damit ist die Kollision mit europäischen Businessüberzeugungen, die eher auf langfristiges Gedeihen setzen, vorprogrammiert. Zu welch widersinnigen Ergebnissen die kurzfristig orientierte amerikanische Businesskultur führen kann, das hat Marc Andreessen, Internetpionier und Mitbegründer von Netscape, einmal erläutert.

Als Andreessen nach dem Verkauf von Netscape gemeinsam mit anderen Ex-Kollegen überlegte, ein neues Unternehmen zu gründen, kam ein Geschäft für ihn nicht in Frage: die Gründung eines Softwareunternehmens, das Programme an andere Unternehmen verkauft. Ausgerechnet jene Branche, in der Andreessen sein Vermögen gemacht hatte, schloss er erstaunlicherweise aus. Als Grund dafür gab Andreessen an, dass Handelsunternehmen wegen der Bedeutung der Quartalsergebnisse und der stets von Quartal zu Quartal gesteckten Zielvorgaben immer am Ende eines Vierteljahres gewaltig unter Druck stehen. Das ist den Einkäufern in den großen Unternehmen nur allzu gut bekannt. Aus diesem Grund warten die Einkaufsabteilungen mit ihren Orders oft bis zur letzten Minute am Ende des Quartals, um den Verkäufer in die Zange zu nehmen und satte Preisnachlässe zu erzwingen.

Wenn Konstrukte wie Corporate Governance vor allem den kurzfristig gelagerten Interessen von Wall-Street-Investoren oder Investoren aus der Londoner City Geltung verschaffen, leisten sie dem Vierteljahresdenken Vorschub. Das würde den gewachsenen industriellen Beziehungen und einer langfristig angelegten Wirtschaftsweise, wie sie in der Bundesrepublik noch vorherrscht, Schaden zufügen. Dass dann auch negative Auswirkungen auf die Belegschaft der betreffenden Unternehmen zu befürchten sind, dürfte die Investoren kaum interessieren.

Zerlegen, um zu sehen, was passiert

Als Problem erweisen sich die besonderen Organisationsstrukturen der Finanzindustrie. Sie tendieren dazu, ihre Struktur auf die Unternehmen zu übertragen. Da die großen Vermögensverwalter in Branchen denken und ihre Portfolios dementsprechend aufbauen, passt es den Fondsmanagern und Analysten nicht, wenn ein Unternehmen in mehreren Bereichen aktiv ist. So ein breit aufgestelltes Unternehmen ist mit den starren vorgegebenen Rastern der Finanzindustrie nicht zu erfassen. Unternehmen, die in verschiedenen Wirtschaftszweigen tätig sind, sind schwerer zu durchschauen, ihre Bilanzen sind weniger leicht lesbar. Klare Verhältnisse gefallen den Glücksrittern der Finanzwelt am besten.

Unumwunden erklärt Jörg Krämer, Frankfurter Chefökonom des Fondsunternehmens Invesco: »Wenn das Unternehmen zerlegt wurde, kann ich leichter sehen, was dort passiert.« Und Klaus Martini, Fondsmanager bei der Deutschen Gesellschaft für Wertpapiersparen (DWS), einer Tochter der Deutschen Bank, sagt: »Fondsmanager bevorzugen es, ihr Portfolio, und damit Chancen und Risiken, selbst zusammenzustellen.« Unternehmen mit mehreren Geschäftsfeldern, fügt er hinzu, würden eben »nicht richtig gecovert«.

Für die Beschäftigten und ihre Arbeitsplätze sind solche stromlinienförmigen Firmen, deren Fundament so schmal ist, dass sie schon der Hauch einer Krise umwerfen kann, alles andere als gesund.

Die Zahlenfriseure der Voodoo-Ökonomie

Höchst ungesund ist der Umgang der Manager mit den Zahlen ihres Unternehmens. Das Erschreckende daran: Es handelt sich nicht nur um Einzelfälle wie Enron oder WorldCom, sondern die bösen Buben scheinen überall zu sitzen. Ereignisse der jüngeren Zeit nähren nämlich den Verdacht, dass mit den veröffentlichten Einkünften der amerikanischen Unternehmen etwas nicht stimmt. Tausende von US-Unternehmen haben über längere Zeiträume hinweg ihre Einkünfte maßlos übertrieben dargestellt und damit nicht nur ihren Investoren ein X für ein U vorgemacht. Die im S&P-Index enthaltenen 500 Unternehmen wiesen im Zeitraum von 1997 bis 2000 ein Wachstum der operativen Gewinne von 26 Prozent aus. Zumindest Teile davon wurden jedoch durch trickreiche Methoden in der Rechnungslegung erzeugt.

»Ich glaube nicht daran, dass es das Gewinnwachstum am Ende der Neunzigerjahre wirklich gegeben hat«, sagte Robert Barbera, der Chef-Ökonom des Finanzhauses Hoenig & Co., der *Business Week*. Das Jerome Levy Economics Institute schätzte, dass die 500 größten Firmen ihre Gewinne um ein Fünftel nach oben gedrückt haben. Die Ungereimtheiten im Land der unbegrenzten Möglichkeiten sind so offensichtlich, dass schon ein wenig Mühe und ein guter Taschenrechner genügen, um dem Abrechungsbetrug der US-Corporations und den allzu geneigten Prüfungstestaten der amerikanischen Wirtschaftsprüfer auf die Schliche zu kommen.

Aus Rot wird Schwarz

Als sich die Ökonomen der Investment-Bank Dresdner Kleinwort Wasserstein der Mühe unterzogen und die von den Unternehmen ausgewiesenen Gewinne zusammenzählten, kam als Ergebnis ein viel höherer Wert zustande, als ihn die volkswirtschaftliche Gesamtrechung des Landes ausweist. Experten zufolge bedienen sich ungefähr 400 Unternehmen gesonderter Unternehmen (in der Form von Limited Partnerships oder sogenannten Special Purpose Vehicles), die eigens dazu geschaffen worden waren, um Schulden aus der Bilanz herauszuziehen und aus dem Blickfeld zu rücken.

Im Fall von Enron war das angeblich nicht einmal von den Rating-Agenturen, den Analysten und den Spezialisten in den Investment-Banken bemerkt worden. Das ist umso erstaunlicher, als die Investment-Banken ihre Kunden geradezu bedrängen, sich dieser Tricks zu bedienen, um mit speziellen Firmenvehikeln Heikles vor den Augen der Öffentlichkeit zu verbergen. Aus Rot wird Schwarz, aus miesen Zahlen eine gute Performance – Betrügen, Täuschen und Anschmieren sind integrale Bestandteile der amerikanischen Voodoo-Wirtschaft, die vom Glauben an sich selbst und der Kraft und Herrlichkeit der Illusion lebt. So tanzt die flexible Vodoo-Wirtschaft nahe am Abgrund – von der Federal Reserve Bank gnädig in einen dichten Schleier von Dollarnoten gehüllt.

Selbst Henry M. Paulson, der Einpeitscher und CEO von Goldman Sachs, zeigte sich in einer Rede vor dem Nationalen Presseclub ernüchtert: »Ich kann mich an keine Zeit erinnern, in der die amerikanische Wirtschaft einer solchen Prüfung standhalten musste. Um ganz offen zu sein: Vieles davon ist nicht unverdient.« Er sollte es wissen.

12 Die Ohnmacht des Staates

Deutschlands wirtschaftlicher Erfolg beruht ganz wesentlich auf dem guten Zusammenspiel von Unternehmen, Gewerkschaften und Regierung. Dieses Wirtschaftssystem hat sich bewährt, und auch wenn es in Teilen etwas altmodisch und reformbedürftig erscheint, ist gleichwohl keine bessere Lösung in Sicht. Ob neoliberale Wirtschaftssysteme einen vergleichbaren Erfolg haben können, ist zweifelhaft. Trotzdem begibt sich die deutsche Wirtschaft unter dem starken Druck der Manager, der Berater und der Finanzindustrie mehr und mehr auf den Weg in diese Richtung und verzichtet zusehends auf die Abfederung sozialer Problemlagen. Das magische Dreieck von Unternehmen, Gewerkschaften und Regierung, das den Ausgleich suchte, gerät aus dem Gleichgewicht, weil der Staat immer mehr geschwächt wird.

Schon heute gehen 90 Prozent der nationalen Wirtschaftsgesetze auf Initiativen der EU zurück. Zunehmend wird Brüssel zum bestimmenden Faktor – auf deutsche Besonderheiten wird immer weniger Rücksicht genommen. Die demokratisch gewählten Institutionen verlieren an Boden, die Macht geht mehr und mehr auf die europäische Bürokratie über. Das nützt den großen Konzernen. Sie können ihre Lobbyismusaktivitäten auf die Entscheidungszentren der europäischen Politik konzentrieren. Mussten zuvor in den europäischen Hauptstädten nationale Gesetzgebungsverfahren und die Aktivitäten der vielen verschiedenen Regierungen »kritisch begleitet« werden, so wird dies im zentralisierten und vereinheitlichten Europa bald nicht mehr erforderlich sein.

Konzernfreundliche Strukturen

Die Macht der Nationalstaaten sinkt beständig. Ein Beispiel für diesen Prozess ist die internationale Übereinkunft zur Liberalisierung der Telekommunikationsmärkte aus dem Jahr 1997. Dieser Vertrag, von den Vertretern von 60 Ländern unterzeichnet, entzog den nationalen Regierungen die Kontrolle über ihre eigene Kommunikationsinfrastruktur. Wo früher der Staat die Zügel in der Hand hielt, wurden jetzt die Märkte freigegeben, und die staatlichen Telekommunikationsunternehmen wurden an private Wettbewerber verkauft, das heißt in der Regel an große, marktbeherrschende Unternehmen, die ihre Macht im globalen Telekommunikationsmarkt, der ein Volumen von geschätzten 600 Milliarden Dollar hat, ausbauen wollten. Die Förderung des freien Handels, der globalen Konkurrenz und des schrankenlosen Waren- und Kommunikationsverkehrs nützt zweifellos in erster Linie den starken und großen Unternehmen aus den Industrieländern.

Die Speerspitze des Freihandels

Die Speerspitze der Globalisierung bildet die 1995 gegründete Welthandelsorganisation (WTO). Grundlage ihrer Arbeit sind die GATT-Handelsverträge (General Agreement on Tariffs and Trade). Ihr ist die Aufgabe übertragen worden, die internationalen Handelsbeziehungen zu organisieren, bindende Regelungen aufzustellen und für eine effektive Streitschlichtung zu sorgen. Die WTO ist eine effektive Waffe zur Erzwingung des Freihandels und schränkt gezielt den Handlungsspielraum der Nationalstaaten ein. So entzieht die Welthandelsorganisation den Staaten Teile ihres Droh- und Sanktionspotentials mit der Folge, dass die Staaten gegenüber unfairen Praktiken im Wirtschafts- und Arbeitsleben oder bei weitreichenden Verletzungen von Umweltschutzstandards nicht länger wirksam eingreifen können. Andererseits unterliegen die einzelnen Staaten selbst ständigen Überprüfungen ihrer Handelspraktiken und müssen gegebenenfalls Sanktionen seitens der WTO hinnehmen.

Das Hauptorgan des WTO ist die Ministerkonferenz. Da bei der Welthandelsorganisation nur die Stimmen der Wirtschaftsminister Gehör finden, ist klar, dass ihre Politik entsprechend einseitig und »großhandelsorientiert« ausfällt. Sozial- und Umweltbelange, Arbeitsplatzfragen und die Interessen des Mittelstands und von Minderheiten spielen in der WTO keine große Rolle. Faktisch sind die WTO und ihre Schwesterorganisationen Internationaler Währungsfonds (IWF) und Weltbank nichts anderes als die Erfüllungsgehilfen des kollektiven Willens der G7, der sieben größten Industrieländer.

Korea knacken

Doch nicht nur in den Entwicklungsländern sind die nationalen Regierungen industriepolitisch und wirtschaftspolitisch zur Ohnmacht verurteilt. Auch die Regierungen wirtschaftlich stärkerer Länder sind nicht vor Eingriffen von außen gefeit – und sei es durch den Internationalen Währungsfonds. Wie weit die Eingriffe gehen können, musste Südkorea erfahren, das zwar immer als Schwellenland bezeichnet wird, aber in Wirklichkeit eines der

Musterländer in Sachen technologischer und wirtschaftlicher Entwicklung ist.

Zu den Eigentümlichkeiten Südkoreas zählt auch die Kontrolle, die die Banken über die wichtigsten Großunternehmen des Landes ausüben – das erinnert an deutsche Verhältnisse. Ausländischen Investoren, die sich ein Schlupfloch wünschten, um an die Chaebol, die großen Unternehmen des Landes, heranzukommen, war das ein Ärgernis. Doch das internationale Finanzkapital sollte seine Chance bekommen, denn im Jahr 1997 brachte die Asienkrise die Unternehmen und vor allem die Banken in arge Bedrängnis. Als Südkorea im Jahr danach schließlich unter die Kontrolle des Internationalen Währungsfonds geriet, blieb dem krisengeschüttelten Land kein anderer Weg, als sein Wirtschaftssystem aufzubrechen, denn die Mittelvergabe des IWF war an harte Auflagen geknüpft. Diese Auflagen, insbesondere wenn sie den Patienten mit den falschen Mitteln traktieren, führen manchmal geradewegs in die Hölle.

Der Ökonom Joseph Stiglitz, der 2001 den Nobelpreis für Wirtschaftswissenschaften erhielt, spart nicht mit Kritik am Internationalen Währungsfonds. Beispielsweise macht Stiglitz die Funktionäre des IWF und ihre »Misswirtschaft« für den katastrophalen Verlauf der Ostasienkrise verantwortlich. Als Folge der verfehlten Politik kam es zu Zinserhöhungen, die die Wirtschaft ins Mark trafen. Der Währungsfonds betreibt Finanzpolitik nach Schema F – und würgt damit das Wachstum vieler Länder rigoros ab.

Aufstieg zur Unfehlbarkeit

Als sich die Welt von den Folgen der Finanzkrise in den Jahren 2000 und 2001 noch kaum erholt hatte und sich das Wachstum der Wirtschaft abzukühlen begann, endete die Kette der Fehlentscheidungen durch den IWF, wie Stiglitz kritisch bemerkt, noch längst nicht: »Hier beging der IWF einen katastrophalen Fehler, indem er eine kontraktionäre Finanzpolitik unterstützte. Es war derselbe Fehler, den er auch schon in Ostasien begangen hatte, und die Konsequenzen waren genauso fatal.« Wann immer Wachstums- und Transformationsprobleme die Formulierung fein eingestellter Politikansätze verlangten, gaben die IWF-Strategen stets die falsche Antwort. Den Preis dafür bezahlen seit Ende 2001 Schwellenländer wie Argentinien. Während sich die Wirtschaftsexperten streiten, wer die Schuld an der Misere des Pampalandes trägt, und die Manager des IWF natürlich jede Verantwortung für das Debakel von sich weisen, kollabiert Argentiniens Finanzwesen.

Ein Job beim IWF, das bedeute den »Aufstieg zur Unfehlbarkeit«, schreibt der Trierer Professor für Volkswirtschaft Wolfgang Filc und kritisiert, dass innerhalb des IWF die Welt nur durch die amerikanische Brille gesehen wird: Bewerber von außerhalb der Vereinigten Staaten haben es schwer, in den IWF zu kommen, »weil nun einmal die Auffassung vorherrscht, dass der geballte ökonomische Sachverstand an den Eliteuniversitäten der USA konzentriert ist«. Was dabei herauskommt, wenn der »geballte ökonomische Sachverstand« in Organisationen wie dem IWF obwaltet, lässt sich in Argentinien besichtigen: Mit 14 Millionen Arbeitslosen bei einer Gesamtbevölkerung von nur 37 Millionen durchlebt es »die dramatischste Periode seiner Geschichte seit dem Putsch der Generäle im Jahr 1976«, erklärte der Präsident des Landes Eduardo Duhalde Anfang 2002. Duhalde warnte vor einem Blutbad, das die argentinische Gesellschaft in einem Strudel von Armut, Gewalt und Hoffnungslosigkeit in den Abgrund reißt.

Teil IV: Die Spieler nehmen Platz

13 Übernahmepiraten und Beteiligungshändler

Riechen Sie den Napalm?

Die Invasion begann in Frankreich. Dort war der ehemalige Marineoffizier Guy Wyser-Pratte zuerst aktiv geworden und hatte sich in einige Unternehmen eingekauft. In jüngerer Zeit tritt er auch in Deutschland auf den Plan und wirbelt viel Staub auf. Mit vornehmer Ausdrucksweise hat der Vietnamveteran wenig am Hut, der dafür bekannt ist, seine Widersacher schon einmal mit der Bemerkung »Riechen Sie den Napalm?« auf das Kommende einzustimmen.

Mit Vorliebe nimmt er Mischunternehmen ins Fadenkreuz – vorzugsweise mit Aktivitäten im Bereich der Rüstung und Wehrtechnik. Seine Vorgehensweise ähnelt den Übernahmeattacken in den Siebziger- und Achtzigerjahren: Sobald Wyser-Pratte ein »unterbewertetes« Unternehmen gefunden und eine Beteiligung daran erworben hat, wendet er sich an das Management, um die Geschäfte einer Restrukturierung zu unterziehen. Bei seinen Forderungen benutzt er gerne auch die Medien als Sprachrohr –

Wirtschaftsjournalisten sind dankbar für Übernahmekämpfe, da sie etwas Spannung und ein sportliches Moment in die Wirtschaft bringen. Gerne stellt der Übernahmejäger auch ein unternehmerisches Interesse an der Beteiligung zur Schau – wie lange es vorhält, ist indes fraglich. Als seine Beteiligung an der Düsseldorfer Rheinmetall einen guten Gewinn versprach, war Wyser-Prattes Engagement eher kurz und heftig als unternehmerisch. Bei der ersten günstigen Gelegenheit steckte er sich die unternehmerischen Interessen an den Hut und einen Millionengewinn in die Tasche.

Im Januar 2002 stieg Wyser-Pratte mit knapp 8 Prozent bei dem Anlagen- und Maschinenbaukonzern Babcock Borsig ein. Schon wenig später schien der Kommandoeinsatz erste Wirkung zu entfalten. Ein Treffen Anfang Januar mit dem Chef von Babcock Borsig Klaus Lederer verlief offenbar so einvernehmlich, dass später in der Presse von »einer herzlichen Zusammenarbeit« die Rede war. Die herzliche Zusammenarbeit hat unmittelbare Folgen für die Beschäftigten und ihre Jobs: Nicht nur im wirtschaftlich gebeutelten Berlin sollen gut 100 Arbeitsplätze verschwinden, wenn die Produktion des Berliner Borsig-Werks nach Spanien verlagert wird. Ein konzernweites Kostensenkungsprogramm soll darüber hinaus 1000 weitere Arbeitsplätze wegrasieren.

Überraschung beim U-Boot-Bauer

Doch es zeigte sich, dass die Geschäfte der »Raider«, wie die Übernahmejäger heißen, auf deutschem Boden nicht unbedingt glatt laufen müssen, denn das freundliche Einvernehmen zwischen Vorstandschef Lederer und Wyser-Pratte wurde jäh gestört. Der Babcock-Chef veräußerte nämlich schlagartig die Hälfte der Anteile an der Howaldtswerke Deutsche Werft AG

(HDW), einem Herzstück von Babcock Borsig, an einen amerikanischen Investor. Wyser-Pratte sah sich getäuscht, denn Babcock Borsig hatte zuvor die Strategie verfolgt, rund um HDW einen europäischen Schiffbaukonzern aufzubauen. Nach dem Verkauf des HDW-Aktienpakets tauchte der Babcock-Kurs an der Börse um fast die Hälfte weg – eine böse Überraschung für Guy Wyser-Pratte, der seinem Ärger nicht nur auf der Hauptversammlung Luft machte, sondern auch gerichtlich gegen den Verkauf vorging.

Doch dann überschlugen sich die Ereignisse: Nachdem die Geldschwierigkeiten von Babcock Borsig immer größer wurden, stellte der Konzern Anfang Juli 2002 Insolvenzantrag. Mitte Juni hatte Klaus Lederer seinen Vorstandsvorsitz bei Babcock niedergelegt und sich auf den Chefposten bei HDW konzentriert, den er seit September 2000 innehat.

Bei Babcock Borsig stehen nun Tausende der weltweit 22 000 Arbeitsplätze auf dem Spiel, und möglicherweise wird sich ihr Schicksal am Ausgang von Wyser-Prattes Klage wegen des Verkauf der HDW-Anteile entscheiden. Denn nach Meinung vieler Beobachter war die HDW der Goldesel des Konzerns, und ohne den Verkauf der Beteiligung hätte Babcock womöglich keine Insolvenz anmelden müssen. Damit fände sich Wyser-Pratte, den die Medien gern als »Rambo der Kapitalmärkte« titulieren, womöglich plötzlich in einer ungewohnten Rolle wieder: als Retter von Arbeitsplätzen.

Üblicherweise ist das Szenario jedoch ein anderes: Wo die Übernahmespezialisten auftreten, sinkt der Kurswert der Jobs in den betreffenden Unternehmen.

Mitunter müssen sich die Raider aber nicht nur von Arbeitnehmervertretern Kritik gefallen lassen, sondern sogar aus dem Unternehmerlager. Zum Beispiel von Klaus Liesen, in dem die *Welt* eine Art Vorstandsvorsitzenden der Deutschland AG sieht. Liesen, einer breiten Öffentlichkeit weitgehend unbekannt, gehört zu den wohl einflussreichsten Männern der deutschen Wirtschaft. Er ist bei der Allianz AG ebenso Vorsitzender des Aufsichtsrats wie bei E.on und Ruhrgas, und bis Ferdinand Piëch ihn Mitte April 2002 auf dem Posten ablöste, war er auch Aufsichtsratsvorsitzender bei VW. »Nicht jeder Angreifer hat eine Strategie, die sich längerfristig zum Besseren der Aktionäre und der Volkswirtschaft auswirkt«, gab Liesen einmal mit Blick auf die Übernahmejäger zu bedenken und fügte hinzu, dass das Beispiel Mannesmann ja wohl Bände spreche.

Eine zutiefst demokratische Veranstaltung

Wenn die Wirtschaft in Bewegung bleibt, Werkhallen auf- und gleich wieder zugeschlossen werden und reihenweise vor allem Arbeitnehmer in mittleren Jahren aufs Altenteil geschickt oder in Wartestellung auf die Rente geparkt werden, stellt sich die Frage nach dem höheren Nutzen der Volkswirtschaft. Zumindest die Spitzenkräfte der großen Investment-Banken haben kein Problem, sie für sich zu beantworten: Es geschieht ja alles zu ihrem Nuzen und Frommen, denn bei ihnen fließen die üppigen Honorare nur dann, wenn es zu Übernahmen kommt.

Nichts ist da schlimmer, als wenn eine Übernahme einmal vorzeitig abgeblasen werden muss. Als die unter dem Geheimcode »Hammer und Thor« von Krupp-Chef Gerhard Cromme eingefädelte Übernahme von Thyssen im März 1997 in letzter Minute durch Verrat platzte, entging der beauftragten Investment-Bank Goldman Sachs geschätzte 100 Millionen Euro an Honorar.

Doch es sollte ja noch viele weitere Chancen geben. Als der überfallartige Angriff des einer breiten Öffentlichkeit kaum bekannten Wälzlagerproduzenten INA, ein Familienunternehmen aus dem fränkischen Herzogenaurach, auf die Schweinfurter

Kugellagerfabrik FAG Kugelfischer erfolgte, erhielt peinlicherweise mit Goldman Sachs ausgerechnet jenes Unternehmen den Auftrag, der bedrängten FAG beizustehen, dessen Geschäftsführer Alexander Dibelius die *Financial Times* mit den Worten zitierte, eine feindliche Übernahme sei »eine zutiefst demokratische Veranstaltung«. Nach nur sechswöchiger Übernahmeschlacht war der Coup perfekt: Die INA übernahm FAG Kugelfischer. Vom *Manager-Magazin* wurde die INA-Holding für »die erfolgreichste Transaktion des Jahres 2001« mit dem »M&A-Award« ausgezeichnet, einem Preis für erfolgreiche »Mergers & Acquistions« oder, auf Deutsch, Fusionen und Übernahmen.

Der Markenmüllschlucker

Nur die deutschen Arbeitnehmer hatten mit dieser »zutiefst demokratischen Veranstaltung« schon in der Vergangenheit ihre besonderen Probleme. Das galt besonders, wenn Aufkäufer aus dem Ausland auf den Plan traten und den Laden ganz einfach platt machten. Dass ausländische Investoren kein besonderes Interesse am Erhalt von Arbeitsplätzen in Deutschland haben, ist leicht nachvollziehbar. Fabriken im Ausland werden erworben oder eröffnet, um die Kapazität in Zeiten guter Absätze zu erweitern. In der Flaute werden die Produktionsstätten dann schnell stillgelegt. Manchmal gilt der Erwerb eines ausländischen Unternehmens auch dem Know-how, bestimmten Patenten oder dem Zugewinn an Marktanteilen. Dass die Beschäftigten und ihre Arbeitsplätze bei solchen Überlegungen bestenfalls eine untergeordnete Rolle spielen, bekommen die Belegschaften meist schon kurze Zeit nach dem Kauf zu spüren.

Vor allem Manager aus dem Arsenal der »Grande Nation« Frankreich haben sich hierzulande schon früh als Experten im gezielten Schreddern deutscher Arbeitsplätze einen Namen gemacht. Ganz besonders unrühmlich hat sich in diesem Zusammenhang der Elektrokonzern Thomson-Brandt hervorgetan. Bereits in den Siebzigerjahren hatte der Elektromulti deutsche Traditionsunternehmen wie Nordmende und Saba gekauft. Kaum war die Marke eingesackt, wurden in der deutschen Unterhaltungselektronik ganz auf die Schnelle 7000 Arbeitsplätze ausgeknipst.

Genauso lief es bei dem Bildröhrenhersteller Videocolor, einer früheren Tochter des gestrauchelten AEG-Konzerns. Auch Videocolor wurde von Thomson-Brandt gekauft und dann ausgehöhlt, so dass am Ende nur noch der Antrag auf Vergleich blieb. Es wurde vermutet, dass es Thomson-Brandt einzig und allein auf die von Videocolor entwickelte neue Bildröhre abgesehen hatte, die der eigenen Technologie überlegen war. An der Videocolor-Fabrikation in Ulm mit ihren 1600 Beschäftigten schienen die französischen Käufer jedenfalls kein Interesse zu hegen. Anscheinend wollten sie lieber Kapazitäten in der Bildröhrenproduktion vom Markt nehmen, um andere Thomson-Brandt-Standorte in Frankreich und Italien besser auslasten zu können.

Als das Stuttgarter Wirtschaftsministerium bei dem französischen Konzern anfragte, mit wie vielen Mitarbeitern die Produktion in Ulm wettbewerbsfähig aufrechterhalten werden könne, hieß es in einer Antwort, die es nicht an Deutlichkeit fehlen ließ: »Gar nicht.« Und so verschwand eine deutsche Qualitätsmarke nach der anderen im Markenmüllschlucker ausländischer Übernehmer – ein Schicksal, das nun auch Grundig und Schneider Technologies droht.

Fiese Franzosen

Trübe Erfahrungen mit gallischen Managementmethoden blieben auch einem anderen Unternehmen aus Baden-Württemberg und seiner Belegschaft nicht erspart. SEL, die ehemalige Standard

Elektrik Lorenz, befindet sich heute im Besitz des französischen Alcatel-Konzerns. Dieser Telekommunikationskonzern hatte sich in der übersteigerten Mobilfunkmanie der Neunzigerjahre unter seinem ehrgeizigen Steuermann Serge Tchuruk schwer verhoben und schrieb zuletzt tiefrote Zahlen. Dass dafür auch die Beschäftigten der deutschen Tochter SEL im Jahr 2001 zur Ader gelassen werden, entbehrt nicht der Tragik, denn erst zwei Jahre zuvor hatte sich SEL einer erfolgreichen Sanierung unterzogen. Im Jahr 2000 hatte SEL erstmals wieder einen Jahresüberschuss vermelden können. Der Betriebsrat von Alcatel SEL spricht denn auch angesichts der Entlassungspläne von einer »nackten Konzernentscheidung, die hier exekutiert wird«.

Die Stellenstreichungen schneiden tief ins Fleisch des Unternehmens: 800 bis 850 der 9012 Arbeitsplätze bei Alcatel SEL sollen entfallen. Mitte der Achtzigerjahre, als das Unternehmen noch zum amerikanischen ITT-Konzern gehörte, waren bei SEL 33 000 Beschäftigte in Lohn und Brot.

Seit es bei Alcatel nicht mehr läuft, wütet Serge Tchuruk nur umso heftiger. Bis zu einem Drittel der konzernweit mehr als 100 000 Beschäftigten will er abbauen, und gern würde er lieber heute als morgen die 100 Fabriken des Konzerns loswerden. Das europäische Service- und Vertriebsgeschäft hat Alcatel bereits mit Mann und Maus an einen amerikanischen Finanzinvestor losgeschlagen. Betroffen von dem Verkauf sind in Deutschland an die 1500 Beschäftigte.

Arbeitsplätze und das Schicksal seiner Beschäftigten interessieren Telekommander Tchuruk, der die über den Konzern hereinbrechende Krise nicht hatte kommen sehen, jedoch am allerwenigsten. Lieber beklagt er sich über »das aktuelle Klima in Frankreich«. Die Größe zu bekennen, dass er selbst es an Vorkehrungen für den Krisenfall hat fehlen lassen, geht Serge Tchuruk ab.

Im Dampfdrucktopf der Beteiligungsbranche

»Wir sind ein Change Agent«, ein »Agent des Wandels«, sagte einmal der Chef einer deutschen Beteiligungsgesellschaft. Seit einiger Zeit drängen sogenannte Private-Equity-Anlagefirmen, die Beteiligungen an nicht börsennotierten Unternehmen vermitteln, verstärkt nach Deutschland. Auch die Übernahmespezialisten von Kohlberg, Kravis, Roberts & Co. (KKR) sind hierzulande aktiv, geben sich aber – bisher – betont unauffällig. Ob die Finanzmagnaten von KKR seit den durchgedrehten Achtzigerjahren gealtert sind und es ruhiger angehen lassen, ist schwer zu sagen. Bereits 1999 hat KKR in Deutschland immerhin 1 Milliarde Euro investiert und die einstige Telekommunikationssparte von Bosch erworben, die heute unter dem Namen Tenovis operiert, sowie Siemens Nixdorf Retail & Banking Systems übernommen, die jetzt unter Wincor Nixdorf firmiert. Schließlich hat KKR Mitte 2002 die Mannesmann-Tochter MPM gekauft.

Diese Form der Geldanlage übt einen besonderen Reiz auf Großverdiener aus. Sie bedingt in der Regel eine langfristige Beteiligung an einem bereits etablierten mittleren oder größeren Unternehmen. Feindliche Übernahmen, heißt es, sind im Geschäftskonzept nicht vorgesehen. Sind die Anlageunternehmen erst einmal im Dampfdrucktopf der Beteiligungsspezialisten gelandet, wird von den Köchen der Finanzzunft durcheinander gewirbelt, gewürzt und gekocht, was das Zeug hält. Alles mit dem Ziel, den Unternehmenswert zu steigern, damit am Ende die erwünschte hohe Verzinsung des angelegten Kapitals dabei herauskommt.

Private Equity ist eine Boombranche. Kaum eine Bank oder ein Finanzhaus, das nicht in Beteiligungen »macht«. Das hat dazu geführt, dass die angelegten Summen explodiert sind. Lange sah es danach aus, als ob den Private-Equity-, den Beteiligungsfonds, und den MBOs, den Management-Buy-out-Unternehmen, goldene Zeiten bevorstünden. Dann jedoch zeigte sich, dass auch in der Beteiligungskapitalbranche zahlreiche Luftlöcher der Rendite zusetzen. Ob freundliche oder feindliche Übernahme: Wenn Finanzinvestoren und ihre Renditen in Turbulenzen geraten, leidet die Stimmung und der Druck auf die Belegschaften nimmt zu.

Teure Gelddrucker

Wenn der Preis für ein Unternehmen zu hoch war und sich die erwarteten Renditen nicht einstellen, geraten die Beteiligungsmanager unter Druck. Das war in der Vergangenheit öfter der Fall. So geschehen bei Apax Partners, die für den Einstieg in die ehemalige Bundesdruckerei in Berlin rund 1 Milliarde Euro bezahlt hatten. Unter Fachleuten galt das als überteuert – und beim Apax-Management rollten die Köpfe. Das branchenerfahrene Münchner Unternehmen Giesecke & Devrient hatte nämlich ebenfalls mitgeboten und war bei nicht einmal der Hälfte des letztlich von Apax gezahlten Betrags ausgestiegen.

Eine andere Pleite erlebte Apax, als sie ihre Beteiligung an der Fischimbisskette Nordsee über die Börse verkaufen wollte. Aufgrund der schlechten Stimmung am Aktienmarkt blieb den Beteiligungsspezialisten der Fisch im Halse stecken, und der Börsengang musste verschoben werden.

Ausgerechnet die jahrelange Euphorie an den Aktienbörsen war für die Probleme mancher Beteiligungsunternehmen verantwortlich, weil die Preise für zu erwerbende Unternehmen maßlos in die Höhe schossen. Die Manager der Finanzunternehmen hatten das Gespür für die wahren Werte der eingekauften Objekte verloren und zahlten kräftig drauf. Als der Höhenflug am Aktienmarkt endete, war die Ernüchterung bei manchem Finanzinvestor groß: Umsätze und Gewinne der eingekauften Perlen sackten schlagartig ab, und mit ihnen mussten die luftigen Unternehmenswerte aus der Go-Go-Ära der Börsenluftwirtschaft drastisch nach unten korrigiert werden. Auf diese Weise sammelte sich mancher Pleitekandidat in den Portfolios der Finanzfirmen an.

Wenn der Geduldsfaden reißt

Noch im Jahr 2001 war bei den Private-Equity-Machern eher die Rede davon, dass das Gros der Fonds beim Zwischenspurt gut im Rennen liege. Bei dieser Einschätzung dürfte allerdings einiger Zweckoptimismus im Spiel gewesen sein, um nicht die Gunst der Investoren zu verlieren. Die Realität sieht anders aus. In manchen Fällen wird ein Konkurs von Beteiligungsunternehmen nicht mehr auszuschließen sein. Unternehmen wie Apax Partners haben die Härte des Geschäfts bereits kennen gelernt. Es ist nur eine Frage der Zeit, bis die Arbeitnehmer in den während des Börsenbooms zu überhöhten Preisen eingekauften Unternehmen zur Begleichung der Rechnung herangezogen werden. Schon jetzt steigt die Ungeduld der Investoren, die Banken sitzen auf vielen faulen Krediten. Wo es nicht mehr läuft, müssen schnelle Ergebnisse her, Lösungen werden nicht mehr gesucht, sondern gefunden.

Ein Indiz dafür, was uns bevorsteht, sind die Erwartungen in Bezug auf die erzielbaren Renditen der Fonds. Anfang 2002, berichtete *Die Zeit,* seien die Erwartungen mehr oder weniger klammheimlich nach unten revidiert worden. Nur noch 8 bis 15 Prozent sollen die im Private-Equity-Bereich erzielten Renditen betragen. Das würde bedeuten, dass dem beträchtlichen Anlagerisiko »keine angemessenen Gewinnchancen mehr gegenüberstünden«, meint *Die Zeit.* Wenn die Investoren sich dann aus dem Geschäft zurückziehen, macht eine erste große Insolvenz bald allen klar, dass die Zeiten härter werden.

Beteiligungskapital, das in die Luft geht

Als der Flugzeugbauer Fairchild Dornier Anfang 2002 zur Bruchlandung ansetzte, weil die liquiden Mittel zur Neige gingen, war beim unsanften »Touchdown« auch die Elite der Beteiligungskapitalisten mit dabei. Anfang 2000 war die amerikanische Investmentfirma Clayton, Dubilier & Rice für 1,2 Milliarden Dollar bei dem Flugzeugunternehmen eingestiegen und hielt gemeinsam mit der Allianz-Tochter Allianz Capital Partner ungefähr 95 Prozent an dem Flugzeugbauer, der Anfang April 2002 Antrag auf ein Insolvenzverfahren gestellt hatte und drei Monate später Konkurs ging – die Zukunft der 1800 Beschäftigten ist mehr als ungewiss. Wenn raue Winde wehen, stoßen nämlich die Künste der »Agenten des Wandels« an ihre Grenzen.

In Krisensituationen sind Managementtalent und Branchenerfahrung gefragt – doch gerade diese Eigenschaften fehlen vielen Finanzspezialisten. Die verströmen zwar gerne das Flair von Besitzern eines edlen Weinguts, in deren Fässern die Beteiligungsunternehmen wie edle Weine ihrer Vollendung entgegenreifen, sind aber im Keltern eher unerfahren. Umso höher sind die Erwartungen an die Renditen der eingegangenen Beteiligungen. Banken, Versicherungen, institutionelle Anleger und vermögende Privatanleger erwarten nicht weniger als einen internen Zinsfuß von 20 Prozent nach Steuern.

In der Vergangenheit waren tatsächlich verschiedentlich Renditen bei Beteiligungsanlagen zwischen 30 und 40 Prozent erzielt worden. Doch das war in einer besseren Konjunkturphase und mit wesentlich geringeren Fondsvolumina. Als dann immer mehr Gelder in die Private-Equity-Anlagen strömten, trieben sie die Preise der interessanten Projekte in die Höhe. So sind die hohen Erwartungen letztlich auch an den hohen Erwartungen gescheitert.

Unternehmerische Investoren stechen Finanzinvestoren

Wenn sich das Management der Finanzunternehmen in einer Krise rasch überfordert zeigt und die Kapitaleigner mit ihrer Geduld am Ende sind, sind auf Dauer angelegte »nachhaltige« Geschäfte in Gefahr. Doch ein echtes Verständnis für die Belange eines Unternehmens entwickeln Finanzinvestoren ohnehin kaum. Bankiers und Finanzspezialisten gehen mit einer Logik an Geschäftsprozesse heran, die sich vom Denken und Handeln jener, die sich unternehmerisch und industriell betätigen, grundlegend unterscheidet. Das Nachsehen haben die Unternehmen und ihre Belegschaft, die in vielen Fällen nicht besonders gut bei einem Finanzinvestor aufgehoben sind.

Den Beschäftigten und ihren Arbeitsplätzen ist besser gedient, wenn ihr Unternehmen in die Hände von branchenerfahrenen und unternehmerisch denkenden Firmen gelangt und dort – eventuell innerhalb eines passenden Unternehmensverbunds – zur Entfaltung gebracht wird. Ausnahmen bestätigen die Regel: Etwa wenn die Finanziers über Kontakte ganz besonderer Qualität verfügen – wie das Schwergewicht im Equity-Investmentgeschäft, die amerikanische Carlyle Group.

Volles Rohr: Die Hochfinanz auf dem Gefechtsfeld

Wer sich für Verschwörungstheorien erwärmt und amerikanischer Politik stets mit der Rüstungsbranche und dem großen Geld in Verbindung bringt, dem bieten die Geschäfte der Firma mit Sitz in der amerikanischen Hauptstadt Washington jede Menge Stoff für böse Ahnungen. Carlyle ist ein Finanzunternehmen, das am liebsten Beteiligungen an Unternehmen eingeht, die in irgendeiner Weise von Staatsaufträgen abhängen. Und das ist nirgendwo mehr der Fall als im finanziell bestens gepanzerten

US-Rüstungsbereich. Laut *Fortune* rangiert Carlyle immerhin auf Rang 14 aller Unternehmen, die ihr Auskommen mit Regierungskontrakten bestreiten. Und davon lebt es sich in den Vereinigten Staaten nicht schlecht – vor allem wenn man über die besten Kontakte zum Auftraggeber verfügt.

Für einen guten Draht ins Weiße Haus sorgt George H. W. Bush, der Vater des gegenwärtigen US-Präsidenten. Er steht Carlyle als Berater zur Verfügung, und so sind alle Kippschalter auf Gewinn gestellt: Während Vater Bush für die Geschäfte zuständig ist, erklärt »Bushbaby« George W. im Weißen Haus den Krieg gegen den Terror und dreht den Geldhahn bei der Verteidigung mächtig auf. Der Verteidigungshaushalt verzeichnet die größte Budgetsteigerung seit den Zeiten des waffenfreudigen Präsidenten Ronald Reagan und beträgt im Jahr 2002 satte 355 Milliarden Dollar – damit gibt der US-Steuerzahler pro Tag fast 1 Milliarde Dollar für Rüstungszwecke aus. Entsprechend haben vor allem Werte aus dem Verteidigungssektor einen Boom an der Wall Street zu verzeichnen.

Das Konjunkturprogramm im »Defense«-Sektor lässt vor allem den Chef von Carlyle, Frank C. Carlucci, frohlocken. Der ist ebenfalls vom Fach und nicht nur altgedienter Verteidigungsminister unter der Regierung Reagan, sondern verfügt auch über beste Kontakte zum Verteidigungsminister der Bush-II.-Regierung Donald Rumsfeld. Mit bei Carlyle von der Partie sind auch James Baker, ehemaliger US-Außenminister, und Dick Darman, ein früherer Budgetdirektor im Weißen Haus. Im internationalen Beirat von Carlyle Europa thront mit Karl-Otto Pöhl sogar ein echter ehemaliger Präsident der Deutschen Bundesbank. Pöhl dürfte kaum seine eigene Rolle vor Augen gehabt haben, als er sich im August 2002 zum Thema »Manager und Moral« äußerte und feststellte, dass »die Menschen das Vertrauen verloren haben«. Auch Großbritanniens Ex-Premier John Major ist im vor Politprominenz starrenden Beirat des »Ministerkonzerns«

(so der *Spiegel*) vertreten und dürfte sich über glänzende Geschäfte freuen.

Dass die Börsenplatzierung der einst für 130 Millionen Dollar eingekauften Beteiligung am Rüstungsunternehmen United Defense noch im Jahr des Attentats vom 11. September erfolgte – das war ein bemerkenswerter Geschwindigkeitsrekord. Sie wurde ein echter Kracher: Ihr Wert stieg explosionsartig auf 900 Millionen Dollar. Damit hatten die Ex-Politiker ihr Vermögen im Schatten des 11. September beträchtlich gesteigert.

Der Ministerkonzern bei den Meinungsmachern

Die besonderen Verbindungen des »Ministerkonzerns«, der vorwiegend ehemaligen Politgrößen aus dem konservativen Lager Beschäftigung bietet, sind nicht die einzige Merkwürdigkeit an den Geschäften von Carlyle. Zu seinen Investoren zählte Carlyle auch die Familie von Osama bin Laden. Ende 2001 wurde die Geschäftsbeziehung jedoch eingestellt und das Geld den bin Ladens zurücküberwiesen.

Den Geschäften des Finanzunternehmens, das sich den höchsten ethischen Standards verpflichtet fühlt, haftet ein übler Geruch an. Der ist noch nicht bis in die Bundesrepublik gedrungen, obwohl die schwergewichtige US-Investmentgesellschaft, die Ende März 2002 rund 13,5 Milliarden Dollar verwaltete, auch hier aktiv ist. Hierzulande gibt sich der zu den weltweit führenden Private-Equity-Unternehmen zählende Investor zivil und hält vorwiegend industrielle Beteiligungen, wie etwa am Automobilzulieferer Beru. Der Umstand, dass Carlyle Büros in Frankfurt und München unterhält, lässt auf ein deutliches Interesse an verstärkten Engagements in Deutschland schließen.

Im Nachbarland Frankreich zeigt sich, dass nicht nur die Industrie den obskuren »Finanzpolitiker« interessiert, sondern dass er sich auch an Medienbeteiligungen versucht. Mit dem zwischenzeitlich wieder aufgelösten Engagement bei *Le Figaro* gehörte nicht nur eine der führenden Tageszeitungen des Landes, sondern auch einer der Meinungsmacher der französischsprachigen Länder zu dem Beteiligungskonzern.

Der Film zum verlorenen Job

Human Resources, unter diesem Filmtitel landete der französische Regisseur Laurent Cantet einen Aufmerksamkeitserfolg. Die Zuschauer werden Zeugen, wie ein junger Hochschulabsolvent umstrittene Restrukturierungen ins Werk setzt, die auch seinen in derselben Fabrik als Arbeiter beschäftigten Vater betreffen. Das englische Fachblatt *Sight and Sound* lobte den Regisseur, der »eine gehörige Prise frische Luft« ins französische Kino bringe.

Cantets zweiter Film *L'emploi du temps (Time Out)* lief 2001 auf den Filmfestspielen von Venedig. Der *Zeit* galt der anstandshalber mit dem »Löwen des Jahres« bedachte Film als bester Film des Festivals. Auf bedrückende Weise wird darin das Schicksal von Vincent, einem mittleren Manager aus der Gegend von Lyon, ins Bild gesetzt. Vincents Arbeitsplatz ist überflüssig geworden. Es hat ihn jenes Schicksal ereilt, das auch in Europa immer häufiger die vermeintlich wohlabgesicherten Angehörigen aus der Mittelschicht trifft: als überflüssig erachtet zu werden. Vincent bringt es jedoch nicht über sich, seiner Familie und seinem Freundeskreis die Wahrheit zu erzählen. Lieber greift er zu einer faustdicken Lüge und behauptet, eine besser dotierte Position in der Schweiz zu haben. Bemüht, die Fiktion eines normalen Lebens aufrechtzuerhalten, verlässt Vincent jeden Montagmorgen seine Familie, um in Richtung Schweiz zu fahren. Doch der Ex-Manager verbringt die Woche ohne Arbeit, treibt ziellos durch Straßencafés und Hotels und streift über die Flure von Büros, wo er mit unergründlichem Blick durch die Glasscheiben schaut – Reflexionen eines Menschen, der zum Strandgut der globalisierten Geschäftswelt wird, während der Tag, an dem ein ehemaliger Kollege die Wahrheit aufdeckt, immer näher rückt. Gänsehaut-Kino, das einem den Atem raubt.

Unternehmen auf der Abschussliste

Längst hat sich auch in deutschen Unternehmen der Blick der Beschäftigten verdunkelt. Die Manager der unteren und mittleren Ebenen sind ins Schussfeld gerückt, ihre Jobs sind – ganz nach dem Beispiel der Massen-Downsizings in den Vereinigten Staaten – zur leicht verderblichen Ware geworden. Unternehmensübernahmen besorgen oft den Rest.

Besonders übernahmegefährdet sind große Unternehmen, die im Deutschen Aktienindex (Dax) geführt werden, und hier wieder vor allem jene, an denen Versicherungsunternehmen oder Banken (noch) eine Beteiligung halten. Dasselbe gilt erst recht für die mittleren Unternehmen aus dem M-Dax. Selbst einem lange Jahre wie ein Augapfel gehüteten und vor einer ausländischen Beteiligung oder gar einer Übernahme bewahrten Unternehmen wie dem Fahrzeugkonzern Daimler könnte ein solches Schicksal blühen, denn der Mehrheitseigner Deutsche Bank trägt sich mit dem Gedanken, seine Beteiligung zu verkaufen. Nur die angespannte Lage an den internationalen Finanzmärkten und ein schlechter Preis für das Aktienpaket können den Verkauf noch verzögern. Erste kleinere Beteiligungen wie jene an der Münchener Rück oder der Vossloh AG, die in der Eisenbahn- und Verkehrstechnik tätig ist, sind bereits aufgelöst worden, weitere Abgänge aus dem umfangreichen Beteiligungsportfolio der Bank gelten als wahrscheinlich.

Deutschlands Firmenlandschaft genießt international einen

guten Ruf. Viele deutsche Unternehmen verfügen über eine interessante Marktposition und gelten als »sleeping beauties«, als unentdeckte Schönheiten, die am Aktienmarkt unterbewertet sind und die man nur wachküssen muss. Funkelnde Perlen mit niedrigen Aktienkursen dürften noch so manchen Übernahmespezialisten anziehen. Sobald an der Börse wieder günstigere Winde wehen, könnten Unternehmen wie der Baukonzern Bilfinger + Berger, Buderus (Heiztechnik, Guss, Edelstahl), Continental (Reifen), Deutz (Motorenbau), Heidelberger Zement, IWKA (Maschinen- und Anlagenbau), mg technologies (Engineering und Chemie), Phoenix (Schwerpunkte: Automobil und Bergbau), Salzgitter (Stahltechnologie), Heidelberger Druck, Hochtief oder Kali + Salz (Kali, Magnesium, Entsorgung, Düngemittel) ins Visier der Übernahmejäger geraten – die Liste der möglichen Zielobjekte umfasst wesentliche Bestandteile des M-Dax-Aktienindex.

Den Finanz- und Beteiligungsjongleuren kommt die am 1. Januar 2002 in Kraft getretene Steuerbefreiung für Verkäufe von Beteiligungsunternehmen wie gerufen. Eifrig arbeiten sie daran, die vielfältigen Verschlingungen des deutschen Wirtschaftsgeflechts zu entwirren, um an die gut versteckten »values«, die »sleeping beauties« der Deutschland AG heranzukommen. Oder auch nur an die Münzen, die in der Kasse klingeln.

Das Loch in der Kasse

Wenn grundsolide Unternehmen in die Hände von Seelenverkäufern geraten, ist Gefahr in Verzug. Nur wenige Monate nachdem E.on Mitte Oktober 2001 Klöckner & Co. an die britisch-iranische Unternehmensgruppe Balli verkauft hatte, fehlten in der Kasse des bekannten Duisburger Stahlhandelsunternehmen 120 Millionen Euro. Unausweichlich machten Gerüchte über eine angespannte finanzielle Situation bei Klöckner die Runde – keine angenehme Lage für ein Unternehmen, das 11 000 Mitarbeiter beschäftigt. Um dem unerklärlichen Schwund auf den Grund zu gehen, veranlasste Klöckner eine Sonderprüfung durch das Wirtschaftsprüferunternehmen KPMG. Doch noch bevor die Sonderprüfung abgeschlossen war, schaltete die Staatsanwaltschaft, die seit Mitte Februar 2002 wegen Betrugsverdachts ermittelt, das Bundeskriminalamt (BKA) in die Ermittlungen ein. Der englisch-iranischen Balli-Connection war damit bis zur endgültigen Klärung der Sache vorläufig ein Riegel vorgeschoben. Deren Anteile an Klöckner & Co wanderten – bis auf weiteres – in die Hände einer Unternehmensberatung, die sich treuhänderisch um den unglücklichen Stahlhändler mit dem Loch in der Kasse kümmert. Noch ist offen, ob es dem britischen Konzern durch eine trickreiche Manipulation gelungen ist, dass Klöckner unwissentlich einen wesentlichen Teil seines eigenen Kaufpreises finanziert hat.

14 Der Schotter, der die Welt bedeutet: Traumberuf Investment-Banker

Von Seehelden und Freibeutern

Wenn spanische Galeonen, beladen mit Reichtümern aus den Kolonien, heimwärts strebten, lagen sie schon auf der Lauer: Piraten und andere Freiberufler und Subunternehmer der Majestät von England plünderten sich in den Gewässern der Karibik erstaunliche Vermögen zusammen. Einer der größten »Seehelden« war der legendäre Sir Francis Drake (1540 – 1596), der für seine Verdienste von Elisabeth I. sogar den Adelstitel verliehen bekam und es in seiner beachtlichen Karriere im Jahr 1584 sogar ins englische Parlament schaffte.

Die Operationen von Drake und seinen Kollegen Hawkins, Gilbert und Raleigh wurden von London aus organisiert. Die Stadt war für diese Art Geschäft bestens geeignet, denn Piraterie wurde als ein völlig normales Investmentgeschäft betrachtet. Der einzige Unterschied lag darin, dass Seeräuberei wesentlich lukrativer war und vor allem mehr Gewinn in kürzerer Zeit versprach als andere Aktivitäten, wie etwa das mühsame Geschäft mit den überseeischen Plantagen. Weil die Plantagenwirtschaft für das spekulative Kapital nicht attraktiv genug war, gab es keinen Mangel an Investmentkapital für das Kapergeschäft. Abenteuerlustige Naturen hatten die nötige Basisausstattung – Mannschaft, Schiff und einige Kanonen – rasch beisammen.

Bis heute genießt London für die Jäger des schnellen Geldes einen hervorragenden Ruf als Platz für besonders einträgliche Geschäfte. Das liegt vor allem daran, dass die großen Investment-Banken in der Stadt an der Themse ihre Hauptquartiere unterhalten. Von hier aus entfalten sie jene Art Geschäftstätigkeit, die der lukrativen Piraterie in manchen Belangen ganz außerordentlich verwandt erscheint, denn auch das Investment-Banking ist ein schnelles und äußerst gewinnträchtiges Geschäft.

Das Investment-Banking beschäftigt sich mit dem Handel und der Verwaltung von Wertpapieren, es werden Fusionen angebahnt, Unternehmenskäufe und -verkäufe vermittelt und Pakete von Wertpapieren hin und her geschoben, um die passende Konstellation, die unternehmerische Ideallinie zu ermitteln – und natürlich die gewaltigen Honorare zu optimieren, die das Investment-Banking zur Königsdisziplin des Bankwesens schlechthin machen, und deretwegen das Investment-Banking in der Winner-takes-all-Gesellschaft ein hohes Maß an gesellschaftlicher Anerkennung genießt. Investment-Banking ist riskant, es ist spannend und hoch lukrativ – es ist der richtige Job für die Helden von heute.

Goldman Sachs – Guru des Investment-Banking

Neidlos erkennen Finanzprofis an, dass Goldman früher als andere Mitspieler im globalen Börsengeschäft, nämlich schon in den späten Achtzigerjahren, die zukünftige Bedeutung der Telekommunikationsbranche richtig eingeschätzt hat und sich schon so frühzeitig engagiert hatte, dass die Bank zu jenem Zeitpunkt, als sich der Technologieboom an der Börse geradezu explosionsartig entlud, alle Trümpfe in der Hand hatte. Der Lohn: Goldman nimmt in der Disziplin des Investment-Bankings weltweit die Spitzenposition ein. Bei den Übernahmen und Unternehmenskäufen liegt Goldman mit 34 Prozent Marktanteil unangefochten vor dem Zweitplazierten, dem Finanzhaus Merrill Lynch mit 27 Prozent. Auch im lukrativen Geschäft mit Aktienplatzierungen macht Goldman Sachs mit 17 Prozent des globalen IPO-Geschäfts (IPO = »Initial Public Offering«) den Leitwolf, vor Morgan Stanley mit 15 Prozent.

In den goldenen Jahren des Börsenbooms schien Goldman Sachs im Zentrum eines nie versiegenden Dollarstroms zu stehen. Aus Einkünften von 16,5 Milliarden Dollar im Jahr 2000 quetschte die Investment-Bank einen Gewinn von 3 Milliarden Dollar heraus, eine Profitrate von gut 18 Prozent. Hinter diesem Erfolg steht das unnachahmliche Arbeitsethos der Mitarbeiter. Das oberste Businessprinzip sind die Interessen und Belange unserer Kunden – »wenn den Kunden gut gedient wird, folgt der eigene Erfolg auf dem Fuß«. *Erfolg als Unternehmenskultur* heißt bezeichnenderweise der Untertitel von Lisa Endlichs Porträt über Goldman Sachs. Darin schreibt sie, dass für Goldman der Dienst am Kunden wie eine Religion sei. Es war eben schon immer etwas Besonderes, für die 1869 gegründete Investment-Bank zu arbeiten.

Nächtliche Voicemails vom Boss

Die satten Verdienstmöglichkeiten und das hervorragende Renommee tun ein Übriges und sorgen für die rechte Goldman-Power – Tag und Nacht. Der Chef macht es vor: Selbst um 2 Uhr nachts weilt Henry M. Paulson bisweilen noch im Büro und schickt Voicemails an die Mitarbeiter. Frühmorgendliche Fahrstuhlfahrten mit Paulson sind bei Mitarbeitern gefürchtet, denn der Top-Investment-Banker, der seit 1974 für Goldman Sachs arbeitet, stellt bohrende Fragen – keine angenehme Ouvertüre für einen langen Arbeitstag.

Paulson wurde 1946 in der Nähe von Chicago auf einer Farm geboren. Er studierte englische Literatur und machte dann einen Abschluss an der feinen Harvard-Universität – die Schmiede vieler Consultants und Investment-Banker. Doch der Beginn seiner beruflichen Laufbahn sah eher nach einem Fehlstart aus: 1972 und 1973 arbeitete Hank im Weißen Haus für einen Mitarbeiter von Präsident Nixon – in Anbetracht des gestörten Verhältnisses von Nixon zur Wahrheit nicht unbedingt die beste Empfehlung für den Lebenslauf. Doch der Chicago-Boy witterte rechtzeitig Unrat und wechselte zu Goldman Sachs, wo ihm eine steile Karriere gelang.

Paulson ist von der Angst getrieben, der gute Ruf des Bankhauses könnte durch Fehler und Fehlverhalten seiner Angestellten leiden. Die Sorge ist nicht aus der Luft gegriffen, denn in der Vergangenheit hatte es dazu bereits mehrfach Anlass gegeben. Darum interessiert Paulson, was draußen bei den Kunden vorgeht. Er weiß: Nur das »lässt dich verstehen, was draußen auf dem ›Schlachtfeld‹ vor sich geht«.

Dienst am Kunden als Religion

Beim Schlachten werden wenig Rücksichten genommen. Notfalls werden sogar Prinzipien verletzt – hohe Honorare verpflichten nun mal. Wie war das mit dem Dienst am Kunden? Keine Regel ohne Ausnahme. Diese bittere Lektion blieb Mannesmann nicht erspart. Bevor die Düsseldorfer Opfer der feindlichen Übernahme wurden, bei der Goldman Sachs das Zepter führte, hatte nämlich auch Mannesmann zum erlesenen Kreis der Goldman-Kunden gehört.

Noch im Herbst 1999 hatten die Goldmänner den Mannesmännern zum Erwerb eines Anteils von 45 Prozent an dem britischen Mobilfunker Orange verholfen, den bis dahin der asiatische Hutchinson-Konzern gehalten hatte – ein Geschäft mit einem Umfang von immerhin 34 Milliarden Dollar. Das genügte jedoch offenbar nicht, um als richtiger Kunde bei Goldman Sachs zu gelten. Denn die Investment-Bank ignorierte die bestehende Kundenbeziehung mit Mannesmann und war dem Mannesmann-Gegner und Übernahmepiraten Vodafone zu Diensten. Der offensichtliche Interessenkonflikt von Goldman wurde in der Szene selbst von hartgesottenen Investment-Bankern mit Stirnrunzeln quittiert.

Dass Vodafone ein besserer und wichtigerer Kunde sein sollte als die Düsseldorfer, wollte der Mannesmann-Vorstand so nicht gelten lassen. Die D2-Mobilfunker klingelten daher ein Londoner Gericht um Beistand an, um Goldman Sachs bei der Übernahmeschlacht aus dem Rennen zu werfen und dem Finanzhaus seine Beratertätigkeit untersagen zu lassen. Schließlich war nicht auszuschließen, dass Goldman im Verlauf der Orange-Transaktion in den Besitz von Mannesmann-Firmeninterna gelangt war. Doch vergebens, am Ende der Geschichte geriet der deutsche Goldman-Kunde in die Hände des britischen Goldman-Kunden.

Für Goldman kein Problem. Schließlich lautete ein Standardspruch von Walter Sachs, Abkömmling einer der Gründerfamilien des Unternehmens: »Money is always fashionable« – Geld ist immer in Mode.

Flexible Prinzipien

Entsprechend flexibel sind die Geschäftsprinzipien. Kaum ein Jahrzehnt zuvor, im rasenden Übernahmefieber der Reagan-Ära, hatten es die Chefs der Bank für unziemlich befunden, feindliche Übernahmen auch nur zu unterstützen. Damals meinten sie noch, es sei schlecht fürs Geschäft, für aggressiv auftretende Übernahmeinvasoren beratend oder sonst irgendwie tätig zu werden. Diese Zurückhaltung war – wie für Goldman typisch – natürlich durchaus profitabel, denn reihenweise klopften die in Not geratenen, von Übernahmepiraten bedrängten Unternehmen bei Goldman Sachs an, um eine drohende Übernahme abzuwenden. Doch irgendwann scheint Goldman Sachs das Motto des mittelalterlichen Kaufmanns Paolo di Messer Pace da Certaldo beherzigt zu haben, der da sagte: »Du darfst den anderen nicht dienlich sein, wenn du dir selbst in deinen eigenen Geschäften Schaden zufügst.« Einfach ausgedrückt: Wenn es anderswo mehr zu verdienen gibt, dann wende dich dorthin.

Heute schaltet sich Goldman bei Übernahmen aller Art ein und macht dabei keinen Unterschied zwischen feindlich oder freundlich. Gelegentlich schießt die Investment-Bank dabei – selbst nach den Maßstäben einer übernahmefreudigen Zeit – übers Ziel hinaus. So hat Goldman einmal die Regierung des Stadtstaates Singapur brüskiert, als sie in einem feindlichen Übernahmeangriff beratend tätig war – eine Praxis, die in Singapur als verpönt gilt. Das war auch in Deutschland nicht anders, wo Goldman und Vodafone sich eines Tabubruchs schuldig machten, als sie die Festung Mannesmann belagerten und mit Aktienschrapnells und wohlfeilen Versprechungen sturmreif schossen.

Was hinter den Spiegelfassaden der großen Finanz- und Investment-Häuser vorgeht, bleibt dem Blick weitgehend verborgen. Die Winkelzüge und Strategien der großen Investment-Banken sind schwer nachvollziehbar – die Branche hat sich den im Mittelalter schon fast pathologischen Sinn für das Geschäftsgeheimnis bewahrt. Und so folgt sie dem Rat eines ihrer Kollegen aus dem 15. Jahrhundert, Leon Battista Alberti, der nicht nur dringend empfohlen hatte, der eigenen Frau und Familie keine Geschäftsgeheimnisse zu verraten, sondern auch beim Ausbau des Wohnsitzes und der Geschäftsräume dazu riet, besondere Vorsicht walten zu lassen. Das Ergebnis waren Festungen, wie sie die florentinischen Geldmagnaten hatten, mit Geheimtüren und geheimen Gängen, durch die Boten, Angestellte und Spione eintraten. Nur das Spiegelglas, das war zu diesem Zeitpunkt noch nicht erfunden.

Ein gefräßiger Haufen

Wer den Nervenkitzel der großen Finanzmanöver und Zahlenkolonnen mit vielen Nullen auf seiner Verdienstbescheinigung liebt, ist im Investment-Banking am Ziel seiner Wünsche. Anders als die mittelalterliche Geschäftstätigkeit ist das Investment-Banking heute zwar nicht mehr mit Lebensgefahren verbunden, aber es erfordert die volle berufliche Hingabe und lässt für private Aktivitäten kaum Spielraum. Die Beratung und Anbahnung von Unternehmenskäufen, Fusionen und Übernahmen sowie die Platzierung von Beteiligungspaketen sind nur mit vollem Einsatz und einem Höchstmaß an Kreativität zum Erfolg zu bringen. So zum Beispiel im Fall von Enron.

Die Finanz- und Bilanztricks und die komplexen Firmengeflechte, in die die Schulden des Energiekonzerns ausgelagert worden waren, gehörten zum Standardpaket von großen Wall-Street-Beratungsfirmen, die damit in der Energiebranche hausieren gegangen waren. Auch anderen Unternehmen im Energiesektor waren jene todsicheren »Lösungen« angeboten worden, die schließlich bei Enron zum Exitus führten. Zum Glück waren nicht alle für das Angebot empfänglich. Zu den Energieunternehmen, die sich nicht für die »Problemlösungen« à la Wall Street erwärmen konnten, gehörte Duke Energy International, ein Unternehmen von der amerikanischen Ostküste, das in seiner Geschäftspolitik soliden Geschäftsprinzipien gegenüber waghalsigen Balanceakten den Vorzug gibt.

»Die Investment-Banker sind ein gefräßiger Haufen«, sagte Bruce Williamson, der Präsident von Duke Energy International, denn die hatten, wie *Fortune* berichtete, Duke regelrecht umlagert. Dem Management wurde suggeriert, dass es zu konservativ und nicht mehr zeitgemäß sei. In dringlichen Anrufen versuchten die Investment-Banker den Vorstandsvorsitzenden von Duke und andere Manager dazu zu bringen, den Handelsarm von Duke abzutrennen, ihn in ein selbständiges Unternehmen zu überführen und die Aktien an die Börse zu bringen. Doch die hellsichtigen Manager des Unternehmens aus North Carolina blieben standhaft.

Sie taten gut daran. Denn die Vorschläge der Investment-Banker hätten allein ihnen selbst genutzt und ihnen hohe Honorare eingebracht. Die wären noch umso höher ausgefallen, als die Geschäfte im Energiehandel zu dieser Zeit zu den besonders heißen und gesuchten Sektoren an der Börse gehörten. Manager anderer Unternehmen jedoch gaben dem Drängen nach und handelten sich und ihren Angestellten damit mächtige Probleme ein.

Spannungsabfall in Baltimore

In der Medien-, Technologie- und Telekommunikationsindustrie gehe es zu wie einst im Wilden Westen, sagte einmal ein Insider über die Exzesse der Wachstumsbranche. Verglichen damit scheint die Stromversorgung ein schwerfälliges, ja geradezu ein spießiges Geschäft zu sein. Doch bei Bedarf lässt sich die entsprechende Hochspannung durchaus herstellen, wie die Kollegen von Enron bewiesen haben.

Gut beraten von Goldman Sachs, wollte auch Constellation, ein eher biederes Energieunternehmen aus Baltimore, nach den Sternen greifen. Die Empfehlung der Investment-Banker lief auf eine Aufspaltung hinaus: Aus eins mach zwei. Zusätzlich zu den langweiligen Kraftwerken sollte eine »merchant energy company«, ein Energiehändler, ihr Glück im deregulierten Energiemarkt versuchen und Megadollars mit Megawatt erzeugen. Doch das dem Zeitgeist entsprechend umfrisierte Unternehmen schwenkte zu spät um, als in dem wetterwendischen Geschäft längst andere Prioritäten angesagt waren.

Wer zu spät kommt, den bestraft die Börse – und die von der Börse vollzogene Strafe fiel bei Constellation drakonisch aus: Am 20. Juni 2001 schockte Constellation die Anleger mit einer Gewinnwarnung. Das vermeintlich stabile »Witwen- und Waisenpapier« des Versorgers aus Baltimore verbuchte einen Monsterverlust und sackte von 41 Dollar auf 32,40 Dollar ab – eine eindringliche Warnung, dass die Besitzer selbst zuverlässig scheinender konservativer Investments, sogenannter Witwen- und Waisenpapiere, in Zeiten des globalisierten Turbokapitalismus nicht ohne herzstärkende Arzneien auskommen.

Das gilt noch viel mehr für die rund 6500 Beschäftigten bei Constellation Energy in Maryland, die einer mehr als ungewissen Zukunft entgegensehen. Denn durch die windigen Manöver des Managements geriet Constellation Energy in eine schwere Krise. Ende 2001 mussten die Pläne zur Aufspaltung von Constellation endgültig ad acta gelegt werden. Auch die seit 1997 bestehenden Verbindungen zu Goldman Sachs – Gegenstand der Beratung war unter anderem ausgerechnet »Risikomanagement« –, die wesentliche Schaltstellen innerhalb des Unternehmen besetzt hatten, wurden gekappt. Doch es war zu spät, der drastische Spannungsabfall bei dem Energieversorger war nicht mehr zu verhindern. Denn bevor Constellation sich endgültig von seinen umtriebigen Beratern befreien konnte, musste Goldman Sachs aus einer Beteiligung, sogenannten Equity Partnerships, herausgekauft werden. Das war ausgesprochen teuer. Als die Aktionäre erfuhren, um welche Beträge es dabei ging, reagierten sie mit Panikverkäufen, und die Constellation-Aktie stürzte auf einen neuen Tiefstand von 23,30 Dollar.

Die Energiegruppe, die einst über ein grundsolides Geschäft verfügte und einer der größten Arbeitnehmer in der Region Baltimore ist, war wie eine Weihnachtsgans ausgenommen worden. Der *Economist* berichtete, dass Goldman Sachs an Constellation eine schier unglaubliche Milliarde Dollar verdient habe. Als Amerikas Unternehmen in der Krise Ende 2001 immer neue Entlassungen bekanntgaben und bald Hunderttausende von Beschäftigten den Weg zum Ausgang nehmen mussten, wurde auch den Beschäftigten von Constellation Energy mulmig – und das hatte nicht allein konjunkturelle Gründe.

Die Termiten der globalen Ökonomie

»Investment-Banking hat seine spezifische Produktionsweise: Intelligente, für die Kunden maßgeschneiderte Produkte werden entwickelt und individuell angeboten«, plauderte die Online-Ausgabe der *Financial Times Deutschland* fröhlich. Über den Zusammenhang zwischen Entlassungen und »der spezifischen Produktionsweise« von Investment-Banken wie dem Wall-Street-Haus Goldman Sachs schwieg sie lieber. Die unermüdlichen Investment-Banker sind die Termiten der globalen Wirtschaft, die unentwegt die Unternehmen umbauen. Ihnen ihr Zerstörungswerk und die dadurch hervorgerufenen Arbeitsplatzverluste nachzuweisen ist äußerst schwierig.

»Sportlich im Kopf« sollen die Banker sein, sagte Norbert Selbach, Vorstand für Bankbetrieb und Personal der Düsseldorfer Falke Bank und natürlich Teamplayer. Das Bekenntnis vom immerwährenden Wandel in der Wirtschaft auf den Lippen, benagen und verändern sie unermüdlich das Gebälk der globalen Ökonomie und seine Bestandteile, die Unternehmen. Ist es da nicht in Kauf zu nehmen, dass stürzende Stämme Opfer fordern? Während die Bauarbeiter des Wandels daran so prächtig verdienen, dass in guten Jahren 20 Millionen Dollar Jahreseinkommen keine Seltenheit sind, gehen die Bauarbeiter im wirklichen Leben zum Arbeitsamt und werden nicht länger gebraucht.

Bei Constellation sind neue Zeiten angebrochen. Manchem gilt es da als böses Omen, dass seit dem Herbst 2001 Mayo A. Shattuck das Unternehmen als Präsident für das operative Geschäft regiert. Mister Shattuck ist Ex-Mitarbeiter der Deutschen Bank. Sein Beruf: Investment-Banker.

In einer gefährlichen Industrie

Jobabbau ist noch immer das beste Investment in der Wirtschaft. Da ist es nur fair, dass es gelegentlich die Investment-Banker selber trifft. Nach dem steilen Aufschwung der Aktienmärkte in den Neunzigerjahren, als die Investment-Banker alle Hände voll zu tun hatten, sind Ende 2001 auch bei den großen Investment-Banken die goldenen Zeiten erst einmal vorbei. Es herrscht Flaute im Geschäft. Umso schlimmer, wenn dann eine Managerlegende wie der ehemalige Vorstandsvorsitzende von General Electric, »Neutron-Jack« Welch, im Interview mit dem *Manager-Magazin* gnadenlos über die krisenversehrten Banker herzieht:

> »Mit Intellekt haben Investment-Banker nichts am Hut. Die betreiben ein simples Cash-und-Carry-Geschäft. Ihr Beitrag zu

einem Unternehmensverkauf etwa ist folgender: Der Verkäufer will 40 Millionen haben, sie finden einen Käufer, der 20 zahlen will. Am Ende kassieren die Banker 10 Millionen dafür, dass sie den Käufer auf 30 Millionen hochtreiben. Ich habe wenig Verwendung für diese Art von Dienstleistung.«

Viele der Banken hatten sich ebenfalls dem Fusionswahn hingegeben und sind inzwischen zu Großkaufhäusern verschmolzen. Überkapazitäten im Investment-Banking sind die Folge. Jetzt schlägt die Stunde der Erbsenzähler und Kostenkontrolleure. Sogar bei den erfolgsverwöhnten Stars des Investment-Banking setzt es Entlassungen, denn dieses Geschäft ist zwar einkommensträchtig, es ist aber auch sehr launisch. Phasenweise wirft es enorme Profite ab, und dann folgen ausgedehnte Sauregurkenzeiten.

Hank Paulson, der Chef von Goldman Sachs, weiß: »Wir sind in einer gefährlichen Industrie.« Der Mythos vom gefährlichen Beruf wird in der Branche gerne gepflegt – schon um die außerordentlich hohen Einkommen zu rechtfertigen. Es ist indessen immer noch ein großer Unterschied, ob ein Investment-Banker seinen Job verliert, nachdem er ein Millioneneinkommen erzielt hatte, oder ob ein 45-jähriger Angestellter im kaufmännischen Bereich mit einer Abfindung von 15 000 Euro stillgelegt wird, der kaum Aussichten hat, wieder eine neue Stellung zu finden.

Doch Hauptsache, das abenteuerliche Image des Investment-Banking stimmt wieder. Da lässt sich auch verschmerzen, dass im Jahr 2001 tatsächlich nicht wenige Investment-Banker – vor allem in London und New York – ihre Jobs konjunkturhalber eingebüßt haben.

Arme Investment-Banker

Üblicherweise halten sich die Banken mit Entlassungen sehr zurück. Aus zwei Gründen werden die Spezialisten überaus lange in ihrem Job gehalten: einerseits aus der Hoffnung heraus, die Stimmung am Markt könnte sich kurzfristig verbessern, andererseits aus der Angst heraus, dass die Banken beim erneuten Aufflackern des Booms womöglich ohne die dann wieder gefragten Investment-Spezialisten dastehen könnten. Während reihenweise Arbeitsplätze in der Wirtschaft entfallen, genießen viele Banker also ihr Privileg.

Eng wurde es nur, als die Durststrecke an den Börsen auch im dritten Jahr noch anhielt und die sonst so kopulationsfreudige Wirtschaft 2002 weiter im Winterschlaf verharrte. Erst in dieser Situation wurde in den Banken daran gedacht, die Messer zum großen Schnitt hervorzuholen. Die Tage endloser Cocktails bei Shrimps und Champagner waren – erst einmal – vorbei. Nach Ansicht von Beratern könnten bis zu 12 000 Investment-Banker in Europa ihren Arbeitsplatz einbüßen, informierte das *Handelsblatt* Anfang April 2002.

Die Götterdämmerung der Helden des Investment-Banking wäre nicht unbedingt eine schlechte Nachricht für die Wirtschaft, die recht gut ohne die Übernahmespezialisten und Börsentrompeter auskommen kann. So weit wird es allerdings nicht kommen. Das nächste Fusionsfieber, der nächste neue Markt kommt bestimmt. Doch bis es soweit ist, heißt es aufgepasst. Denn als die Zeche eines Sextetts von Londoner Investment-Bankern in einem Restaurant einmal den Betrag von unglaublichen 70 000 Euro überschritt – was daran lag, dass die Herren einen erlesenen Weingeschmack hatten –, war Schluss mit lustig. Normalerweise dürfen sich Investment-Banker gerne einmal einen Exzess leisten – in guten Jahren. Da 2001 aber ein schlechtes Jahr war, quittierte der Arbeitgeber der sechs Weinkenner die große Sause mit dem Rauswurf von fünf der Gastrostrategen (der sechste war ein Neuling und wurde geschont). So wächst die Schar arbeitslos gewordener Mitarbeiter jener »gefährlichen Industrie«.

Rettung vom Finanzminister?

Am 1. Januar 2002 öffnete Bundesfinanzminister Hans Eichel eine neue Flasche Wein für die Investment-Strategen. Die kühnsten Träume der Banken wurden ausgerechnet von Rot-Grün erfüllt: Die Steuerbefreiung bei Beteiligungsverkäufen gibt den Banken und Unternehmen die Chance, die stillen Reserven (die sich als Differenz zwischen Buchwert und Verkaufserlös gebildet haben) steuerfrei »aufzulösen«.

Mit der Steuerreform haben Banken und Versicherungen das große Los gezogen. Nur die ungünstige steuerliche Situation hatte sie bislang vor einem Verkauf ihrer Beteiligungen zurückschrecken lassen. Jetzt aber ist der Verkauf vieler industrieller Sahnehappen ausgemachte Sache. Für gewiefte Beteiligungshändler und Aktienpaketjongleure aus dem In- und Ausland eröffnen sich unerwartete Perspektiven, denn viele Unternehmen können schlagartig zu preislich attraktiven Übernahmekandidaten werden, sobald sich die Turbulenzen an den internationalen Aktienmärkten gelegt haben.

Attraktiv ist ein Unternehmen vor allem dann, wenn sein Börsenwert im Vergleich zu den tatsächlich vorhandenen Schätzen zu niedrig ist. Dann lohnt es sich, eine »Restrukturierung« durchzuführen. Das bedeutet in der Regel: Das Unternehmen wird zerschlagen, indem Tochterfirmen oder seine Anteile an anderen Firmen, die nicht zum sogenannten Kerngeschäft gehören, nun – wiederum steuerbefreit – verkauft werden. Dann heißt es gern, wie beim Verkauf von Mannesmann Atecs durch Vodafone, dass dieser Schritt die Karriereaussichten und -möglichkeiten für die Angestellten von Atecs wesentlich verbessert. Für eine Übergangszeit schützt eine Betriebsvereinbarung vor verkaufsbedingten Kündigungen. Wie es aber um die 90 000 Arbeitsplätze bei Atecs bestellt sein wird, wenn die Gültigkeit der Betriebsvereinbarung Ende 2003 ausläuft, wird sich zeigen.

So wie Atecs werden noch viele Unternehmen in eine andere unternehmerische »Fürsorge« übergehen. Ausgelöst durch die Steuerreform, könnte sich das Gesicht der Deutschland AG innerhalb von fünf Jahren entscheidend verändern. Kein Wunder, dass die Bundesrepublik bei den Investment-Banken als Markt mit besonderes großen Potentialen gilt. Vor allem bei Fusionen und Übernahmen, aber auch im Emissionsgeschäft wird ein hoher Nachholbedarf gesehen. Sobald die Börsensonne wieder scheint, rechnen die Investment-Banken mit dem Börsengang Tausender mittelständischer Unternehmen und entsprechend saftigen Honoraren.

In englischsprachigen Wirtschaftsblättern wie der *Business Week* werden die Wall-Street-Akteure bereits auf die historische Situation und die besonderen Vorteile der »historischen« Steuerreform aufmerksam gemacht und damit gelockt, dass in der »Germany Inc.« – der Deutschland AG – satte Gewinne winken. Durch die Steuerfreiheit für Beteiligungsverkäufe sei der Tisch für Übernahmen reichlich gedeckt, und einer Entflechtung der Deutschland AG stehe nichts mehr im Wege. Unverkennbar wird die heutige Situation in Deutschland mit jener der USA Anfang der Achtzigerjahre verglichen.

15 Die Berater: Alles eine Frage der Wirtschaftskompetenz

McKinsey-Mafia auf den Chefetagen

Vielleicht orientieren sich die Empfehlungen der Berater zu sehr an den Verhältnissen im eigenen Haus: Die Unternehmensberatungen haben mit einer hohen Fluktuation ihrer Mitarbeiter zu kämpfen, denn es ist keine Seltenheit, dass Berater zu einem Mandanten wechseln, wo sie dann – dem alten Arbeitsgeber auch weiterhin freundlich verbunden – weich auf der Chefetage landen. Rund achtzig der hundert größten deutschen Unternehmen unterhalten mit McKinsey eine Geschäftsbeziehung. Nur wenige große Unternehmen tun es der Münchener Rück gleich und verzichten beim Umbau ihrer Organisation auf Berater.

Für den Marktführer des Consulting, die Unternehmensberatung McKinsey, sind allein in Deutschland um die tausend Berater unterwegs – je höher die Unternehmensetage und je weicher die Teppiche, umso höher ist der Anteil an McKinsey-Leuten. Kein anderes Beratungsunternehmen erfreut sich eines besseren Rufs bei den Vorständen. Für viele Manager ist es fast schon zu einer

Frage des Prestiges geworden, sich der Dienste von McKinsey zu versichern. Das Netzwerk ist so eng gespannt, dass die Berater in den Vorstandsetagen häufig auf ehemalige Kollegen treffen. Einer der Ex-Berater von McKinsey sprach sogar einmal von der Existenz einer »McKinsey-Mafia« in den Chefetagen der Welt.

Mitunter stoßen ehemalige Angestellte des Beraterunternehmens sogar an die Spitze eines größeren Unternehmens vor, wie zum Beispiel Werner Seifert, der Chef der Deutschen Börse AG, oder Klaus Zumwinkel, der Vorstandsvorsitzende der Deutschen Post, der den müden Postboten zum Logistikkonzern umbaute. Das war eine anspruchsvolle Aufgabe, die zahlreiche Opfer forderte – von seinen Angestellten natürlich. Bei der Deutschen Post hat das Jobsterben erst begonnen.

Konjunktur für Outplacement-Berater

Mit Traditionen der alten Post hat Klaus Zumwinkel wenig am Hut. Er nahm sich den Briefmonopolisten zur Brust und verordnete ihm einen zackigen Übernahmekurs. Bald zierte ein Sammelsurium von Unternehmen aus der Beförderungsbranche das Reich des sich global gebärdenden Logistikriesen. Doch die Sache hat einen Haken: Bei der Integration der vereinnahmten Unternehmen zu einem sinnvollen Ganzen ließ Zumwinkel bisher die rechte Kompetenz schmerzlich vermissen, so dass sich der Bote-&-Mehr-Konzern alles andere als windschnittig präsentiert.

Zum Tragen kommt jedoch die Kernkompetenz des Ex-Beraters. Bei der anstehenden scharfen »Kopfzahlreduktion« bei der Deutschen Post stand Anfang 2002 der Abbau von 14 000 Jobs auf der Agenda – hinter der Telekom mit bis zu 30 000 und Siemens mit 22 000 Beschäftigten landet die Deutsche Post somit auf Platz drei auf der Hitliste der angekündigten Entlassungen. Damit führt sie komfortabel vor der Deutschen Bank, die sich bis zu diesem Zeitpunkt nur von 9200 Angestellten zu trennen wünscht. Insgeheim wird jedoch geflüstert, es könnten noch mehr Jobs beim deutschen Bankriesen verschwinden; in der *Welt* war sogar von 15 000 Arbeitsstellen zu lesen, die bis zum Jahr 2003 in der Versenkung verschwinden sollen – bestätigt wurde die Zahl jedoch nicht.

Insgesamt wollen die 30 großen Dax-Unternehmen 140 000 Jobs streichen. Solche Entlassungswellen bedeuten Überstunden für eine andere Spezies des Beraterwesens: Der Outplacement-Berater sorgt für den freundlichen Rauswurf. »Entlassung light heißt der aktuelle Trend bei den Personalern«, berichtete die *Wirtschaftswoche* von der Entlassungsfront: »Du bist super, wir mögen dich. Am liebsten bei einem anderen Arbeitgeber.«

Hase und Igel: Die McKinseyisierung der Schweiz

In der Schweiz treten sich auf den Chefetagen Ex-McKinseyianer geradezu auf die Füße, kritisierte der Chef und Hauptaktionär des Uhrenherstellers Swatch Nicolas G. Hayek in einem Gespräch mit dem schweizerischen Wirtschaftsmagazin *Bilanz:* »Es genügt, dass ein Mann sagt, er sei bei McKinsey und MBA-Absolvent, dann engagieren wir ihn bei der Swissair, zahlen ihm zig Millionen im Jahr und lassen ihn über unsere Zukunft bestimmen.«

An den Hängen der Schweizer Wirtschaft kraxeln die Berater und Ex-Berater nach oben – zum Teil bis zum Gipfelkreuz. Wie Lukas Mühlemann, der die Credit Suisse dirigiert. Und nach dem Wahlspruch »Einmal Mühlemann, immer Mühlemann« kontrollierte sich Mühlemann lange Zeit als Kontrollrat auch gleich selbst. Beim Kostenkürzen verließ er sich bis Mitte 2002 auf die Dienste von Thomas Wellauer, ebenfalls ein Ehemaliger des Beraterhauses. Wellauer, der das Image des kalten McKinsey-

Managers nie loswurde, wie die *Neue Zürcher Zeitung* schrieb, war von Mühlemann nachgezogen und auf den Chefsessel von Credit Suisse Financial Services (CSFS) gehievt worden. Ergänzt wurde diese kleine Mc-Kinsey-Seilschaft schließlich durch Herbert Henzler. Der frühere Chef des europäischen Büros von McKinsey wurde bei der Credit Suisse Group als sogenannter Non-Executive Chairman in beratender Funktion für Fusionen und Übernahmen angestellt, wo er neue Verbindungen knüpfen soll.

In der Freizeit hängt der Hobbybergsteiger Henzler ohnehin gerne am Seil und mit ihm die bunte Manager- und Unternehmertruppe der »Similauner«. Zu der wohl höchstdotierten Seilschaft des Faltengebirges zählen Mercedesmann Jürgen Schrempp und Verleger Hubert Burda.

Wohin man in der Schweiz auch schaut – es ist wie die Geschichte von Hase und Igel: Vormalige McKinsey-Berater sind stets schon vor Ort. Auch bei der Großbank UBS, wo der mit der operativen Leitung des Gesamtunternehmens betraute Präsident Peter A. Wuffli regiert, der frühere Chef von McKinsey in der Schweiz. Das gleiche Bild beim Versicherer Swiss Life: Als das Geschäft nicht mehr so recht lief und die Investoren vergebens auf ihre Dividende warten mussten, nahm im März 2002 Roland Chlapowski auf dem Chefsessel Platz. Sechs Jahre lang war er bei McKinsey als Versicherungsexperte tätig gewesen, wenn auch nicht unbedingt immer zum Ruhme seines Arbeitgebers. Laut einer Schweizer Nationalrätin, die ihn dienstlich erlebt hatte, fiel er durch »dünnes Wissen« auf, gepaart mit überheblichem Auftreten, wie das Schweizer Magazin *Bilanz* wusste. Bei Swiss Life führt Chlapowski – wie sollte es anders sein – eine strategische Neuausrichtung durch. Auf die Dienste seines ehemaligen Arbeitgebers will Swiss Life angeblich nicht zurückgreifen, sondern ganz auf eigene Kräfte setzen. McKinsey dürfte das nur wenig stören. Die im Alpenstaat verzeichneten Honorarumsätze sind mit über 100 Millionen Schweizer Franken beachtlich – im klassischen Beratungsgeschäft überschreitet nur PriceWaterhouse-Coopers diesen Schwellenwert in der Schweiz.

Fragwürdige Empfehlungen vom Branchenprimus

Besonders problematisch ist der Einfluss von Unternehmensberatern wie McKinsey, wenn mit dieser Macht nicht verantwortungsvoll umgegangen wird. So geschehen zumindest in einem Fall, über den das Magazin *Focus* ausführlich berichtete: Um die Deutsche Bahn auf die Deregulierung des Schienenverkehrs vorzubereiten, erstellten die McKinsey-Experten ein Strategiepapier. Unter dem harmlosen Titel »Regulierungsmanagement« wird darin der Bahn geraten, schon im Vorfeld der politischen Entscheidung Einfluss zu nehmen und die »Wettbewerbsbefürworter« in der Politik in die Mangel zu nehmen. Die Strategieschrift führt sogar konkret auf, welche Bundestagsabgeordneten und Bundesminister von Lobbyisten des Schienenunternehmens auf Linie gebracht werden sollen. Passagen des Papiers lesen sich, so *Focus,* wie »einem Politthriller entnommen«.

In diesem Pamphlet offenbart McKinsey eine unethische und unfaire Haltung, die sich in der angestrebten Behinderung des Wettbewerbs »Bahn bricht«. Mit derartigen Strategiepapieren die private Konkurrenz der Bahn auszubremsen ist nicht nur gegen die Marktwirtschaft gerichtet, sondern geeignet, die Schaffung neuer Jobs bei den Konkurrenzunternehmen zu verhindern.

Bei der Bahn selbst waren in der Vergangenheit immer neue Jobs unter die Räder gekommen: Seit 1996 wurde die Zahl der Arbeitsplätze beim »Unternehmen Zukunft« um fast 100 000 auf unter 220 000 Beschäftigte gesenkt.

Die Wirtschaftsprüfer an den Honigtöpfen des Consulting

Längst sind auch die Wirtschaftsprüfungsunternehmen auf den Geschmack gekommen und ins Consultung expandiert, um so manchen Zusatzeuro hereinzurollen. Die »Big Five« der Wirtschaftsprüfung – Arthur Andersen, Deloitte & Touche, Ernst & Young, KPMG, PriceWaterhouseCoopers – haben neben der regelmäßig vorzunehmenden Prüfung der Geschäftsbilanzen auch die sogenannte revisionsnahe Beratung im Angebot, die sich um Buchhaltung, Steuerberatung und Finanzielles rankt.

Das hat zur Folge, dass das eher für sein Wirtschaftsprüfergeschäft bekannte Unternehmen PriceWaterhouseCoopers weltweit gerade einmal 40 Prozent seiner Gebühreneinkünfte aus der Prüfungstätigkeit erzielt, während der große Rest der Einkünfte sich aus vielerlei anderen Dienstleistungen wie dem Consulting (29 Prozent) und dem revisionsnahen Beratungsbereich Steuer- und Finanzarbeiten speist. Auch die anderen großen Prüfunternehmen betreiben ähnliche »Zusatzgeschäfte«.

Aus dieser Vermengung von Wirtschaftsprüfung mit Unternehmensberatung und revisionsnahem Geschäft können weitreichende Interessenkollisionen entstehen. Der Unternehmensberater Roland Berger merkte in einem Interview mit der *Süddeutschen Zeitung* an, dass die großen Wirtschaftsprüfer »zum Teil ihre eigenen Empfehlungen prüfen«. Für ihn ergibt sich daraus »eine fragwürdige Verquickung von Interessen«. Der Prüfer wird es sich gut überlegen, ob er die Endabnahme der Geschäftsbilanz verweigert, wenn die Gefahr besteht, dass ein wichtiger Mandant dies mit dem Entzug anderer Aufträge quittieren könnte.

Die Wirtschaftsprüfer weisen solche Interessenverquickungen natürlich weit von sich. »Das frühzeitige Erkennen und das Kontrollieren von Unabhängigkeits- und Interessenkollisionen gehören zu unserem täglichen Brot«, erklärte Jakob Baer, der Chef von KPMG Schweiz, gegenüber der *NZZ am Sonntag*. In derselben Ausgabe war zu lesen, dass PriceWaterhouseCoopers beim Schweizer Pharmakonzern Novartis im Jahr 2001 nicht nur 11,5 Millionen Schweizer Franken für Dienste im Zusammenhang mit der Prüfung der Jahresbilanz erhielt, sondern für Dienstleistungen anderer Art, wie Management- und Steuerberatung, Human-Resources-Tätigkeiten, Buchhaltungsarbeiten und Sorgfältigkeitsprüfungen 58,3 Millionen Schweizer Franken vereinnahmt hatte – noch einmal mehr als das Fünffache des Prüfungsobolus. »Cross-selling« nennt man das, Gewinnmaximierung durch den Überkreuzverkauf weiterer Dienstleistungen.

Da waren's nur noch vier

Eine ähnliche Interessenverquickung hatte es bei dem gescheiterten Energieriesen Enron gegeben. Wirtschaftsprüfer bei Enron war einer der Big Five: Arthur Andersen. Während die Prüfer von Andersen an den frisierten Bilanzen von Enron nichts auszusetzen fanden und dafür 25 Millionen Dollar erhielten, flossen für erbrachte Beratungsdienste im Jahr 2000 weitere 27 Millionen Dollar in die weiten Andersen-Taschen. Doch als Enron sich als bis dato größter Pleitefall im Nachkriegsamerika entpuppte, begann auch der tiefe Fall von Arthur Andersen.

Arthur Andersen hat den Ruf der Prüferwirtschaft mit einer Gründlichkeit ruiniert, die sie besser auf die Prüfung der Enron-Bilanzen verwandt hätte. Tonnenweise hatten die Prüfer verdächtige Schriftstücke aus dem Zahlenfriseursalon des texanischen Unternehmens in den Shredder befördert.

Als die Manipulationen ruchbar wurden, ging es bald um Kopf und Kragen. Im April 2002 wurde 7000 Mitarbeitern von Andersen gekündigt, beinahe ein Viertel der Beschäftigten. Gleichzeitig wurde verzweifelt nach einer Strategie zum Überleben des auseinander brechenden Dienstleistungsunternehmens gesucht. Unversehens blieben von den »Big Five« nur noch »Big Four«.

Beraten und Prüfen aus einer Hand, das schien nun schon fast wie Bankräuber und Bank in einem zu sein. Vordergründig hieß es Abschied nehmen von dem einträglichen doppelten Spiel, als die Beratungssparten ausgegliedert wurden. KPMG hatte bereits 2001 die Consultants von der Wirtschaftsprüfung abgespalten und sie getrennt an die Börse gebracht. Auch Deloitte Touche Tohmatsu, der US-Ableger von Deloitte & Touche, und PriceWaterhouseCoopers willigten schließlich in den Abschied vom gut verdienenden Beratervölkchen ein. Unter dem Namen »Baxton« will Deloitte Consulting seine Unabhängigkeit von den Prüfern dokumentieren. Auch das Consulting von PriceWaterhouseCoopers wurde abgespalten und an die Börse getragen und ausgerechnet vom Informatikkonzern IBM erworben, der die PriceWaterhouseCoopers-Berater zuvor noch wegen der Interessenkonflikte aus seinen Büros verbannt hatte.

Doch für Interessenkonflikte sorgen ja nicht nur die bislang von den Wirtschaftsprüfern angebotenen Beratungsdienste, sondern vor allem auch die »prüfungsnahen« Leistungen. Das beliebte Cross-selling ist dringend regelungsbedürftig.

Erfolge in der Lebensmittelbeschaffung

Der Schriftsteller Carl Amery hat einmal bemerkt, Wirtschaft habe mit Moral nichts zu tun. Sie sei vielmehr dazu da, »das Lebensmittel zu beschaffen«. Die Bemühungen der Consultants bei der Beschaffung der »Lebensmittel« waren in den vergangenen Jahrzehnten von zunehmendem Erfolg gekrönt. Während die Beschäftigten allerorten den Gürtel Jahr für Jahr enger schnallen müssen, fallen die Honorare der Berater üppig aus: Vor allem den führenden Unternehmen der Beratungszunft war es in den vergangenen Jahren gelungen, sich immer größere Anteile am Beratermarkt zu sichern, auf dem weltweit 100 Milliarden Dollar Umsatz gemacht werden.

Während die Firmendoktoren ihren Privatpatienten Rezepte für Kostensenkungen und »Konzentration auf die Kernkompetenzen« ausstellen, leiden die Arbeitsplätze an der Schwindsucht. Nur die Beratungsbranche selbst blieb in den vergangenen Jahren von großen Absatzkrisen und Umsatzrückgängen, wie sie fast alle Wirtschaftsbereiche befallen haben, verschont. Zwar mussten die Berater im Krisenjahr 2001 bei ihren Honoraren Abstriche akzeptieren, aber immerhin setzten 14 700 Gesellschaften rund 68 000 Berater zu den Kunden in Marsch, die 12,9 Milliarden Euro Honorarumsatz machten. Mit 6,2 Milliarden Euro wurde knapp die Hälfte der Honorare mit den klassischen Beratungsfeldern von der Strategie-, Organisations-, Führungs-, Logistik- bis zur Marketingberatung erzielt. Die Top Ten der Beratungsfirmen leiten gut ein Drittel davon (2 Milliarden Euro) auf ihre Mühlen.

Durch Veränderungen, die die globalisierten Kapitalmärkte und der Euro mit sich gebracht haben, ist die Unsicherheit der Entscheidungsträger gewachsen. Vor allem Roland Berger und McKinsey, die großen Flaggschiffe des Beratungsgeschäfts, profitierten von dieser Umbruchsituation. Der Löwenanteil der Honorare und auch beim Umsatzzuwachs (von außerordentlichen 20 Prozent) ging an die Großen, die mehr als 1500 Berater beschäftigen. In der Bundesrepublik sind McKinsey (mit einem Honorarumsatz von 475 Millionen Euro im Jahr 2000) und Roland Berger (mit 435 Millionen Euro) die Marktführer. Profitabler aber ist die kleine A.T. Kearney, die mit 575 000 Euro den Umsatzrekord pro Mitarbeiter hält und damit deutlich vor Roland Berger (2000: 419 000 Euro) und selbst vor McKinsey (2000: 534 000 Euro) rangiert.

Nachtvögel des Internets

Der Börsenwahn am Neuen Markt verursachte auch bei den auf Großwild fixierten Consultingfirmen ein mulmiges Gefühl. Was, wenn sie nun am falschen Ende der Wirtschaft saßen? Niemand wollte den Boom verpassen. Überall gründeten junge Menschen dynamische Firmen in den Wachstumsbranchen Internet, Telekommunikation, Software und Medien. Solchen Unternehmen schien die Zukunft zu gehören. Die großen, langsamen Saurier, die auf der Kundenliste der Consultingfirmen standen und deren Manager jetzt von den Beratern mit bunten Charts und Sprüchen über die Chancen des Internets traktiert wurden, schienen zum Aussterben verurteilt zu sein. In der Internetwirtschaft ist Schnelligkeit schließlich alles und die rasche Umsetzung von Ideen ein Königreich – wie sollten die alten Unternehmen mit ihren langen Entscheidungswegen diese Herausforderung meistern?

Wie flink und elegant war dagegen doch das Geschäft der Venture-Capital-Firmen und der sogenannten Seed-Capital-Fonds, die auf Risiko spielten und ihr Kapital aussäten an Firmengründer, um kurze Zeit später beim Börsengang am Neuen Markt reiche Ernte zu halten. Ob im Internetsektor, bei Medienunternehmen oder anderen Technologie-Startups aus der sogenannten New Economy – wer nicht dabei war, der war von gestern und hatte seine Hausaufgaben nicht gemacht. Entsprechend laut trommelten die Berater für die Möglichkeiten der neuen »wissensbasierten« Ökonomie, die ebenso grenzenlos zu sein schienen, wie die Gewinne sagenhaft waren – zumindest für die Frühaufsteher. »Early birds« waren angesagt, der »frühe Vogel« fängt den Wurm.

Die Berater selbst gehörten allerdings weder zu den frühen Vögeln noch sollten sie – abgesehen von den vereinnahmten Honoraren – überhaupt den Wurm fangen. Zwar stellten sie sich auf den Boom ein und richteten ihre Empfehlungen auf E-Commerce und Internet aus. Ihre Kunden kam das teuer zu stehen, denn weil die Consultants dem Trend hinterher hinkten, fielen ihre Empfehlungen nun umso euphorischer aus. Die Verlagerung der Unternehmen ins Netz wurde als überlebensnotwendige Strategie herausgestellt und die Geschwindigkeit auf dem Weg ins Internet zum entscheidenden Erfolgsfaktor verklärt. Doch das war ein fataler Ratschlag. Nachdem Milliarden Euros verpulvert und mancher Arbeitsplatz verloren war, mussten viele Unternehmen erkennen, dass es besser gewesen wäre, in Ruhe abzuwarten – ein wenig später wären die abgestürzten Internetstars und die entsprechende Technologie für ein Bruchteil der einstigen Preise zu haben gewesen.

So aber hatten viele Unternehmen mit kostspieligen E-Commerce- und Internetengagements ihre Zukunft verspielt. Jahre später, als die Geschäfte deutlich schlechter liefen, wäre das Geld dringend benötigt worden. Doch da waren die notwendigen Polster für Krisenzeiten bereits verfeuert.

Die Berater lagen auch in einer anderen Hinsicht schief: Im Internet machten keineswegs die Frühaufsteher die besten Geschäfte. Ausgerechnet auf dem schnellen Informationshighway gehörte den Langsamen die Welt.

The trend is my friend

Getreu dem Motto »The trend is my friend« handelnd, verbrannten sich die Berater im Internetboom selbst die Finger. Unternehmen wie die amerikanische Andersen Consulting investierten jede Menge eigene Dollars in aufstrebende junge Unternehmen an der US-Wachstumsbörse Nasdaq. Von den 300 Millionen Dollar, die Andersen für Beteiligungen an 70 kleineren Wachstumsunternehmen ausgab, ist nicht allzuviel übrig geblieben. Als die erhofften Gewinne aus dem Internet ausblieben und die Börsenkurse im Jahr 2000 den Rückwärtsgang einlegten, waren die Berater nicht nur blamiert bis auf die Knochen, sondern hatten auch erheblichen Abschreibungsbedarf.

Vor allem bei Andersen Consulting verbrannte man sich vor lauter Begeisterung für die unendlichen Businessmöglichkeiten gründlich die Finger. Ende 1999 hatte sich George Shaheen, der Chef von Andersen Consulting, verabschiedet, um Geschäftsführer beim Online-Unternehmen Webvan zu werden, das den Lebensmittelhandel revolutionieren wollte. Webvan, mit 400 Millionen Dollar Anschubfinanzierung gestartet, die von mehreren Risikokapitalgesellschaften bereitgestellt worden waren, endete als betriebswirtschaftliche Katastrophe. Die Kosten des Unternehmens, das eine mächtige Flotte Lieferwagen mit Fahrern unterhielt, um über das Internet bestellte Lebensmittel in den ganzen USA auszuliefern, liefen völlig aus dem Ruder, da half es auch nichts, dass an der Spitze von Webvan ein ehemaliger Unternehmensberater die Geschäfte dirigierte. Wenn die Lieferung von Lebensmitteln im Wert von 100 Dollar Kosten in Höhe von 143 Dollar verursacht, läuft irgendwas falsch. Als die Geschäfte von Webvan am 9. Juli 2001 eingestellt wurden, hatte das Unternehmen 1 Milliarde Dollar vernichtet.

Die Chancen von Internet und E-Commerce bis zum Letzten auskosten, das wollten auch die Beratungsspezialisten von Bain & Company. Zu diesem Zweck wurde das Unternehmen Teilhaber an einer Anfang 2000 gestarteten Beteiligungsgesellschaft, die unter dem hochtrabenden Namen »eVolution« Risikokapital in Unternehmen des Internethandels investiert. Und weil in diesen Tagen E-Commerce Chefsache war, setzte sich der Deutschlandstatthalter von Bain, Fritz Seikowsky, höchstpersönlich als Geschäftsführer an die Spitze des wachstumsträchtigen Unternehmens. Doch die Evolution ging in eine andere Richtung als gedacht. Als die Kurse an den Wachstumsbörsen schrumpften, geriet das auf dem Höhepunkt der Börseneuphorie gestartete

Projekt in Bedrängnis, und der verhinderte Charles Darwin des E-Commerce musste Federn lassen. Seikowsky sattelte um in ein anderes trendiges Geschäft, wo neue Evolutionen seiner warten: Bei der Deutschen-Bank-Tochter DB Capital Partners kümmerte er sich danach um das Private-Equity-Geschäft.

So leicht vergessen die Consultants ihre eigenen Ratschläge. Manchmal ist die Konzentration auf die Kernkompetenz doch nicht so eine schlechte Idee.

Vom Vorstandschef orchestrierte Expertokratie

»Da das Unwissen jener, die entscheiden, immer größer wird im Vergleich zum Wissen jener, die nicht entscheiden, nimmt das Consultingwesen immer größere Ausmaße an.« Was der Schweizer Strafrechtsprofessor Peter Noll und der Manager und Wirtschaftsdozent Hans-Rudolf Bachmann in ihrem Buch *Der kleine Machiavelli* schreiben, lässt sich am Beispiel des Absturzes der Luftfahrtgesellschaft Swissair mühelos erhärten.

Als Hoflieferant für Beratungsdienste war McKinsey seit Anfang der Neunzigerjahre bei der Swissair an Bord. Unter dem Chef der SAir Group Philippe Bruggiser konnten die Berater schalten und walten, wie ihnen beliebte. Die Swissair-Spitze stand der Arbeit der Unternehmensberater völlig unkritisch gegenüber und diskutierte nicht über die Ergebnisse der Projekte von McKinsey und der anderen in der Züricher Unternehmenszentrale tätigen Beratungsfirmen, sondern setzte sie einfach um. Wie andere Wirtschaftsunternehmen auch war die Swissair zur vom Vorstandschef orchestrierten »Expertokratie« mutiert. Die »visionären« Berater und das Topmanagement hatten sich in der Pilotenkanzel der Airline eingeigelt.

Bruggiser war ein Zahlenmensch, der zu Kalkulationsblättern mit Hunderten Zahlenkolonnen im Handumdrehen die passende

Frage parat hatte und alle Informationen mit Blick auf den Aktienkurs deutete. Dass die Swissair unter seiner Leitung direkt ins Verderben flog, ist jedoch vor allem der verhängnisvollen »Hunter«-Strategie zuzuschreiben, die aus den Kochtöpfen der Consultingunternehmen stammt. Diese Strategie, die den gemütlichen Passagierflieger in einen »Jäger« verwandeln sollte, geht auf Nils Hagander, einen damals für McKinsey tätigen Berater zurück, der sich in seiner Freizeit passenderweise als Kunstflieger betätigt.

Die allzu konsequente Umsetzung der Hunter-Idee war der Anfang vom Ende der Swissair. Die Geschehnisse, die zum Absturz der Fluggesellschaft führten, sind geradezu typisch für die Herrenriegen auf den Chefetagen, die im Rausch von Allmachtsphantasien und Machbarkeitswahn ihre Loopings drehen und dabei jede Bodenhaftung verlieren.

Flugzeuglinien als Sammelbildchen

Aus der SAir Group sollte eine große Airline geformt werden, die über ein weltweites Streckennetz und ein anständiges Bonus-Meilen-Programm gebietet. Ziel war die Optimierung des Shareholder Value.

Doch als die SAir Group auf Shoppingtour ging, klebte sie mit Polens Airline LOT, der portugiesischen TAP und Belgiens Sabena nur zweit- und drittklassige Luftfahrtgesellschaften wie Sammelbildchen in das SAir-Group-Album ein. Der nach Aussage einiger Verwaltungsräte »immer autistischer« agierende Airlines-and-More-Mann Bruggiser soll sogar noch den Einstieg bei Alitalia, Turkish Airways und Malaysian Airlines erwogen haben. So entfaltete sich ein Trauerspiel, das die Wirtschaft der Schweiz schwer erschütterte.

Der Swissair-Konzern stürzte immer tiefer in die Verlustzone, bis schließlich Chefpilot Philippe Bruggiser abberufen wurde und die Fluggesellschaft im September 2001 hart auf dem Boden aufschlug. Die Muttergesellschaft der Swissair, die SAir Group, wurde von einem Verlust von fast 3 Milliarden Franken schier erdrückt. Jetzt schlug die Stunde des Schweizer Steuerzahlers. Wie so oft in solchen Fällen musste der Staat ran und die Zeche zahlen für die Folgen von Expansionswahn, Selbstüberschätzung und Inkompetenz der Manager. Als Startgebühr und Überbrückungshilfe für die »Swiss«, die neuen Flügel der Schweiz, berappten die Eidgenossen mehr als 2 Milliarden Schweizer Franken.

Blindflug in die Illiquidität

Als »unkontrollierten Flug in die Illiquidität« beschrieb die *Neue Zürcher Zeitung* den Absturz. Zu viele Möchtegernpiloten hatten bei der Swissair den Kurs angegeben. Neben den darin verwickelten Banken und Consultants sollen auch Manager der kleineren schweizerischen Fluggesellschaft Crossair beim Grounding der Swissair ihre Finger im Spiel gehabt haben. Bei der Suche nach den Schuldigen für die Ereignisse, die das abrupte Ende der 70-jährigen Geschichte der Swissair einläuteten, rückte auch die deutsche Unternehmensberatung Roland Berger in den Scheinwerferkegel.

Die »Strategic Consultants« von Roland Berger hatten der Swissair in einer Anfang Oktober 1998 vorgelegten, gut 70 Seiten starken Studie eine sogenannte Multi-Hub-Strategie, die gegenseitige Abstimmung von mehreren Luftdrehkreuzen, nahe gelegt. Das erwies sich jedoch als ein praxisfremdes Unterfangen. Die Berger-Consultants hatten nämlich einige praktische »Kleinigkeiten« übersehen, ohne die die empfohlene Strategie nicht funktionieren konnte. Dazu zählten in erster Linie Einschränkungen, die den Piloten und ihren Flugzeiten Grenzen setzen. Über den Wolken ist die Freiheit nämlich keineswegs grenzenlos, vielmehr sind die Arbeitszeiten der Flugzeugführer durch Arbeitsverträge und strikte Einsatzzeitbestimmungen reglementiert. Anders als in der Berger-Studie angenommen, sind auch die Slots, die Startzeiten der Flugzeuge, nicht frei verfügbar.

Trotz der offensichtlichen Mängel passte die dilettantische Studie dem Chef der SAir Group gut in den Kram, denn wie so viele Manager mit hochgestochenen Plänen hatte auch er einen hohen Bedarf an »objektiver« Legitimierung seiner Visionen. Daraus ist die Ökonomie des Beratungswesens gemacht: Die Nachfrage nach Rechtfertigung schafft sich das entsprechende Angebot an Begründungen gleich selbst. Der Schnittpunkt zwischen Angebot und Nachfrage ist die Studie.

Das lange Sterben des Bauriesen

Auch der Bauriese Philipp Holzmann hatte einen großen Bedarf an Studien. Doch die Arbeit, die die Berater von Roland Berger bei der Holzmann AG leisteten, war alles andere als preiswürdig. Seitdem Fehlkalkulationen, Managementirrtümer und fehlende Kosten- und Risikokontrolle wie am Fließband den Baukonzern Ende 1999 in den Abgrund zu stürzen drohten und er erst in letzter Minute durch Kanzler Schröder in einer öffentlichkeitswirksamen Rettungsaktion von den schwankenden Planken geholt worden war, werkelten sie eifrig an einem Sanierungsplan. Der Erfolg stand von vorneherein fest – zumindest aus der Sicht des Holzmann-Vorstands und der Beratungsfirma. Noch am 8. Februar 2000 hieß es in einer Mitteilung des Konzerns:

> »Der Vorstand der Philipp Holzmann AG und die Unternehmensberatung Roland Berger gehen übereinstimmend davon

> aus, dass bei konsequenter Umsetzung des Sanierungskonzepts die wesentlichen Ursachen für Verluste des Unternehmens in der Vergangenheit beseitigt werden.«

Doch der angestrebte Sanierungserfolg ließ auf sich warten. Dabei hatte schon 1997 ein Viertel der Beschäftigten des Konzerns ihre Arbeit verloren, und ein Jahr später hatte eine Umstrukturierung weitere Arbeitsplätze gekostet. Der »Kapazitätsschnitt« sollte kein Ende mehr nehmen.

Die Verluste konnten nicht beseitigt werden. Als der Baukonzern im Jahr 2001 satte 237 Millionen Euro Verluste zusammenbaggerte, geriet er erneut in eine schwere Krise. Holzmann blieb ein Sanierungsfall – bis zum bitteren Ende. Die bei den Beratern beliebte Standardtherapie der »Konzentration auf das Kerngeschäft«, wie sie auch Roland Berger verfolgte, schlug ebenso wenig an wie einschneidende Maßnahmen zur Kostensenkung, darunter der Abbau von 4700 Arbeitsplätzen, die schon innerhalb weniger Monate nach der ersten großen Krise gestrichen worden waren.

»Krassere Einschnitte und Vereinbarungen, als sie zur Abwendung der Insolvenz des Philipp-Holzmann-Konzerns getroffen wurden, hat es in der deutschen Industriegeschichte bislang nicht gegeben«, schreibt Rüdiger Liedtke, der sich mit seinem Jahrbuch *Wem gehört die Republik?* einen Namen als kritischer Wirtschaftskenner gemacht hat. Dennoch schaffte der ausgeblutete Holzmann-Konzern den Schritt aus der Verlustzone nicht und stellte am 21. März 2002 den Antrag auf Insolvenz. Große Teile der noch verbliebenen 23 000 Arbeitsplätze, davon 11 000 in Deutschland, standen Mitte 2002 auf der Kippe.

Arbeitsplatzverluste ohne Ende

Zu diesem Zeitpunkt hatte das Ausmaß der Arbeitsplatzverluste in der Baubranche schon katastrophale Züge angenommen. Vor allem die aufgrund der schlechten Baukonjunktur zu verzeichnenden Konkurse holten sich ihre Opfer. So waren allein im Jahr 2001 100 000 Arbeitsplätze auf dem Bau verloren gegangen. Dass in den kommenden Jahren im Baubereich bis zu 100 000 weitere Jobs gestrichen werden, prognostiziert eine im Auftrag des Bauhauptgewerbes erstellte Studie des Instituts für Wirtschaft und Gesellschaft (IWG). Bis zum Jahr 2010 erwartet das Institut keine Trendwende auf den Baustellen der Republik.

Aber nicht nur auf den Baustellen drohen massive Arbeitsplatzverluste, sondern auch bei den Angestellten- und Bürojobs lauern erhebliche Gefahren. Hunderttausendfach dürften in den nächsten Jahren Stellen der Rationalisierung und schlichter Managementunfähigkeit zum Opfer fallen. Der Managementstratege Tom Peters prophezeit, dass in den nächsten zehn bis fünfzehn Jahren 90 Prozent der Tätigkeiten in den amerikanischen Büros entweder komplett wegfallen oder bis zur Unkenntlichkeit veränderte Inhalte haben werden. In den Büroetagen steht, Peters zufolge, jene Entwicklung noch bevor, die schon die Fabriken und Werkhallen weitgehend entvölkert hatte. Sollte der Management-Guru mit seiner Prophezeiung Recht behalten, wird dieselbe Entwicklung – nach der üblichen Zeitverzögerung – auch in der Bundesrepublik eintreten.

Die Konkursspezialisten

In der konjunkturellen Flaute musste sich die Öffentlichkeit an Meldungen über Konkurse gewöhnen. Nicht nur den Baukonzern Holzmann hatte es doch noch erwischt, nachdem das Sanierungskonzept der Unternehmensberatung Roland Berger kläglich gescheitert war. Auch der Flugzeugbauer Fairchild Dornier mit seinen 4300 Arbeitnehmern stellte Antrag auf Eröffnung eines Insolvenzverfahrens, und schon einen Tag später, am 3. April 2002, folgte der Büroartikelhersteller Herlitz, wo 3000 Arbeitsplätze im Feuer stehen, diesem Beispiel. Am 30. Mai 2002 schlidderte der mit 1400 Arbeitsplätzen größte Arbeitgeber in Sachsen, die Sachsenring AG, in die Insolvenz und erschütterte den mit einer Arbeitslosenquote von 19 Prozent dahinsiechenden ostdeutschen Arbeitsmarkt schwer. Ein lange erwarteter Konkurs hatte Monate zuvor schon den westdeutschen Arbeitsmarkt leicht vibrieren lassen, als die KirchMedia, Deutschlands großer privater Mattscheibenkonzern, in die Reparaturstation gerollt worden war. Und wen braucht man in einer solchen Situation?

»Kein Bild, kein Ton? – Keine Angst, ich komme schon!« Roland Berger, frisch gescheitert auf den Baustellen des Holzmann-Konzerns, eilt als Fernsehmechaniker direkt zum maladen Medienmacher.

Ein Mann mit den besten Verbindungen

Der kluge Kopf, der hinter der Unternehmensberatungsgesellschaft Roland Berger steckt, heißt tatsächlich Roland Berger. Nach dem Marktführer McKinsey (Marktanteil: 7,6 Prozent) ist Roland Bergers Firma die unangefochtene Nummer zwei in Deutschland. Im zersplitterten deutschen Beratermarkt reicht dafür bereits ein Marktanteil von 4,2 Prozent. Weltweit ist Roland Berger trotzdem keine kleine Nummer, und den englischen Namenszusatz »Strategy Consultants« trägt das Unternehmen durchaus zu Recht.

Roland Berger macht einen guten Teil seines Geschäfts in Deutschland. In dem Gewässer der Deutschland AG, auf dem die großen Unternehmen wie Seerosen schwimmen, ist Roland Berger der Aal, der bald hierin und bald dorthin gleitet. Der 1937 geborene Berliner ist das, was man heute »well connected« nennt. Er hat und hält Kontakt zu (fast) allen und jedem, der etwas sagt und zu sagen hat. Dazu zählen nicht nur die Wirtschaftsführer der Republik, sondern auch die Politik, zu der der Unternehmensberater einen hervorragenden Draht hat. Bei der Regierungsbildung 1998 war er für Gerhard Schröder sogar erste Wahl für das Amt des Wirtschaftsministers gewesen, und wenn man Meldungen in den Medien glauben darf, hätte der prominente Unternehmensberater sich in einer anderen Regierung durchaus für das Amt interessiert. Als Mitglied von Zukunftskommissionen knüpft er fleißig mit am Kontaktteppich der Republik, und so passiert es, dass man selbst eng in das Flechtwerk eingewoben wird.

Obwohl sein Engagement in der Deutschland AG für Roland Berger finanziell und machttechnisch lukrativ ist, spricht sich Berger für die Auflösung der Deutschland AG aus, denn das sei eine Gesellschaft, in der »man sich gegenseitig Vorteile zuschiebt und Kritik fernhält«, wie er gegenüber der *Zeit* sagte. Die Wochenzeitung sieht in ihm den »Drahtzieher der Deutschland AG«. Es muss etwas Wahres dran sein, denn der »Drahtzieher« hat kein Problem damit, Gerhard Schröder und seinen Kontrahenten Edmund Stoiber zugleich zu beraten, und das beraterische Doppelspiel scheint die Beratenen ebenso wenig zu stören.

Die Anfänge der »Strategy Consultants«

Bergers Aufstieg zum Olymp begann ganz harmlos: Nach dem Abschluss des Studiums als Diplom-Kaufmann fing er 1962 beim amerikanischen Beratungsunternehmen Boston Consulting Group an. Damit war eine Lebensentscheidung getroffen, denn auch 40 Jahre später noch war Roland Berger dem Consulting treu. Nach fünf Jahren bei Boston Consulting, wo er zum vollberechtigten Partner aufgestiegen war, ging er mit einem eigenen Beratungskabinett an den Start. Damals legte er den Grundstein für die erfolgreiche und weitgespannte Unternehmensberatung, die seinen Namen trägt und schließlich sogar dem früheren Arbeitgeber Roland Bergers in Deutschland den Rang ablaufen sollte.

Da Berger sein Handwerk bei einem amerikanischen Beratungsunternehmen gelernt hat, unterscheidet sich die Arbeitsweise von Roland Berger Strategy Consultants nur unwesentlich von der Arbeit anderer Beraterfirmen. In einem Punkt jedoch fällt Deutschlands Berater-Ass aus der starren Rolle: Berger ist nicht öffentlichkeitsscheu, und dass er sich bestens auf den Umgang mit Medien und ihren Vertretern versteht, ist sicherlich auch ein Teil seines Erfolgsgeheimnisses.

Untypisch für die Branche ist zudem eine gewisse Offenheit, die Roland Berger an den Tag legt. Beratungsunternehmen und ihre Vertreter neigen im Allgemeinen zu einer fast schon pathologischen Geheimnistuerei. Darin ähneln sie einer bekannten sizilianischen Vereinigung, deren »Beratungsangebote« man tunlichst nicht ablehnen sollte und die bekanntlich ebenfalls über die besten Kontakte verfügt.

Wachsende Skepsis

Schlechte Zeiten in der Wirtschaft sind für manche Berater eine gute Zeit. Aber auch wenn alles in bester Ordnung ist, ändert das für die großen Beraterfirmen wenig. Ihre Topkräfte verstehen sich als Schausteller der fleischgewordenen Nützlichkeit darauf, die Entscheider in den Unternehmen davon zu überzeugen, dass es immer noch ein wenig besser sein könnte. Darin geübt, sich im

Markt zu positionieren und ihre Nachfrage selbst zu schaffen, sind die Berater bei jeder Konjunktur und bei jedem Wetter zu ihren Kunden unterwegs. Schließlich haben gerade auch gut verdienendende Unternehmen eine ausführliche Beratung und eine »kontinuierliche Optimierung« nötig.

Doch der Chrom auf der glatten, spiegelnden Oberfläche der Beraterfirmen weist erste Kratzspuren auf, denn die Zweifel, ob die »Consultants« ihre Tagessätze – von 2000 Euro an aufwärts – wirklich wert sind, nehmen zu. Noch verhüllen glänzende Zahlen gnädig, dass nicht mehr jeder Unternehmensvorstand vom Nutzen der Beratungsunternehmen überzeugt ist und deren Einsatz für sinnvoll hält. Schuld daran sind die vielen Skandale und Pleiten der vergangenen Zeit.

Noch tun die Berater so, als seien sie unabkömmlich: »Wer heute global tätig ist, kann nicht alles allein überblicken. Die Chefs brauchen Hilfe im Unternehmen und Hilfe von außen«, sagte Herbert Henzler, der frühere Chef von McKinsey, im Interview mit dem *Manager-Magazin*. Möglicherweise täuscht er sich da. Denn auch wenn die Chefs vielleicht nicht alles überblicken, haben sie Überblick genug, um zu erkennen, dass die Berater im Fieber der Interneteuphorie nicht nur die falschen und allzu optimistischen Schlüsse gezogen, sondern auch für beträchtlichen Flurschaden gesorgt haben. Es überwog der Eindruck, dass die Berater selbst den Überblick eingebüßt haben in den immer unüberschaubareren Strukturen, labyrinthischen Organigrammen und dem rasanten Tempo der Veränderungen im wild dahinschießenden Strom einer außer Rand und Band geratenen globalen Wirtschaft. Im Ergebnis haben die Berater viel von ihrem Vertrauenskredit verspielt.

Feuerball von Schulden

In der Bundesrepublik stürzten im Jahr 2002 immer neue Unternehmen ab und verglühten in einem Feuerball von Schulden. Eine der Ursachen dafür war, dass es den Unternehmen an Reserven fehlte, um im Abschwung der Wirtschaft zu bestehen. Der Vorstandschef der staatlichen Kreditanstalt für Wiederaufbau (KfW) Hans W. Reich kritisierte Anfang 2002 die mangelnde Zukunftsvorsorge der deutschen Unternehmen, die sich »nicht rechtzeitig und ausreichend um zusätzliche Liquidität gekümmert« haben.

In der Vergangenheit wurde die Vorbereitung auf schlechte Zeiten klein geschrieben. Dabei wäre es inmitten eines mehrjährigen Wirtschaftsaufschwungs leicht möglich gewesen, Finanzreserven zu bilden, so wie jeder vernünftige Haushalt für schlechte Zeiten Notreserven anlegt und Ersparnisse bildet. Stattdessen haben sich viele Unternehmen Hals über Kopf in Abenteuer und Experimente gestürzt und im Boom munter drauflos expandiert – und das ausgerechnet in einem der am meisten beratenen Länder der Welt.

Unternehmensberater für lau

Jede Unternehmensberatung, die etwas auf sich hält, ist in mehreren Projekten tätig, für die sie (nahezu) unentgeltlich arbeitet. Pro bono heißt das, wenn Unternehmensberater sich gesellschaftlich nützlich machen und einmal Gutes tun an jenen, die ihrer Kunst aus Geldmangel sonst nicht teilhaftig würden. Es macht den edlen Stiftern wenig aus, wenn über den Edelmut auch gesprochen und berichtet wird. Boston Consulting etwa verbraucht kostbare Beraterenergie für eine Studie für eine Knochenmarkspenderdatei, Mercer Management Consulting ist kinderfreundlich und befasst sich mit der Einrichtung einer Stiftung gegen Gewalt an Kindern, und McKinsey berät nahezu kostenfrei die bedrängte Berliner Humboldt-Universität bei der Umsetzung neuer Leitungsstrukturen.

Der lobenswerte Einsatz der Beraterunternehmen hat – neben der Verbesserung der Imagewerte, die immer wieder durch ihr wenig wohltuendes Wirken beim Abbau von Arbeitsplätzen gefährdet sind – einen handfesten Vorteil: Die Beschäftigung der Mitarbeiter bleibt gesichert. Das ist besonders wichtig, denn das strenge Arbeitsethos in den Büros der Consultants, die immer ein wenig klösterliche Zucht und Arbeitsamkeit verstrahlen, hat Leerlauf mit dem Bannfluch der Untauglichkeit belegt. Hier sorgt die Arbeit in Pro-bono-Projekten für Entlastung und verschafft noch dazu ein reines und gutes Gewissen.

»Für einen jungen, aufstrebenden Unternehmensberater gibt es nichts Schlimmeres, als ›on the beach‹ zu sein – ohne Mandat dazustehen, wie das im Branchenjargon heißt«, weiß die Schweizer *Weltwoche*. Vielleicht wäre es an der Zeit, dass die Berater einmal in eigener Sache nachdenken. An der Erkenntnis, dass sich im Beratergeschäft der Horizont verdunkelt hat, führt kein Weg vorbei.

Arthur D. Little ganz klein

Wenn ein Unternehmen auf der Kundenliste einer Unternehmensberatung in Konkurs geht, ist das zumindest ärgerlich. Wenn aber eine Beratungsgesellschaft selbst Konkurs anmeldet, lässt das gewiss aufmerken. Das gilt vor allem dann, wenn, wie es die *Süddeutsche Zeitung* ausdrückt, »eine lange Liste von Managementfehlern« für das Insolvenzverfahren verantwortlich ist. So war es bei Arthur D. Little.

Das amerikanische Unternehmen, das andere Firmen berät,

war in eigener Sache mehr als schlecht beraten. Arthur D. Little wollte beim Boom der Wachstumswerte ganz vorne mitspielen. Aus diesem Grund wurde ein auf die jungen Stars spezialisiertes Tochterunternehmen von der Leine gelassen. Doch dieser Schritt kam zu spät. Die Marktbedingungen an den Börsen waren falsch eingeschätzt worden, und der Absturz der Technologiewerte erwischte den Beratungsprofi kalt. Der Börsengang war unter diesen Bedingungen nicht mehr zu realisieren, und der erwartete Erlös verwandelte sich in Verluste.

Es kam noch schlimmer. Die *Süddeutsche Zeitung* notierte trocken, dass man es versäumte, »das Beratungsangebot an die geänderten Bedürfnisse der Kunden anzupassen« – ein wahres Armutszeugnis für die Arthur-D.-Little-Manager und ihren inzwischen zurückgetretenen Chef Lorenzo Lamadrid. So kam die Beratungsgesellschaft im Jahr 2002 zum Fall für einen besonders erfahrenen Krisenmanager herunter. Die Belegschaft hatte sich schon im Jahr 2001 an Entlassungen gewöhnen können.

Die Ursachen der Misere reichen weit zurück. Schon in den vielversprechenden Markt der Managementberatung war Arthur D. Little mit einiger Verzögerung gestartet und hätte um ein Haar den Boom der Strategieberatung Ende der Siebzigerjahre verpasst. Anfang der Achtziger dann räumten vor allem die »Stiernacken im Anzug« von McKinsey mit der »Gemeinkostenwertanalyse« den Markt ab. Zu allem Überfluss brachten erbitterte Kämpfe und Streitereien in der Unternehmensspitze das Consulting-Unternehmen ins Schlingern und erleichterten der Konkurrenz das Geschäft. Als Artur D. Little 1988 dann auch noch zum Ziel eines Übernahmeversuchs wurde, musste sich das »Weltklasse-Unternehmen« hoch verschulden, um den Angriff abzuwehren.

Den Hunden zum Fraß

Mit all dem sollte endlich Schluss sein, als mit Lorenzo Lamadrid ein ehemaliger Manager von General Electric an die Spitze von Arthur D. Little gelangte. Der frühere Beratungskönig sollte wieder seinen ihm gebührenden Rang einnehmen. Doch Lamadrid suchte das Abenteuer an der Börse und scheiterte kläglich. Vermutlich hatten die variablen, an die Wertsteigerung des Unternehmens geknüpften Gehaltskomponenten zum Ehrgeiz des Chefs beigetragen. Jetzt schlug die Stunde von Cerberus Capital, einer »Investmentgesellschaft«, die auf aussichtslose Fälle von Unternehmen spezialisiert ist. Die Höllenhunde sorgten letztlich dafür, dass der Fall Arthur D. Little noch ein wenig aussichtsloser wurde. Die neuen Freunde aus dem Geldgeschäft waren nämlich ausgesprochen gierig und rissen sich die saftigsten Stücke aus dem, was abgesehen von einer reichlich ramponierten Unternehmensphilosophie noch von dem Beratergeschäft übrig geblieben war.

»Eine Traditionsfirma mit Experten auf allen denkbaren Gebieten ließ sich ausnehmen wie ein Zocker im Rotlichtmilieu«, konstatierte das Wirtschaftsmagazin *brand eins.* Im Februar 2002 war damit Schluss. Die völlige Neupositionierung von Arthur D. Little war abgeschlossen: Das Beratungsunternehmen war pleite, und die Versteigerung der Reste setzte wenig später einen Schlussstrich unter das Ganze.

16 Manager in der Bonusrepublik: Von Wasserpredigern und Weintrinkern

Kubanisches Mahagoni

Keine Yacht gleicht der anderen, sie sind so individuell wie Fingerabdrücke. Damit der individuelle Eindruck an Bord stimmt, sorgen Innendesigner für die individuelle Note und ein exklusives Flair. Dabei werden höchste Ansprüche an die Verarbeitung und die verwendeten Materialien gestellt. Erst die Unnachahmlichkeit erzeugt echte Exklusivität – das gilt für das Äußere, aber auch für die »inneren Werte« des Traumschiffes. Besonders ins Träumen geraten Gutbetuchte bei einer Yacht wie der »Alejandra«. Innen ist sie mit kubanischem Mahagoni eingekleidet, das einen warmen roten Farbton verstrahlt. Das teure Edelholz wächst auf unserem Planeten nirgendwo mehr und kann folglich keinem Salon einer anderen Yacht jemals wieder jene besondere Note verleihen – das ist wahre Exklusivität.

Die Bootsbranche boomt seit Jahren. Fachmessen wie die Düsseldorfer »Boot«, die mit 200 000 Quadratmetern weltweit größte maritime Messe, platzen aus allen Nähten. Liegeplätze in Yachthäfen in sonnigen Gefilden sind gut gebucht. Im Mittelmeer werden regelmäßig die Ankerplätze knapp, und beliebte Badebuchten in der Karibik ziert ein wahrer Wald von Masten. Im Jahr 2001 hatte die Bootsbranche allerdings einen konjunkturellen Dämpfer hinnehmen müssen. Der Einbruch betraf jedoch in erster Linie den Verkauf kleiner Boote zwischen 7,50 und 12 Meter Länge.

Während schmalere Geldbörsen sensibel auf die Drehzahlschwankungen des Wirtschaftsmotors reagieren, ist das Bild bei den Schiffen der Super- beziehungsweise Megaklasse ein völlig anderes. Konjunkturelle Auf- oder Abschwünge schlagen bislang kaum auf die Auftragsbücher der Hersteller nieder. Die Nachfrage ist weltweit höher als das Angebot. Lieferzeiten für Luxusyachten von zwei Jahren sind keine Ausnahme, und sogar Schiffe von einer Größe, die zur Versorgung ganzer Inselgruppen im Ägäischen Meer ausreichen würden, finden zahlende Abnehmer. Mehr als 30 Meter lange »Megayachten« können leicht einige hundert Millionen Euro kosten. Das große Geld erweist sich der Konjunktur gegenüber als weitgehend immun.

Größte Ranch in Kanada

Selbst Marcel Ospel, der Präsident der schweizerischen Großbank UBS äußerte sich kritisch gegenüber den »astronomischen« amerikanischen Spitzensalären. Dabei gehört er selbst nicht unbedingt zu den Kleinverdienern: Im Jahr 2001 erhielt er – inklusive Aktienoptionen – 12,5 Millionen Schweizer Franken, im Jahr zuvor hatte er noch 18,5 Millionen Franken bezogen. Die *Neue Zürcher Zeitung* übte sich angesichts solcher Zahlen im Rechnen:

»Rechnet man mit sechs Arbeitstagen pro Woche, verdiente Marcel Ospel im Jahr 2000 pro Tag rund 60 000 Franken. Das entspricht laut Angaben des Bundesamts für Statistik knapp dem Lohn, den voll beschäftigte Schweizer im Durchschnitt in jenem ganzen Jahr bezogen.«

Tatsächlich sind die Löhne und Zusatzvergütungen der Manager nicht nur in den Vereinigten Staaten völlig losgelöst von den Leistungen und stehen in keinem Verhältnis mehr zu dem, was ein Beschäftigter in demselben Unternehmen verdient. Die Gier der Manager führte zum Aufstieg einer neuen Klasse der Reichen. In früheren Zeiten konnten allein die erfolgreichen Unternehmer Vermögen in so schwindelerregender Höhe erzeugen, nun machen ihnen die Angestellten der Luxusklasse, die Manager, mächtig Konkurrenz. Mit einem Unterschied: Anders als die Unternehmer tragen die Manager keinerlei persönliches Vermögensrisiko – es sei denn, ein Aktienoptionsplan wirft nicht die gewünschte Rendite ab.

Manager, die keine Risiken tragen, scheuen auch nicht vor ihnen zurück. In den späten Neunzigerjahren und danach waren besonders in den USA riskante Geschäfte gang und gäbe. Wenn die Expansion danebenging, hatten eben die Aktionäre und die Belegschaft die Folgen zu tragen – dass es, nach Statistiken des amerikanischen Labor Departments, nur gut 35 Prozent der Angestellten schafften, nach der Entlassung wieder in gleich gut oder besser bezahlten Jobs unterzukommen, störte die Manager nicht. Die haben ganz andere Prioritäten, zum Beispiel ihre Vermögensbildung.

Neben den Aktienoptionsplänen sprudeln auch andere »Benefits« unterschiedlichster Art, die auf die Einkünfte draufgesattelt werden. Um den Boss nicht zu verärgern, haben einige Unternehmen ihren Managern auch noch zinsgünstige Kredite eingeräumt. So bekam der Chef des Computerriesen Compaq einen bescheidenen 5-Millionen-Dollar-Kredit von seinem Unternehmen. Bei WorldCom dachte man in anderen Dimensionen. Bernie Ebbers, der CEO des Telekommunikationsunternehmens WorldCom, genehmigte sich gleich 341 Millionen Dollar von WorldCom. Bei seiner »ganz speziellen Art von Hausbank«, wie der *Spiegel* schrieb, gab es noch dazu einen äußerst günstigen Zinssatz von nur 2 Prozent. Damit bestanden beste Bedingungen, um sich unter anderem eine der größten Ranches in Kanada zu gönnen.

Nur drei Monate bevor WorldCom Pleite ging, musste Bernard Ebbers Konkurs anmelden. Der gefeierte Unternehmer und Firmenaufkäufer, der seine Geschäftsidee einmal auf eine Serviette skizziert haben soll, war zuletzt eine schwere Belastung für WorldCom geworden. Ende April 2002 hatten die Aktionäre die Nase voll und vertrieben den Cowboy und Schuldenmacher von der Spitze des Unternehmens, das er selber aufgebaut hatte. Im selben Monat hatte WorldCom die Streichung von 3700 Stellen gemeldet. Da ist es immerhin ein kleiner Trost für die entlassenen Beschäftigten, dass sich auch ihr Ex-Boss Ebbers, der 366 Millionen Dollar Schulden angehäuft haben soll, künftig etwas wird einschränken müssen: Seine Luxusyacht mit dem Namen »Aquasitions« wurde schon vorher verkauft, und auch die 65 600 Hektar große Ranch mit 20 000 Rindern soll wieder den Weg in den Immobilienmarkt zurückfinden.

Manager in der besten aller Welten

Wer rechtzeitig ans Alter denkt, schafft sich nicht nur standesgemäße Immobilien an. Gegen etwaige Altersarmut helfen auch »Spezial-Pensionspläne« mit Sonderkonditionen, die ein behaglich über dem Rentenniveau der normalen Angestellten angesiedeltes Alterseinkommen garantieren. Daneben verschaffen sich echte Spitzenkräfte noch gerne einen komfortabel ausgestatteten Beratervertrag auf Lebenszeit, mit üppig bemessenen Honorargarantien ausgestattet – und schon steht der Altersteilzeit für den

Topmann nichts mehr im Wege. Möglich machen all das spezialisierte Anwälte, die sich nicht nur mit Vergütungsproblemen auskennen, sondern als sehr aggressiv gelten.

Zu keiner Zeit seit der Industrialisierung war es angenehmer, Manager zu sein. Niemals zuvor haben ihre Einkünfte eine so ungehörige Steigerung erzielt. Gleichzeitig haben Manager aber auch noch nie einen so schweren Schaden angerichtet wie heute. Zu keiner anderen Zeit in den letzten 100 Jahren – von den Jahren nach dem großen Börsenkrach einmal angesehen – haben die obersten Angestellten mit so vielen Bilanzskandalen das Vertrauen so schwer beschädigt. Ob Müllbeseitigungs- oder Immobilienunternehmen, selbst Technologiestars wie WorldCom und Qwest sehen sich wegen ihrer »besonderen« Bilanzierungspraxis peinlichen Untersuchungen der Wertpapieraufsicht SEC ausgesetzt.

Lynn E. Turner, Bilanzspezialist und Wirtschaftsprofessor an der Colorado State University, schätzte, dass Investorengelder in Höhe von ungefähr 200 Milliarden Dollar einfach verschwunden sind – verursacht durch falsche, dann korrigierte Wertansätze in den Unternehmensbilanzen und durch Bilanzen, die sich unter der Last der Lügen biegen. Als beispielsweise WorldCom Pleite anmeldete, bezifferte der Konzern seine Vermögenswerte auf 107 Milliarden Dollar. Experten schätzen den wahren Wert des Unternehmens allerdings deutlich niedriger: In Wahrheit sollen es lediglich 10 bis 15 Milliarden Dollar sein. Hinzu kommen Insidergeschäfte und katastrophale Fehlschläge bei Übernahmen. So hat das Medienunternehmen AOL-Time Warner unbegreifliche 50 Milliarden Dollar wegen nicht mehr vorhandener Werte abschreiben müssen.

Ungeachtet dessen boomen die Managergehälter. Würden sie auch in Zukunft im bisherigen Tempo weiter steigen, müsste nach einer Schätzung des ehemaligen Beraters und Managementkritikers Graef Crystal im Jahr 2021 zum ersten Mal ein amerikanisches Unternehmen seinen Managern mehr auszahlen, als es an Umsätzen erzielt – the winner takes it all.

Wein trinken und Wasser predigen

Während die Wirtschaftsführer und ihre Verbände nicht müde werden zu betonen, dass die Löhne in Deutschland zu hoch und die Lohnnebenkosten schädlich seien, messen sich die deutschen Manager längst mit derselben Elle wie ihre US-Kollegen. Die Zahlungseingänge auf den Bankkonten der deutschen Wirtschaftsführer sind in den letzten Jahren ins Uferlose gestiegen.

Nach der Devise »Wein trinken und Wasser predigen« genehmigen sich deutsche Topmanager eine Gehaltserhöhung nach der anderen, während die Unternehmerverbände die Beschäftigten in der Wirtschaft seit Jahren zu Lohnzurückhaltung mahnen. Ausgerechnet Thomas Mayer, der Chef-Volkswirt der Investment-Bank Goldman Sachs in Frankfurt, muss der IG Metall in der »Goldman-Sachs«-Kolumne im *Manager-Magazin* vorwerfen, mit ihren Lohnforderungen den Konjunkturaufschwung zu gefährden.

Zu denjenigen, die nicht an die Konjunktur denken, wenn sie ihr Salär kräftig in die Höhe schrauben, gehörte bisher auch DaimlerChrysler-Lenker Jürgen Schrempp. Die US-Regierung müsste ihm eigentlich dankbar dafür sein, dass Schrempp ihr mit Chrysler ein Sorgenkind abgenommen hat. Lange Zeit hatte die gute Konjunktur in den USA nämlich gnädig verhüllt, dass viele Industrien längst nicht mehr wettbewerbsfähig sind. Neben der US-Stahlindustrie, in der es verheerende Pleiten hagelte, gehört dazu auch die Automobilindustrie. Selbst die amerikanischen Autokäufer beginnen inzwischen, sich von Wagen aus einheimischer Produktion abzuwenden. In den USA ist zumindest ein Autohersteller zu viel am Markt.

Mercedes-Gewinne für die »Welt AG«

Das schwächste Glied in der automobilen Fresskette ist seit Jahrzehnten Chrysler – nun fest in Daimler-Hand. Nur mühsam hangelte sich der Autokonzern aus der Krise Ende der Siebzigerjahre, als der Job des damaligen Chrysler-Chefs vorwiegend darin bestand, Bittgänge bei Banken und bei der Washingtoner Regierung zu absolvieren. Das Unternehmen war in einem so schlechten Zustand, dass niemand das Risiko einer Übernahme eingegangen wäre. Buchstäblich in letzter Minute hatte die demokratische Regierung den Konzern vor dem sicheren Untergang gerettet.

Doch schon am 1. November 1981 hatte sich die Krise bei dem Autobauer wiederum zugespitzt. Bei einem Tagesbedarf von 50 Millionen Dollar hatte der Konzern nur noch 1 Million auf der hohen Kante und schien endgültig erledigt zu sein. Es grenzte an ein Wunder, dass sich das Wackelunternehmen trotzdem noch einmal aus der schon sicher geglaubten Pleite manövrierte, aber im Jahr1983 kam es wieder richtig auf die Beine. Experten des Automarkts war klar, dass auf dem US-Markt für ein Unternehmen wie Chrysler kein Platz war, um auf Dauer überleben zu können.

Doch 1998 kamen die Deutschen. Alles war gut. Sie verzichteten auf eine genaue Prüfung, fanden alles okay und kauften, während sie der amerikanischen Öffentlichkeit einen »Zusammenschluss unter Gleichen« vorspielten, den Konzern. Insgeheim dürfte die amerikanische Regierung erleichtert gewesen sein. Denn von nun an würde die empfindliche Chrysler Corporation, die bisher noch von jedem Schnupfen des Automobilmarkts aufs Krankenlager gestreckt worden war, nie wieder dem US-Steuerzahler auf der Tasche liegen. Ab sofort wird der reiche Onkel Daimler für die Verluste einstehen. Tatsächlich müssen die Gewinne von Mercedes die Verlustlöcher von Chrysler stopfen: So hielt Mercedes den ganzen Konzern über Wasser, während die horrenden Verluste von Chrysler immer wieder ein Loch ins Fass schlugen.

Die Bilanz der »Welt AG« für Automobile, Transportprodukte und Dienstleistungen fällt nach der gefeierten Fusion mit Chrysler überaus ernüchternd aus: Außer Spesen nichts gewesen. DaimlerChrysler wäre am besten ohne Chrysler, wenn es sich auf die Kernmarke Mercedes konzentrieren würde. Manager wie Schrempp zerstören den Unternehmenserfolg und kosten das Unternehmen viele Milliarden. Einen Teil davon haben die Investment-Banker und Berater eingesackt: Deren Honorare für den Zusammenschluss von Daimler und Chrysler sollen rund 300 Millionen Dollar betragen haben.

Zahlendreher im Jackpot

Der Ex-Chef von IBM Lou Gerstner brauchte sich um die Zukunft nicht zu sorgen, als er seinen Posten als CEO an seinen Nachfolger weitergab. Bis zu seinem endgültigen Ausscheiden Anfang 2003 steht er dem Unternehmen als Chairman für ein Grundgehalt von 2 Millionen Dollar zur Verfügung, das noch um einen Bonus von 8 Millionen Dollar ergänzt wird. Schon 2001 hatte das Geldscheffeln richtig Spaß gemacht: Ein Plus von 115 Millionen Dollar beim Vermögenszuwachs hatte Topmann Gerstner.

Ärgerlich nur, dass die »listigen« Zahlen und die Bilanzierungspraxis des Konzerns in die Kritik gerieten. Außerdem war, kurz nachdem der vielgelobte Lou Gerstner am 21. März 2002 das Zepter weitergegeben hatte, schon am 8. April 2002 eine Umsatzwarnung fällig.

Gerissen bis zum Letzten war Charles Wang, der Chef von Computer Associates (CA), einem Softwareunternehmen aus den Silikongefilden in den USA. Wang konnte 1999 sogar vermögenswirksame Leistungen in Höhe von 655 Millionen Dollar verbuchen. Schon 1998 hatte die CA-Topmannschaft eine selbst für die Maßstäbe der gierigen Neunziger ungewöhnliche Habgier an den Tag gelegt und sich Aktien des Unternehmens im Wert von 1,1 Milliarden Dollar genehmigt.

Inzwischen ermitteln allerdings die amerikanischen Bundesbehörden wegen des Verdachts, dass Pro-forma-Geschäftszahlen gezielt benutzt wurden, um vor der Veröffentlichung der »echten« Bilanzzahlen den Aktienkurs künstlich aufzublähen, damit die umfänglichen Management-Optionspläne umso reichere Früchte tragen konnten. Schon andere waren nach diesem Modell verfahren – Grund genug für die Kontrollbehörden, nicht schwindelfreie Anleger vor Pro-forma-Geschäftszahlen zu warnen.

Geldwerte Vorteile

Da den Managern jeder Trick recht ist, um das eigene Einkommen in die Höhe zu treiben, legen sie Wert darauf, dass die Bereicherung nicht auffällt. Hierbei hilft ihnen die amerikanische Bilanzierungspraxis, denn in Form von Aktienoptionen gezahlte Gehaltsbestandteile sind nicht als Kosten für die Unternehmen auszuweisen – es wird so getan, als ob sie gratis zu haben wären. Doch die Optionen sind alles andere als umsonst, im Gegenteil, sie stellen eine erhebliche Kostenlast dar.

Welcher Missbrauch sich mit den Aktienoptionen treiben lässt, dafür gibt der amerikanische Manager Al Dunlap ein abschreckendes Beispiel. Er legte eine beachtliche Karriere vom gefeierten Manager zum berühmten Wirtschaftskriminellen hin. Kaum war er 1996 bei der Firma Sunbeam (»Sonnenstrahl«), einem Haushaltswarenunternehmen, als CEO ins Chefbüro eingedrungen, da knipste er schon den Beschäftigten das Licht aus und schloss innerhalb kürzester Zeit acht Werke und 33 Warenhäuser. Nachdem die Hälfte der Belegschaft ihre Jobs verloren hatte, arbeitete der Rest in Furcht und Schrecken vor der Entlassung weiter.

»Kettensägen-Al«, wie er genannt wurde, brüstete sich mit seiner Rücksichtslosigkeit sogar noch in einem Buch, das unter dem bezeichnenden Titel *Mean Business* (sinngemäß etwa »Gemeine Geschäfte«; »mean« hat aber auch die Bedeutung von »knallhart« und »selbstsüchtig«) den Weg in die Bücherregale vieler US-Manager fand.

Da Dunlap über sogenannte Stock-Options auf die Sunbeam-Aktien verfügte, brachte ihm die Nachricht über das Kettensägenmassaker, das er unter den Beschäftigten angerichtet hatte, durch den prompt einsetzenden Kursaufschwung der Sunbeam-Aktie schätzungsweise 55 Millionen Dollar ein. Dunlap hatte die Sägeaktion vorher schon einmal bei dem Papier- und Zellstoffproduzenten Scott Paper ausprobiert, wo er bereits mittels Wegsägen von nicht weniger als 11 000 Jobs den Wirkungszusammenhang zwischen dem radikalen Rauschmiss von Belegschaftsangehörigen und der kompromisslosen Mehrung des eigenen Kontostandes studiert hatte und sich nach erfolgreichem Abschluss des Experiments mit 100 Millionen Dollar »Grundgehalt« inklusive Bonus abgesetzt hatte.

Die dringende Frage, wie ein Unternehmen wie Sunbeam noch in der Lage sein sollte, mit so wenigen Arbeitskräften zu überleben und sein operatives Geschäft weiterzuführen, wurde schon 1998 beantwortet, und zwar ein für allemal. Der Opfergang der Belegschaft war in jenem Jahr definitiv zu Ende – das Unternehmen war pleite. Al Dunlap hatte ein neues Opfer zur Strecke gebracht.

Der »Firmensanierer« mit der eindrucksvollen Gewinn- und Verlustrechnung schlägt alle Rekorde beim Firmenabschuss. Von acht Unternehmen, die er sanieren sollte, hatte er sechs in den

Konkurs geschickt, behauptet Jeffrey Pfeffers, ein Ökonomieprofessor von der Stanford Universität.

Aktienoptionspläne spornen Manager in der Tat zu wahren Höchstleistungen und Rekorden an. Rekordverdächtig ist auch die Managementleistung von DaimlerChrysler-Vorstandschef Jürgen Schrempp, der ebenfalls auf Aktienoptionen zur Eigenmotivation setzt. Das hilft allerdings wenig, wenn einerseits die Managementleistung nicht stimmt und das Können zu wünschen übrig lässt und andererseits die gewährten Optionen so »soft« eingestellt sind, dass das Abkassieren mit ihrer Hilfe zum Kinderspiel wird, weil schon relativ moderate Kursbewegungen der Aktie nach oben genügen, um die Besitzer der Optionen zu Mehrfachmillionären zu machen.

In den Siebzigerjahren verdiente der CEO eines größeren Unternehmens etwa 45-mal so viel wie ein Arbeiter. Heute ist das Einkommen der Topmanger in manchen Fällen um mehr als das Zehnfache gestiegen und liegt nun bei dem 500fachen, bei der amerikanischen Citigroup kassiert der Chef sogar über 6000-mal mehr als ein gewöhnlicher Angestellter. Das fand das Missfallen des amerikanischen Nobelpreisträgers und kritischen Ökonomen James Tobin. Er bemängelte, dass es in keiner anderen fortgeschrittenen kapitalistischen Gesellschaft eine solch krasse Ungleichverteilung bei Einkommen, Wohlstand und Verbrauch gebe wie in den Vereinigten Staaten.

Goldrausch auf den Chefetagen

Im Wilden Westen wurden noch richtige Vermögen gemacht. Heute wird wieder richtig Geld gemacht in den Vereinigten Staaten – allerdings haben sich die Schauplätze verlagert. Fand der Goldrausch einst im Tal des Sacramento und am Klondike-River statt, ist er nun auf der Chefetage ausgebrochen. Die Exzesse im

Zuge des langen Aktienbooms an den Börsen und im Gefolge der »Philosophie« des Shareholder Value lösten eine solche Raffgier bei den Managern aus, dass sie allenfalls durch Aktienbeteiligungen und Aktienoptionspläne zu befriedigen war. Vor allem die Optionspläne gelten als Nonplusultra, um das Management zu Höchstleistungen anzuspornen.

Die Rangliste der Reichsten unter 40 führt der Computerfabrikant Michael Dell an, der mit 36 Jahren über ein Vermögen von 16,3 Milliarden Dollar gebietet. Sein Konterfei, und natürlich noch weit häufiger das von Bill Gates, schmückt die amerikanischen Gazetten und Magazine – Gesichter von den Pin-up-Boys der Moderne, die für das Mantra des Geldes stehen, das die amerikanische Gesellschaft in ihren Bann schlägt.

Sowohl Gates als auch Dell sind in erster Linie Unternehmer und dann erst Manager. Doch auf den hinteren Plätzen der Ranglisten sorgen die Superangestellten aus den Investment-Banken für Bewegung. Joe Perella etwa von der Großbank Morgan Stanley verfügt mit 150 Millionen Dollar über ein für einen Bankangestellten durchaus solide zu nennendes Vermögen. Bessergestellte wie Super-Jack Welch geraten darüber kaum ins Schwärmen. Mit seinem Vermögen von an die 900 Millionen Dollar ist er immerhin auf dem besten Weg zum Dollar-Milliardär. Doch gegenüber Sanford Weill, dem Magnaten der Citigroup, wird er sich noch arm vorkommen. Weills Privatvermögen wird auf 28 Milliarden Dollar geschätzt.

Aufstand der Fondsmanager

Die Inflation der Managergehälter ist mittlerweile auch auf der anderen Seite des Atlantiks angekommen: Lord Browne, der Boss des Mineralölunternehmens BP, des größten britischen Konzerns, erhielt 4,3 Millionen Dollar im Jahr 2001 – das war ein saftiger Aufschlag, nachdem er im Vorjahr lediglich 2,7 Millionen Dollar bekommen hatte. Einschließlich seiner BP-Aktienoptionen kam der BP-Lord auf Einkünfte von insgesamt etwa 8,7 Millionen Dollar. Damit verdiente der Mann von der Tankstelle genug, um britische Autofahrer in Rage zu bringen, aber immer noch deutlich weniger als Handystar und Kollege Chris Gent von Vodafone, der sogar rund 13,7 Millionen Dollar einstreichen konnte.

Die rapide gestiegenen Einkommen der britischen Vorstände haben Kritik von ungewohnter Seite auf den Plan gerufen: Ausgerechnet die Fondsmanager opponierten gegen die Gehaltsexzesse auf den Topetagen. Sie wollten nicht länger zusehen, wie die britischen Unternehmen von ihren Chefs zur Ader gelassen werden.

Bonusrepublik Deutschland

Während in den Fabriken und Büros der Rotstift regiert und die Aktionäre auf Schonkost gesetzt wurden, meldeten deutsche Manager Nachholbedarf bei den Gehältern an. Leicht fiel ihnen die Argumentation bei deutsch-transatlantischen Unternehmen wie etwa DaimlerChrysler. Der Managerriege genügt als Rechtfertigung schon, dass in Amerika Geschäfte gemacht werden, um Zuschläge beim Gehalt und Aktienoptionspläne festzuklopfen. Unterdessen heißt es für die Arbeitnehmer immer wieder: Es ist nicht mehr drin.

Die Ertragsbilanz der Gehälter in der Bundesrepublik ist kläglich: In den letzten Jahren legten die Bruttogehälter im Jahresschnitt um 2,2 Prozent zu. Damit lagen sie noch unter der Inflationsrate von 2,5 Prozent, was bedeutet, dass, gemessen an der Kaufkraft, sogar Einbußen hingenommen werden mussten. Anders bei den Managern. Hier sind in den letzten Jahren zwar die

Anteile der variablen, also erfolgsabhängigen Gehaltsbestandteile deutlich in die Höhe geschraubt worden. Laut Wilhelm Friedrich Boyens, Partner bei Egon Zehnder International, einem der großen Personalberatungsunternehmen, machen sie inzwischen bei den meisten Chefs mehr als die Hälfte des Einkommens aus.

Dennoch ist damit kaum ein Einkommensrisiko verbunden. Zwar könnten die variablen Einkommensbestandteile theoretisch dazu führen, dass bei einem geschäftlichen Misserfolg auch die Bezüge der Topmanager abstürzen. Doch trotz zum Teil desaströser Zahlen konnten viele Vorstände ihre Einkommen erheblich in die Höhe schrauben.

Auf den Erfolg kommt es halt letztlich nicht an. Das weiß keiner besser als Ex-Bankchef Wolfgang Rupf, der im Jahr 1997 sein Debüt als Vorstandschef der Berliner Bankgesellschaft gab. Der »Sanierer« half, die Hauptstadtbank tief in die Berliner Filzindustrie zu versenken und mit heiklen Immobiliengeschäften Milliardenverluste zu machen. Nachdem Wolfgang Rupf im März 2002 endlich den Chefsessel räumte, durfte er dennoch erst einmal in der Dienstvilla im feinen Berliner Stadtteil Dahlem bleiben. Auch das Gehalt des Bankers in Höhe von mehr als einer halben Million Euro sollte, dem Vernehmen nach, noch vier Jahre lang weiter fließen.

Erheblich weniger komfortabel gestaltet sich die Zukunft der Beschäftigten bei der ruinierten Bankgesellschaft. Anfang 2002 sollten bei der Bankgesellschaft 4000 Arbeitsplätze abgebaut werden.

Worin die besondere Leistung von Klaus Esser, dem letzten Vorstandsvorsitzenden bei Mannesmann, gelegen hatte, ist schwer zu ermitteln. Essers Wirken setzte den definitiven Schlussstrich unter die Geschichte des Traditionskonzerns. Zum Trost dafür, dass er damit zugleich seinen Job verlor, erhielt Esser eine stattliche Abschiedsprämie von an die 30 Millionen Euro.

Der Sieg der Kopierkatzen

Echte Unternehmer sind selten geworden und am ehesten im Mittelstand zu finden. Sofern sie überhaupt einmal auf den Chefetagen der Großunternehmen auftauchen, sind sie schon fast als Betriebsunfall des Managements zu werten. Es dominieren allenthalben die »copy cats«, die zwar bienenfleißigen, aber einfallslosen Kopierkatzen, die ihr Heil in der Nachahmung dessen suchen, was andere bereits zuvor in Scharen ausprobiert haben.

Das illustriert das Beispiel der Direktbanken trefflich. Während Innovatoren wie die Direktbank Consors, die als Ableger des mittelständischen fränkischen Regionalinstituts Schmidtbank entstanden war, an der Spitze marschieren und dem Onlinegeschäft eine Schneise im Markt schlagen, warten die Großbanken ab und überlassen das Risiko dem Kleinen, bis der den Beweis erbracht hat, dass die Geschäftsidee funktioniert. Kaum sind sie überzeugt, dass es klappt, stürmen alle zugleich mit reichlich Masse und Kapital in den Markt, im Gepäck nahezu identische Produkte und Geschäftsmodelle.

Die zur Schau gestellte Managementleistung der Chefs entspricht nicht einmal den Grundanforderungen aus dem Management-Pflichtenheft, ganz zu schweigen davon, dass sie der vom deutschen Corporate Governance Codex erhobenen Forderung Genüge tun würde. Die verpflichtet den Unternehmensvorstand nämlich ausdrücklich zur Steigerung des nachhaltigen Unternehmenswertes.

Unerwartetes Losglück

Während in den Vereinigten Staaten immerhin gnadenlose Offenheit bei den Bezügen der Topleute in den Unternehmen herrscht, ist es in der Bundesrepublik leicht, die Einkünfte zu verschweigen. Ob die »Neidgesellschaft«, die deutsche Manager regelmäßig bejammern, daran schuld ist, dass sie auf die Offenlegung ihrer Einkünfte bisher lieber verzichteten?

Solche unkalkulierbaren Risiken mieden die Manager aus gutem Grund. Denn für viele Firmenlenker gilt: Wann immer sie den Mund öffneten, entwich ihnen gebetsmühlenartig das Wort »Shareholder Value«. Da ist es natürlich ungeschickt, wenn die Entwicklung der Einkommen keinen klaren Bezug zum Aktienkurs, zu dem »Value« der »Shareholder«, aufweist.

Im Auftrag des Magazins *Focus Money* hat die Kienbaum Unternehmensberatung die Bezüge von Vorstandsvorsitzenden zu ermitteln versucht. Da detaillierte Zahlen nicht veröffentlicht werden, hat Kienbaum auf der Basis der Geschäftsberichte, in denen allerdings nur die Bezüge des gesamten Vorstands ausgewiesen werden, errechnet, dass die Vorstände der 30 Dax-Unternehmen ihre Bezüge im Jahr 2000 um stattliche 30 Prozent angehoben haben. Die Gehälter leitender Angestellter waren im selben Jahr bloß um 4,2 Prozent gestiegen.

Wie wenig die Bezüge des Vorstandchefs mit der Kursentwicklung der Aktie zu tun haben, wird auf den ersten Blick aus dem Salär von DaimlerChrysler-Chef Jürgen Schrempp ersichtlich. Seine »Welt AG« dürfte ihm im Jahr 2000 gut 5,3 Millionen Euro überwiesen haben. Warum es sogar noch 630 000 Euro mehr als im Vorjahr waren, als die Probleme im Konzern schon überhand nahmen, bleibt ein wohlgehütetes Geheimnis. An der Beschäftigtenbilanz kann es jedenfalls nicht gelegen haben. Zwar hat Daimler im Jahr 2001 2700 Mitarbeiter eingestellt, aber dafür hat Chrysler-Chef Dieter Zetzsche weitreichende 20 000

Beschäftigte in den Vereinigten Staaten gefeuert. Zum Trost spendieren sich die DaimlerChrysler-Vorstände immer neue Runden sehr anständiger Optionspläne zur Förderung ihrer privaten Ich-AG.

Nicht viel anders ist der Vorstand der Deutschen Telekom verfahren. Frei nach dem Motto: Irgendwann muss der Aktienkurs ja wieder steigen, gibt es immer neue Optionsrunden, die an die neuen Börsenbedingungen trefflich angepasst werden. Schon ein kleinerer Börsenaufschwung wird eine generöse Umverteilung des Unternehmensvermögens in die Taschen der Manager bewirken. Damit sich das Warten bis dahin lohnt, hat Vorstandschef Ron Sommer im Jahr 2000 1,63 Millionen Euro erhalten – deutlich mehr als in den Vorjahren (1998: 1,05 Millionen – 1999: 1,33 Millionen).

Zumindest finanziell dürfte den Telekom-Chef sein Rausschmiss im Juli 2002 nicht geschmerzt haben. Da sein Vertrag eine Laufzeit bis 2005 und eine Verlängerungsoption um weitere drei Jahre enthalten haben soll, stehen ihm womöglich bis zu sechs Jahresgehälter als Abfindung zu. Bei einem geschätzten Jahresgehalt von zuletzt 2,5 Millionen Euro würden insgesamt 15 Millionen Euro als »Schmerzensgeld« fällig. Die Aktienoptionen sind darin noch gar nicht berücksichtigt.

Wer sprengt die Bank?

Lausige Leistungen schützen eben keineswegs vor üppigen Gehaltssteigerungen. Dafür erbringen gerade Bankchefs wie der frühere Commerzbank-Primus Martin Kohlhaussen den Beweis. Unter seiner Ägide wurde die Bank zum Übernahmekandidaten, und die Arbeitsplätze in der Bank mutierten zur Ausschussware. Trotzdem drehte Pfarrerssohn Kohlhaussen, laut Kienbaum, fromm und frei seine Einkünfte von 1,1 Millionen Euro im Jahr

1998 munter nach oben – auf anständige 1,47 Millionen Euro im Jahr 2000. Mehr als bloße Kontoführungsgebühren dürfte auch sein Nachfolger im Amt des Vorstandsvorsitzenden vereinnahmen.

Keine guten Nachrichten für Bankfachleute hält die Hypo Vereinsbank bereit. Dort ist bis zum Jahr 2004 Kehraus bei den Jobs angesagt – 9100 Arbeitsplätze sollen verschwinden. Der große Vorsitzende Albrecht Schmidt hat sich im Vorgriff auf das Kommende jeder Zurückhaltung bei den eigenen Einkünften entledigt und stockte sein Einkommen im Jahr 2000 auf das Doppelte auf. Der Vergütungsberatung Kienbaum zufolge bedeutete das um die 2,29 Millionen Euro mehr auf dem Konto.

Auf dem Gipfelpunkt der Gehaltspyramide bewegte sich der bis zum Mai 2002 amtierende oberste Angestellte von Deutschlands größten Bankhaus, der Deutschen Bank. Rolf-E. Breuer verdiente laut eigenem Bekunden 8 Millionen Euro. Der Spitzenverdienst von Brutto-Breuer legte die Messlatte für Nachfolger Josef Ackermann hoch, der sicherlich noch mehr für sich einfordern dürfte. Das passt zu dem neuen angelsächsischen Geschäftsstil der Bank, die in den unteren Etagen den Personlabbau forcieren und die Reihen lichten will, den oberen Chargen jedoch Extrarationen bei den Bonus- und Sonderzahlungen in Aussicht stellt. Ohne ersichtlichen Grund sind die Gehälter an der Spitze der Deutschen Bank drastisch gestiegen – seit dem Jahr 1995 um mehr als das Achtfache.

Vergleichsweise bescheiden wirken die Gehälter von Hans-Jürgen Schinzler, der als Vorstandschef der Münchener Rück im Jahr 2000 1,13 Millionen Euro erhielt, und von Henning Schulte-Noelle, dessen Gehalt als Vorstandschef der Allianz sich auf 1,5 Millionen Euro belief. Auf einem ähnlichen Niveau lagen auch die Gehälter von BASF-Chef Jürgen Strube, der um die 1,4 Millionen Euro verdiente und ebenso wie der Chef von ThyssenKrupp, Ekkehard Schulz (um 1,42 Millionen) im mittleren

Bereich lag. Auch der wieder ausgeschiedene BMW-Vorstandschef Joachim Milberg wahrte mit um die 1,5 Millionen vereinnahmten Euro noch einigermaßen die Façon.

Da wollen die Gewerkschaftsfunktionäre natürlich nicht zurückstehen. Erste Gegenmaßnahmen sind bereits beschlossen. Frank Bsirske, der an der Spitze der frisch fusionierten Dienstleistungsgewerkschaft ver.di steht, hat sein Gehalt um etwa 60 Prozent verbessert, denn er muss ja »mit den Arbeitgebern auf gleicher Augenhöhe verhandeln«, heißt es bei ver.di. Der anhaltende Mitgliederschwund stört die Dienstleister in eigener Sache nicht, die sich für 8 Millionen Euro Jahresmiete in bester Lage am Potsdamer Platz in Berlin eingemietet haben.

Gewerkschaften »sind für die da, die schon haben und weiterhin haben werden. Arbeitslose und Menschen, die nicht mehr zum Almosenempfänger degradiert werden wollen, sind im DGB nicht beliebt«, kritisierte der Journalist und Autor Wolf Lotter in *brand eins.* Zumindest in einer Hinsicht verdienen die Spitzenfunktionäre der Gewerkschaften unsere volle Solidarität: Anders als ihre Kollegen aus der Wirtschaft müssen sie auf die leckeren Optionsmenüs verzichten.

Nomaden der Lüfte

Eine große Ausnahme unter den Chefs ist der Lufthansa-Vorsitzende Jürgen Weber nicht nur, weil er in der Riege der Steuermänner großer Unternehmen einer der wenigen ist, die weniger als 1 Million Euro verdienen. Im Unterschied zu seinen Kollegen zeichnet ihn aus, dass er selbst und seine Vorstandskollegen eine Kürzung ihrer Grundbezüge um 10 Prozent akzeptierten, nachdem 1300 Stellen bei einem Tochterunternehmen abgebaut werden mussten.

Welche Fortschritte die »The-Winner-takes-all«-Ökonomie

auch in der Bundesrepublik gemacht hat, zeigt das Beispiel von Infineon-Chef Ulrich Schumacher, der gut das Siebenfache von Lufthanseat Weber einstrich. Seine Einkommensblase platzte zwar, als sich der Technologierausch am Aktienmarkt in einen Kater verwandelt hatte, aber es soll ja Menschen geben, die ein Jahreseinkommen von 7,74 Millionen Euro, wie es Kienbaum für Schumacher errechnet hat, im ganzen Leben nicht erreichen. Damit hatte Schumacher auch erheblich mehr vereinnahmen können als der oberste Siemens-Mann Heinrich von Pierer, der sich im Jahr 2000 2,25 Millionen Euro und im Jahr davor 2,6 Millionen Euro genehmigt hatte.

Ob Schumacher, Schrempp oder Ackermann – wie weit mag der zügige Lohnanstieg bei deutschen Vorstandschefs noch gehen? Inzwischen sorgt sich sogar die Politik darum, den Vorsprung der »Winner« auszubauen. Hessens Wirtschaftsminister Dieter Posch schoss den Vogel ab, als er Ende Januar 2002 mit einer besonders kuriosen Idee aufwartete. Um den Abwanderungsgelüsten von (insbesondere Frankfurter) Geldinstituten zu begegnen, müsse die Bundesregierung über eine Entlastung der Investment-Banker nachdenken, meinte der FDP-Mann. »Nicht die Unternehmen sollen bei ihrer Steuerlast erleichtert werden, sondern die Personen«, präzisierte der mitfühlende Minister gegenüber der *Frankfurter Allgemeinen Zeitung*.

Eine steuerliche Spezialbehandlung für Investment-Banker ist sicher bedenkenswert, auch wenn andere Lohnsteuerzahler in der Bundesrepublik weiter unter ihrer Steuerlast ächzen – aber die können ja auch Investment-Banker werden. Bis dahin müssen sie sich von »Vergütungsexperten« wie Rainer Schätzle von Arthur Andersen vorhalten lassen, dass die Deutschen kein Problem damit hätten, dass ihr Idol Michael Schumacher mehrere hundert Millionen nach Hause bringt. »Wenn aber ein bewährter Vorstand einen Millionenbetrag einstreicht, gerät er unter Beschuss«, meckerte der Spezialist.

Zugvögel des globalen Finanzkapitals

Deutschland wird zum Nistplatz der Zugvögel des global operierenden Finanzkapitals aus angelsächsischen Gefilden. Sie tragen exotisch klingende Namen: Management-Buy-out-Firmen (MBO), Private-Equity-Anlagevehikel und andere Fischer in den Wassern des Beteiligungs- und Übernahmegeschäfts geben sich die Ehre. Sie werden mit der schieren Macht des von ihnen verwalteten Anlagekapitals die Bedingungen in den Unternehmen verändern. Große Fonds haben ihre Macht bereits unter Beweis gestellt, indem sie Druck auf Unternehmensvorstände ausgeübt haben, um für sie günstige Entscheidungen zu erreichen. Als politische »pressuregroup« haben sie schon ganze Regierungen mit der Drohung auf Linie gebracht, dafür zu sorgen, dass die großen Investoren ihre Vermögen aus der betreffenden Volkswirtschaft herausziehen.

Institutionelle amerikanische Investoren kontrollieren den größten Anteil der globalen Investitionen. Das finanzielle Vermögen solcher Investoren ist mehr als zehnmal höher als in Frankreich und Deutschland und immer noch um das Vierfache mehr als in Japan. Nach den langen Jahren des Downsizings und einer Vielzahl von Restrukturierungsrunden in amerikanischen Unternehmen ist es kaum mehr möglich, noch Einsparungen in großem Stil aus US-Unternehmen herauszuquetschen. In dieser Situation fällt der Blick der Investoren auf Europa. Vor allem in Deutschland findet sich eine Vielzahl unterbewerteter Unternehmen. Mit dem gelasseneren deutschen Umgangston und den sozialen Standards, mit Tariflöhnen, Mitbestimmung und Kündigungsschutz haben die Neuankömmlinge allerdings wenig bis nichts im Sinn – die gebotenen Renditen und der offerierte Zins am Finanzmarkt und den Börsen stellen sie alles andere als zufrieden. Sie wollen mehr. Die Zeichen stehen auf Veränderung.

Amerikanische »Werte« breiten sich aus

»Überall auf der Welt übernehmen ausländische Unternehmen still und leise amerikanische Geschäftsmethoden«, freute sich Janet Guyon im Wirtschaftsmagazin *Fortune:* »Jack Welch predigt nicht länger alleine die zentrale Bedeutung des Aktionärs, sondern hat längst Verstärkung bekommen durch Jürgen Schrempp von Deutschlands DaimlerChrysler, durch Franck Riboud von Frankreichs Danone und durch Jorma Ollila von der finnischen Nokia.« Einen ganz besonders Eifrigen hatte sie vergessen: Der Ex-Bertelsmann-Vorstand Thomas Middelhoff ging sogar so weit, sich selbst als Amerikaner mit deutschem Pass anzusehen und orientierte sich – wie so viele Manager in der Bundesrepublik heute – eher an den amerikanischen Managementmethoden als an hiesigen Gepflogenheiten. Amerikanische Denk- und Handlungsstrukturen feiern auf den Chefetagen auch hierzulande fröhliche Urständ und haben nahezu schon Verbindlichkeitscharakter erlangt. Wer da nicht mitmacht, dem droht Ärger.

»Das einzige Geschäftsmodell, das dauerhaft funktioniert, ist das amerikanische«, befand der Europastatthalter eines amerikanischen Personalberatungsunternehmens. Mit kaum zu übertreffender Arroganz behauptete er, dass »Amerika das einzige Land in der ganzen Welt ist, das überhaupt eine Geschäftskultur hat«. Bei der anhaltenden Begeisterung wird gerne übersehen, dass in den USA Katastrophen und Krisen fester Inhalt dieser angeblich überlegenen Geschäftskultur sind. Dass amerikanische Manager alles besser wissen und sich fortwährend einmischen, nervt viele der Spitzenangestellte ihrer deutschen Niederlassungen ohne Ende. Wer sich im Besitz der einzig tauglichen Geschäftsprinzipien wähnt, wird schnell intolerant und schenkt anderen meist kein Gehör – ein Geschäftsprinzip mit fatalen Folgen.

Besonderer Stressgrad

Gründe für den Niedergang von Opel gibt es viele. Anfang 2002 meldete der Rüsselsheimer Autohersteller erneut einen Rekordverlust. Schon seit Jahren produziert Opel nicht nur Kraftfahrzeuge, sondern auch schlechte Nachrichten – und auch die schon fast wie am Fließband. Im selben Zeitraum, in dem Ferdinand Piëch den vermeintlich steifen »Staatsbetrieb« Volkswagen von Erfolg zu Erfolg chauffierte, lief es bei der Rüsselsheimer Konkurrenz gründlich schief. Qualitätsmängel, langweiliges Design und ein hausbackenes Markenimage kosteten Opel Marktanteile, und während das Geschäft und die Stimmung litten, fand die US-Zentrale von General Motors ein um das andere Mal Gründe, dem Management der deutschen Tochter ins Lenkrad zu greifen. Der Erfolg dieser Strategie – siehe oben.

Wie die »amerikanischen Werte« sich im betrieblichen Leben auswirken, lässt sich gut bei General Electric (GE) verfolgen. Jack Welch und seine »besonderen Fähigkeiten zur Motivation«, die manche Menschen als Rücksichtslosigkeit bezeichnen, sorgen für Arbeitsbedingungen mit erhöhtem Stressgrad. Nicht nur die Beschäftigten, auch die Manager stehen in der »people factory« immer unter Dampf – es gibt kaum ein anderes Unternehmen, in dem der Druck höher ist als bei General Electric.

Besonders viel Mühe wird bei GE auf die offiziellen Leistungsbeurteilungen verwandt. Wer die Kriterien nicht erfüllt, verliert unverzüglich seinen Job. Grundlage der Benotung ist die von Jack Welch selbst entwickelte »Vitalitätskurve«. Eine gnadenlose Bewertung sortiert vermeintliche »Underperformer« aus, das sind die 10 Prozent der Schlechtesten.

Diese offizielle Personalbewertung bei General Electric kann Leistungs- und Powerfetischisten vom Schlage eines Jack Welch natürlich nicht zufrieden stellen. Im Rückblick auf seine aktive Laufbahn gewährt uns Welch tiefere Einblick in die menschliche Schleifmaschine bei dem US-Elektro- und Dienstleistungsgiganten:

> »Bei GE ist jeden Tag unausgesprochen und unaufhörlich eine informelle Personalbeurteilung im Gang – im Pausenraum, auf den Fluren, in jeder Geschäftskonferenz. Eine intensive Ausrichtung auf die Mitarbeiter – jeder wird in einer Myriade von Situationen getestet –, das ist es, was das Management bei GE ausmacht. Letztlich geht es um nichts anderes bei GE: Wir schaffen großartige Mitarbeiter, die dann wieder großartige Produkte schaffen.«

Teil V: Die Verlierer stehen fest

17 Dereguliert und liberalisiert: Wenn den Jobs die Luft ausgeht

Der größte Reichtum eines Unternehmens

Die Konzerne entledigen sich ihrer Fabriken, und nicht nur einfache Konsumgüter wie Bekleidung, Sportartikel und die Weiße Ware Herd, Waschmaschine und Kühlschrank, sondern selbst Elektronikprodukte wie Handys und DVD-Geräte rollen von fremden Fließbändern. »Reengineering«, die Umorganisation von Abläufen mit dem Charme einer stalinistischen Säuberung, sorgt dafür, dass ganze Produktionshallen von »überflüssigen« und »kostspieligen« Arbeitskräften befreit werden.

Die Unternehmen sind zu schwerfällig und zu bürokratisch, lautete die Parole. Unternehmen, die ihre Beschäftigten als ihren »größten Reichtum« bezeichnet hatten, fanden es an der Zeit, diesen Reichtum schleunigst wieder loszuwerden. Dabei wurde jede Vorsicht fahren gelassen. Nichts blieb, wie es war. Wenn ein Team eingespielt, eine Entwicklung auf dem besten Weg war, sorgte eine Reorganisation dafür, dass kein Stein und keine Verbindung auf dem anderen blieb. Ken Rice, der Leiter des Breitbandgeschäfts von Enron, kleidete den neuen Zeitgeist in Worte: »Es gibt keinen Geschäftsbereich, wie langweilig und dröge er auch sein mag, der nicht fundamental anders strukturiert werden könnte, um neue Werte zu schaffen.«

Downsizing America

»Nehmen Sie eine Handgranate, ziehen Sie die Zündschnur, rollen Sie die Granate unter dem Haupteingang durch und jagen Sie das Unternehmen in die Luft«, gab Amerikas Managerlegende Jack Welch seinen Studenten mit auf den Weg. Sein Rezept – Kostenkontrolle durch die Beseitigung eines Teils der Belegschaft – fand nicht nur bei aufgekauften und fusionierten Unternehmen viele Nachahmer. Welch selbst avancierte zum Vorbild einer ganzen Managergeneration – mit schrecklichen Folgen für das arbeitende Amerika.

Im Buch *The Downsizing of America* zeigen Reporter der *New York Times*, was die großmundig verkündeten »neuen Werte« für die von den harten Einschnitten direkt Betroffenen und ihre Familien bedeuten. Viele der Entlassenen gerieten in eine tiefe persönliche Krise. Das Vertrauen in die Arbeitgeber hat schweren Schaden genommen, die Loyalität der Angestellten zu »ihrem Unternehmen« ist zerbrochen. Jenseits der Legendenbildung, die sich um den amerikanischen Arbeitsmarkt rankt und die in unserer Wahrnehmung maßgeblich von den Erfolgen der Software- und Computerwunderfirmen aus dem Silicon Valley bestimmt wird, stellt die Entlassung für amerikanische Beschäftigte einen Sturz in nie gekannte Tiefen dar. Viele erreichen danach nicht mehr jenes Einkommensniveau, das sie in der alten Position hatten.

Nach einer Analyse der *New York Times* sind allein zwischen 1979 und 1995 rund 43 Millionen Jobs in den USA verloren gegangen. Und eine Untersuchung der amerikanischen Outplacement-Firma Challenger, Gray & Christmas ergab, dass US-Unternehmen im Verlauf des Jahres 2001 nicht weniger als 1,96 Millionen Stellenstreichungen angekündigt haben. Zu Beginn des Jahres 2002 nahm das Tempo der Stellenstreichungen zumindest im industriellen Sektor weiter zu: Die in den ersten vier Monaten des Jahres 2002 bekanntgegebenen Jobverluste übertrafen mit 120 698 den Vorjahreszeitraum deutlich (91 799). Insgesamt waren Anfang 2002 555 783 Stellen zur Streichung vorgesehen.

Umgesetzt werden diese Entlassungen ein paar Monate später, mit einiger Verzögerung nach der Bekanntgabe. Viele dieser Stellen werden wieder besetzt, falls und sobald die Konjunktur sich erholt. Nicht wenige werden durch niedriger bezahlte Dienstleistungsjobs ersetzt. Auf diese Weise sind – bislang – insgesamt zwar immer wieder mehr neue Stellen entstanden, als verloren gingen. Das bedeutet jedoch, dass viele Angestellte in ihren neuen Jobs – sofern sie welche finden – weitaus weniger verdienen und die sozialen Leistungen schlechter ausfallen. Hinzu kommt, dass auch der Ruhestand gefährdet ist, denn die Altersruhegelder sind überwiegend an der Börse angelegt und von der Talfahrt der Aktienmärkte entscheidend betroffen.

Schubumkehr: Jobs im Sturzflug bei Boeing

Die Arbeitnehmer in der amerikanischen Industrie sind Kummer gewöhnt. Wer jedoch in der Vergangenheit das Pech hatte, in der Luftfahrtindustrie tätig zu sein, der brauchte besonders starke Nerven. Was die Arbeitnehmer des Flugzeugbauers Boeing an Personalabbau und Restrukturierungen über sich ergehen lassen mussten, ist in diesem Umfang selbst für ein US-Unternehmen außergewöhnlich. Trotz – oder wegen? – all dieser Maßnahmen, die das Unternehmen fit machen sollten, hat der Konzern aus

Seattle beständig Marktanteile an die europäische Konkurrenz von Airbus abgeben müssen.

In den Jahren zwischen 1992 und 1996 warf Boeing 42 000 Arbeiter und Ingenieure raus. Ein Teil von ihnen wurde bis 1997 wieder eingestellt, weil es Boeing zwischenzeitlich an Facharbeitern und Ingenieuren mangelte. Zwar war 1997 ein vorzügliches Jahr für die Luftfahrtindustrie, in dem die Auftragsbücher gut gefüllt waren, aber vor dem Weihnachtsfest gab es eine besondere Bescherung: Obgleich es dem Flugzeugbauer nicht einmal mit dem existierenden Bestand an Montagearbeitern und Ingenieuren gelungen war, die Produktionsziele und Lieferverpflichtungen zu erfüllen, gab Boeing-Chef Philip M. Condit, offensichtlich um eine Erfolgsmeldung verlegen, im Dezember 1997 eine erneute Entlassungsrunde bekannt. Sobald es die Lage erlaube, sollten 12 000 Arbeitsplätze abgebaut werden.

Schon zu diesem Zeitpunkt war abzusehen, dass die Entlassungen den Flugzeugriesen teuer zu stehen kommen würden. Und wirklich: Bald war Boeing wieder verlegen um Fachkräfte und setzte eine Kopfprämie von 7500 Dollar für Ex-Beschäftigte aus, wenn sie nur wieder bereit wären, bei dem Flugzeugbauer neu anzufangen ...

Airbus startet durch

Als die Orderbücher vor Neuaufträgen nur so überliefen, war Boeings europäischer Erzrivale Airbus Industrie in die beste Startposition gerollt und drehte jetzt voll auf. Die strengen europäischen Arbeitsgesetze hatten Airbus glücklicherweise erst gar nicht der Versuchung ausgesetzt, das Heil in kurzfristiger Kostendrückerei per Massenentlassung zu suchen. Während die Airbus-Arbeiter hochmotiviert an die Arbeit gingen, wusste keiner der Arbeitnehmer bei Boeing, was ihn am nächsten Tag erwartete. Im Jahr 2000 waren Streiks bei Boeing an der Tagesordnung, denn um den Betriebsfrieden war es unter diesen Umständen alles andere als gut bestellt.

Besser bestellt war es um die Laune und die Motivation der Aktionäre des Unternehmens, denn die Schmalspurökonomen von der Börse hielten den mit der Axt betriebenen Kahlschlag bei den Jobs fatalerweise für eine grandiose Managementleistung. Noch Mitte 1997 notierte die Aktie von Boeing bei 65 Dollar, womit der Börsenwert dem 77fachen des Unternehmensgewinns entsprach und weit über das hinausging, was der Finanzmarkt Unternehmen in der Luftfahrtbranche üblicherweise zugesteht.

Die Überbewertung hätte als Warnung dienen müssen, denn seitdem ging es mit der Aktie bergab. Erst als der von den Technologiewerten angeheizte Börsenboom verglühte, geriet das vermeintlich solide Boeing-Papier Ende 2000 wieder ins Blickfeld der Anleger und ging in den Steigflug über. Zu diesem Zeitpunkt war die Finanzchefin Debby Hopkins, die Boeing-Chef Condit stolz als »Agentin des Wandels« bezeichnete und die zu ihrem Eintritt bei Boeing von der Wall Street mit reichlich Vorschusslorbeeren begrüßt worden war, bereits wieder von Bord gegangen. Gerhard Hegmann diagnostizierte Anfang 2000 in der *Financial Times Deutschland:*

> »Hopkins hatte offensichtlich erkannt, dass der Wettbewerb zwischen Boeing und dem europäischen Airbus-Konsortium langfristig für den US-Konzern nicht zu gewinnen ist, wenn Flugzeuge ohne Ertragsmarge verkauft werden. Nach internen Studien wurde bekannt, dass bei Boeing etwa ein Viertel der rund 40 Produktbereiche keinen Gewinn erzielt.«

Unweigerlich sackte Boeing gegenüber Airbus immer weiter ab. Die Europäer konnten 1999 mehr Verkaufsabschlüsse melden als Boeing. Auch in den Jahren danach konnte der Konkurrent aus dem französischen Toulouse immer neue Aufträge ergattern, so dass Boeings Stellung als weltweit größter Flugzeugbauer zunehmend in Gefahr gerät. Zwar führte Boeing im Juli 2002 mit 134 Flugzeugbestllungen gegenüber 104 bei Airbus. Doch da Airbus ein dickeres Auftragspolster bei Großraumflugzeugen hat, liegt der europäische Hersteller gemessen an den Bestellwerten vorn. Die Krise im Zivilflugzeugbau wird von Airbus besser bewältigt. Der Erfolg von Airbus zeigt, dass Unternehmen, die nicht auf Entlassungen setzen, sondern die richtigen Weichenstellungen vornehmen, um nach dem Ende der Krise neue Absatzerfolge zu erreichen, im Wiederaufschwung besser positioniert sind. Das hat sich an der Wall Street noch nicht herumgesprochen.

Is Honey well?

Ende 2001 mussten auch die Beschäftigten der Zulieferer in der Luft- und Raumfahrtindustrie das bittere Wasser trinken. Besonders bei Honeywell fielen die Schnitte drastisch aus, weil den Konzern zusätzlich zum Konjunkturabschwung die verpatzte Fusion mit General Electric unter Druck setzte. Die EU-Fusionswächter hatten den Zusammenschluss der Riesen Honeywell und General Electric untersagt, der zu einer marktbeherrschenden Stellung bei den Luftfahrtzulieferern geführt hätte.

Ende 2001 standen 16 000 Arbeitsplätze und 51 Produktionsstandorte bei Honeywell zur Eliminierung an – eine Reduzierung der Beschäftigtenzahl um 13 Prozent. Da ist es ein geringer Trost, dass dieses Mal auch der Chef von Honeywell seinen Job einbüßte und wohlversorgt seinen Abschied nehmen musste.

Hysterische Austauschmanie

Schon Tage vor der Ankündigung von Honeywell hatte auch Boeing die Öffentlichkeit wieder mal darüber informiert, dass 30 000 Flugzeugarbeiter ihren Job verlieren sollten. Zu diesem Zeitpunkt herrschte in der amerikanischen Wirtschaft der Entlassungswahn. Auch für die Spitzenmanager ging es im unruhigen Wirtschaftsleben immer häufiger um Kopf und Kragen – immer hysterischer und schneller wurde die Austauschmanie.

Der Kolumnist Geoffrey Colvin bemerkte Ende 2001 im Wirtschaftsmagazin *Fortune,* dass die »Rate der CEO-Verbrennung längst durch die Decke gegangen ist«. Die Hauptgeschäftsführer großer US-Gesellschaften verschwanden im Dutzend in der Versenkung. Mitunter wurden sie nach so kurzer Zeit schon wieder abgelöst, dass noch gar kein »langfristiger« Nachfolger gefunden war. In den Unternehmen sorgte das nicht unbedingt für Kontinuität.

Da haben es die Spitzenkräfte in unseren Breitengraden etwas einfacher. Deutsche Topmanager bleiben noch immer so lange in ihrem Büro, wie es eben geht. Am liebsten würden sie es wohl erst mit den Beinen voraus verlassen. Wenn Manager sich in den Vorstandsetagen erst einmal eingenistet haben und sich dort ganz wie zu Hause fühlen, halten sie sich nach einiger Zeit für den Eigentümer des Unternehmens und nicht mehr für dessen Verwalter. Auch dem früheren Chef von Hapag Lloyd, Bernd Wrede, ging es so. Wrede hatte sich in die hanseatische Gebärde des »Großreeders« regelrecht hineingesteigert. »Die eigene Strahlkraft hat ihn schlicht übermannt«, kommentierte das *Manager Magazin* das Verhalten des abgedrehten »Reederkönigs«, der sich seinen Tee von einem livrierten Diener servieren ließ. Der Besitzer von Hapag-Lloyd, die Preussag AG, war etwas moderner eingestellt und entband den Kapitän Ende Oktober 2001, noch vor Ablauf seines Arbeitsvertrags, von seinen Pflichten.

Finanzpolster ohne Federn

Wer kein Spitzenmanager ist, wird mit deutlich weniger Aufwand aus seinem Job entfernt und kann anschließend sehen, wo er bleibt. Es ist beileibe keine Ausnahme, dass Führungskräfte, die vorher 150 000 Dollar im Jahr verdienten, im neuen Job mit einem Einkommen unter 60 000 Dollar auskommen müssen. Wieder andere halten sich der Not gehorchend als freiberufliche Unternehmensberater, Marketingberater und so weiter über Wasser und sind froh, wenn sie noch 50 000 Dollar Jahreseinkommen erreichen.

Die Spirale setzt sich nach unten weiter fort: Viele Beschäftigte erzielen nach dem Verlust ihrer Festanstellung mit 50 000-Dollar-Vertrag mit ihrer neuen Tätigkeit gerade noch 25 000 Dollar an jährlichem Einkommen. Beschäftigte aus gut dotierten Positionen, die nach dem »Downsizing« nicht zurückzustecken bereit sind und nach einem gleichwertigen Job suchen, gehen leer aus – und das selbst nach Tausenden abgesandten Bewerbungen.

Amerikas Mittelstand rutscht auf der sozialen Leiter immer weiter ab, selbst gute Finanzpolster federn den Fall nicht mehr ab, denn zur Überbrückung ihrer Arbeitslosigkeit greifen die Menschen häufig auf angesparte Altersvorsorgegelder zurück. Inzwischen verzichten viele aus finanziellen Gründen sogar auf eine Krankenversicherung, so dass schon einer von sieben US-Bürgern im erwerbsfähigen Alter durchs Raster fällt, weil er weder über eine Krankenversicherung des Arbeitgebers verfügt noch für die Teilnahme an staatlichen Gesundheitsprogrammen in Frage kommt.

Das eigene Haus oder die Eigentumswohnung werden verkauft, weil das Einkommen nicht mehr ausreicht, um den Kredit abzuzahlen, oder weil der Umzug in eine andere Gegend den Verkauf erzwingt. Fatalerweise treffen Downsizings oft den Immobilienmarkt einer ganzen Region bis ins Mark, weil es nach

Massenentlassungen bei einem großen Arbeitgeber plötzlich ein Überangebot an Häusern und Wohnungen gibt.

Stellenstreichungen von zweifelhaftem Wert

Die Downsizings haben die amerikanischen Unternehmen nicht stärker, sondern ganz im Gegenteil sogar verwundbarer gemacht. So erstaunlich diese Behauptung klingen mag, die ökonomische Forschung hat längst zahlreiche empirische Belege dafür. Allzu oft sind die Schnitte bei den Belegschaften und den Kosten nicht das Ergebnis reiflicher strategischer Überlegungen, sondern in der Regel eine überstürzte Reaktion auf eine hereinbrechende Krise.

Eine Untersuchung der American Management Association bei 1000 Unternehmen förderte ernüchternde Ergebnisse zutage: Noch nicht einmal die Hälfte der Unternehmen, die summarisch ihre Belegschaft reduzierten, konnte ihren Betriebsgewinn danach verbessern.

Eine andere Untersuchung zeigt sogar, dass der Anteil von Führungskräften in den Unternehmen nach den Downsizings sogar höher war als davor. Was eine Fitnesskur hätte sein sollen, hatte die US-Unternehmen sogar noch fetter gemacht. Auch das wirtschaftsfreundliche *Wall Street Journal* hatte Ähnliches beobachtet: Pro 100 Beschäftigte hatten Großkonzerne 1995, nach der großen Downsizing-Welle, mehr Manager und Führungskräfte und damit einen noch dickeren Wasserkopf als zwei Jahre zuvor. Über die Gründe lassen sich nur Mutmaßungen anstellen. Der ausgeprägte Kontrollwahn von US-Managern mit ihrem Wunsch, alle Geschäftsprozesse lückenlos zu überwachen, könnte eine Rolle spielen, denn das erfordert eben immer wieder neues »Überwachungspersonal«.

In konsensorientierten Wirtschaftsmodellen wie dem deutschen ist ein solcher Überwachungsaufwand kaum erforderlich – das macht die deutschen Unternehmen gewissermaßen schon von Natur aus schlanker. Umfangreiche Entlassungen können in Deutschland schon aus diesem Grund mehr Schaden anrichten als sie nutzen.

Der gehebelte Rausschmiss

In den Siebziger- und Achtzigerjahren sorgten in den Vereinigten Staaten »Raider-Persönlichkeiten« wie Carl Icahn, T. Boone Pickens oder James Goldsmith für reichlich Druck auf die Jobs. Überfallartig (engl. »raid« = Überfall) übernehmen diese Großinvestoren Firmen gegen deren Willen, um sie innerhalb kurzer Zeit mit möglichst hohem Profit wieder abzustoßen.

Was der Belegschaft und ihren Jobs dabei so alles blühen kann, zeigt der Fall der Übernahme der Fluggesellschaft TWA durch Carl Icahn, der vorexerzierte, wie man Geschäfte auf dem Rücken der Belegschaft macht. Nachdem Icahn 1985 die Kontrolle über TWA erlangt hatte, forderte er von den Beschäftigten der Fluggesellschaft rigoros Lohnkürzungen. Im Gegenzug versprach er, die Arbeitsplätze zu erhalten. Der Coup gelang. Aus Angst um ihre Arbeitsplätze willigten die Angestellten in die geforderten Lohnkürzungen ein. So wurden die Kosten der Übernahme in Höhe von 400 Millionen Dollar im Wesentlichen von der Belegschaft selbst gezahlt, die Icahn wie eine Weihnachtsgans ausnahm.

Bei der Übernahmeepidemie, die ein solches Ausmaß erreichte, dass sie die US-Wirtschaft in den Achtzigerjahren lahmzulegen drohte, handelte es sich um eine Art Verteilungspolitik auf Amerikanisch: von unten nach oben. Als eines der effektivsten verteilungspolitischen Instrumente erwiesen sich die sogenannten LBOs, die »leveraged buyouts«. Dabei besorgt sich der Raider das für eine Übernahme benötigte Kapital durch Kredite, die er als »Hebel«, als sogenannten Leverage einsetzt. Zum Zwecke der Finanzierung von Übernahmen kam es massenhaft zur Ausgabe von »Junk Bonds«, sogenannten Schrottanleihen. Das sind hochverzinsliche Anleihen, die ein besonders hohes Risiko aufweisen und eigens zur Geldbeschaffung für Übernahmen – meistens mit anschließender Ausschlachtung – dienen. Der Raider kann so in den Besitz von ausreichend Kapital gelangen, um selbst die Übernahme und Zerschlagung großer Konzerne zu bewerkstelligen.

Die ganze Palette dieser Möglichkeiten nutzten spezielle Unternehmen wie die »Übernahmeagentur« Kohlberg, Kravis Roberts (KKR), hinter der als treibende Kraft der New Yorker Henry Kravis steckt. KKR war in der Lage, gewaltige Kapitalströme für feindliche Übernahmen fließen zu lassen.

Barbaren vor den Toren

Ein wahres Schlachtfest war die 28 Milliarden Dollar schwere Übernahme des Lebensmittelkonzerns RJR Nabisco. Im Oktober 1988 hatte das Management von RJR bekanntgegeben, dass es vorhabe, den Konzern zu »reprivatisieren«. Die unterbewerteten RJR-Aktien sollten von der Börse entfernt werden – wohl in der Absicht, einer Übernahme zuvorzukommen und sich aus der Gefahrenzone zu begeben. Doch die »Rolle rückwärts« vom Börsenparkett in ruhigere Gewässer wurde jäh vereitelt, denn der Übernahmespezialist KKR stieg in den Ring, um einen Leveraged Buyout (LBO) durchzuziehen. In einem Bietergefecht, das sich RJR und KKR lieferten, wurde das öffentlichen Kaufangebot an die Aktionäre mehrfach nach oben gesetzt und erreichte im Februar 1989 schließlich außerordentliche 109 Dollar pro Aktie.

Das Schicksal eines mittels LBO übernommenen Unternehmens ist vorgezeichnet. Denn um die Kosten der Übernahme und die Lasten der zuvor aufgenommenen Kredite zu finanzieren – und dann natürlich den erhofften Gewinn einstreichen zu können –, wird das Kaufobjekt tranchiert, und die einzelnen Stücke werden anschließend meistbietend veräußert. So geschah es auch mit RJR Nabisco.

Die gewagten Manöver und das rücksichtslose Vorgehen der Übernahmespezialisten schildert Oliver Stones Film *Wall Street* mit Michael Douglas als Finanztycoon Gordon Gecko und spart dabei auch nicht aus, dass bei den spannenden Börsentransaktionen der Achtzigerjahre das Spiel mit gezinkten Karten – der Insiderhandel – schon fast dazugehörte. Im Film erklärt der aus kleinen Verhältnissen stammende Gordon Gecko, der jetzt an der Wall Street mit Millionen jongliert, was ihn antreibt, und beschreibt damit perfekt die Philosophie der Raider:

> »Ich zerstöre keine Unternehmen, ich befreie sie. Der entscheidende Punkt ist doch: Die Gier ist gut, die Gier ist richtig, sie klärt die Dinge. Und die Gier wird die Rettung für Teldar sein und für diese andere schlecht geführte Firma: die USA.«

Angst vor der Freiheit

Ermöglicht werden solche Karrieren durch die Freigabe der Märkte und den weitgehenden Verzicht auf eine Kontrolle des dann einsetzenden »freien Spiels der Kräfte«. Für die Vereinigten Staaten war es lange charakteristisch, dass in bestimmten, staatlich regulierten Branchen Monopole herrschten. Doch unter dem Druck der Wirtschaft und ihrer politischen Vertreter kam es zur Deregulierung und Preisfreigabe im Bereich der Telekommunikation, im Energiesektor und im Luftfahrtbereich. Der Staat nimmt seinen Abschied aus der Wirtschaft. Nicht nur in den Vereinigten

Staaten, sondern auch in anderen Industrieländern beginnt er sich ganz aus dem Wirtschaftsleben zurückzuziehen.

Es kommt zu zahlreichen Privatisierungen – eine Folge des verbreiteten Credos, es sei besser, wenn der Staat nicht Unternehmer spiele. Die Überzeugung, dass er dazu nicht in der Lage sei, wuchs natürlich auch infolge des erfolgreichen Lobbyings von jenen Interessengruppen, die sich von einer Deregulierung den höchsten Gewinn versprachen. Als US-Präsident Bill Clinton in einer Rede 1995 die Massenentlassungen bei Unternehmen der Telekommunikation, allen voran AT&T, lauthals beklagte, vergoss er nur noch Krokodilstränen. Die entlassenen Angestellten waren nämlich die Verlierer genau jener Maßnahmen zur Deregulierung, die die Clinton-Regierung mit Nachdruck betrieben hatte: Im selben Jahr, 1995, stimmte der Kongress dem »Telecommunications Deregulation and Competition Act« zu, der zuerst die alten Monopole und sofort auch zahlreiche Jobs in Luft auflöste.

Die Folgen der Deregulierung sind bizarr: Als hätten sie Angst vor der Freiheit, schlossen sich zahlreiche Anbieter von Telekommunikationsleistungen so schnell sie konnten wieder zusammen, so dass eine Welle von Fusionen über die Wirtschaft schwappte. Und siehe da: Auch der einst als Monopolist verdammte und zerlegte AT&T-Konzern feierte ein Comeback und hatte die letzten Meter zum Kunden wieder fest im Griff. 26,5 Millionen Haushalte hängen an den Drähten von AT&T. Der alte Riese ist unter neuen Vorzeichen scheinbar auch der neue.

Krokodilstränen für Jobs

Chaotische Folgen zeitigte die Freigabe des Luftverkehrs, die viele Airlines und viele Arbeitsplätze nicht überlebten, so dass immer mehr Lohnabhängige binnen kürzester Frist schon zum zweiten Mal Opfer einer der allfälligen Restrukturierungsmaßnahmen der US-Wirtschaft wurden. Zumindest an der Privatisierung von Sicherheitsmaßnahmen gibt es inzwischen Zweifel. Zu Niedriglöhnen sind offensichtlich keine ausreichenden Sicherheitsstandards zu bekommen. Die von privaten Unternehmen durchgeführten Sicherheitstests an den Flughäfen sind nicht zuverlässig, wie Untersuchungen nach den Attentaten vom 11. September 2001 ergeben haben.

Manche Maßnahmen der Deregulierung sind alles andere als eine echte Freigabe von Märkten und begründen erst recht keine Chancengleichheit für alle Wettbewerber, wie immer behauptet wird. Trotz eines angeblich liberalisierten Luftverkehrs sind die Himmel über Amerika bestenfalls halb offen. Zu Lasten der europäischen Fluggesellschaften haben sich die US-Carrier Vorteile und Privilegien im Heimatmarkt gesichert. Umgekehrt machen die US-Fluggesellschaften aber ausgiebig von ihrem Flugrecht Gebrauch – amerikanische Jets fliegen innerhalb Europas, wo es ihnen gefällt. Wer glaubt, dieselbe Freiheit müsse für europäische Unternehmen in den USA gelten, ist offensichtlich auf dem Holzweg.

Im Land der unbegrenzten Möglichkeiten sind die Chancen für die europäischen Mitbewerber mehr als begrenzt, und man hat Vorsorge getroffen, damit dies so bleibt. Nur für den Fall, dass die Konkurrenz vom alten Kontinent auf die Idee kommt, eine US-Gesellschaft zu übernehmen und auf diese Weise in den Besitz von Landerechten im riesigen amerikanischen Markt zu kommen, sind Beschränkungen der Stimmrechte bei amerikanischen Airlines in Kraft. Sie halten die Europäer am Boden. Bezeichnend ist das »Fly-America«-Gesetz, das Regierungsangestellte verpflichtet, in den Jets von amerikanischen Fluggesellschaften an Bord zu gehen, und Wettbewerber eindeutig diskriminiert.

Das schiere Durcheinander

Unter Premierministerin Margaret Thatcher kam es auch im Vereinigten Königreich zu umfangreichen Privatisierungen, angefangen von der staatlichen Telefongesellschaft British Telecom über British Airways und die Eisenbahngesellschaft British Rail bis zur Gas- und Elektrizitätswirtschaft und der Stahlindustrie. Insgesamt wurden dabei 300 000 Arbeitsplätze verschrottet. Zwar kamen die meisten davon anderswo wieder zum Vorschein – bloß die älteren Arbeitnehmer kamen nicht mehr zum Zuge.

Wer sich als Kunde durch die Privatisierungen einen besseren Service erhoffte, wurde oft enttäuscht. Das gilt besonders beim Reiseverkehr, wo entweder völliges Chaos herrscht oder monopolistische Tendenzen wie vor der Privatisierung. Trotz einer vermeintlichen Liberalisierung ist der transatlantische Markt zwischen London und den Vereinigten Staaten in der Hand zweier Airlines. Auf der meistbeflogenen Route des globalen Flugverkehrs sind vor allem die Flugzeuge von British Airways (BA) oder American Airlines (AA) unterwegs, die sich ganze 60 Prozent des Flugaufkommens teilen. Da erscheint es nur folgerichtig, dass AA und BA immer enger zueinander finden und bald auch Nachrichten über einen »Merger« die Runde drehen.

Während in den Lüften die Monopole an Steighöhe gewinnen, herrscht auf dem Boden das schiere Durcheinander. Die Privatisierung des Eisenbahnverkehrs 1996 war ein Fehlschlag. Railtrack, die Betreibergesellschaft für das Streckennetz und die Signaleinrichtungen, wurde im Zeichen des Shareholder Value sparsam geführt. Wie manche meinen, zu sparsam. Um den Aktionären eine Freude zu machen, unterblieb die Modernisierung der Streckenbetten. Nach einer Serie schwerer Zugunglücke entschied sich der englische Staat, dem Debakel ein Ende zu machen und überführte Ende 2001 die glücklose Gesellschaft wieder in Staatsobhut.

Auch der British Telecom ist die private Luft alles andere als gut bekommen; sie wurde zu einem schweren Krisenfall, der sich erst langsam wieder zu erholen scheint. Heute ist British Telecom in einer schlechten finanziellen Verfassung, und ihre Beschäftigten sehen einer sehr ungewissen Zukunft entgegen.

In schöner Regelmäßigkeit ergibt sich im Verlauf von Privatisierungen das immer gleiche Bild: Während sich die Belegschaft massenweise nach neuen Jobs umsehen und die Flure der Arbeitsämter füllen darf, gibt es ein paar neue Millionäre und Multimillionäre, die von der veränderten Situation profitieren. Die Masse der Gekündigten hat Probleme, einen Job zu finden, denn die Konkurrenzunternehmen aus der »New Economy« deckten in der Vergangenheit ihren Bedarf meist anderweitig – vorzugsweise mit jungen Hochschulabsolventen. Wer also meint, die von einem in den freien Wettbewerb entlassenen Unternehmen »freigestellten« Mitarbeiter könnten in den Zukunftsbranchen der Informations- und Biotechnologie unterkommen, unterliegt einem jener Trugschlüsse, wie sie Politiker den Wählern und den Medien nur zu gerne verkaufen. Vor allem ältere Arbeitnehmer haben in Hightech-Unternehmen kaum eine Chance.

Stromausfall im Siliziumtal

Als in Kalifornien Supermärkte und ganze Stadtviertel ohne Strom dastanden, im Hightech-Paradies Silicon Valley die Computerbildschirme erloschen und selbst die Krisensitzung der Energiekommission von einem Stromausfall unterbrochen wurde, war daran die Deregulierung des kalifornischen Energiemarkts schuld. Das größte kalifornische Energieunternehmen Pacific Gas & Electric (PG&E) ist dabei in Konkurs gegangen.

Die Deregulierung hat sich als Debakel für die Energieversorger, für den Staat und für die Bürger herausgestellt. Um die

Stromversorgung sicherzustellen, hat der kalifornische Staat sich wieder in die Energiewirtschaft eingeschaltet und subventioniert die niedrigen Stromtarife. Trotzdem ist in Kalifornien natürlich weiterhin zumindest offiziell von »Liberalisierung« die Rede.

Interessant verspricht eine Untersuchung zu werden, die sich mit den Aktivitäten des untergegangenen Enron-Konzerns befasst. Enron soll nicht nur massiv Lobbyarbeit zur Deregulierung des kalifornischen Energiemarkts betrieben haben, sondern auch für die steil gestiegenen Preise in Kalifornien verantwortlich sein.

Gemischte Gefühle: Liberalisiert in Germany

In Deutschland sind Deregulierungen vorsichtiger angegangen worden. Entsprechend bescheiden sind die Ergebnisse, dafür kam es allerdings auch nicht zu den großen Katastrophen, wie sie anderswo auftraten. Seit am 29. April 1998 das neue Energiewirtschaftsrecht in Kraft trat, hatten Experten hohe Erwartungen gehegt. Sie dürften enttäuscht sein, denn zumindest was die Absenkung der Preise von Strom und Gas betrifft, haben vor allem industrielle Großverbraucher den Nutzen, die Grundstoffe wie Chlor, Elektrostahl und Aluminium produzieren und bei denen die Stromkosten zum Teil mehr als ein Drittel der Produktionskosten ausmachen. Dabei handelt es sich samt und sonders um Wirtschaftszweige mit abnehmender Bedeutung.

Wer sich aus der Neuregelung der Energiemärkte und der Auflösung der alten Monopolstrukturen satte Wachstumsimpulse für das Bruttoinlandsprodukt erhofft hatte, ist ebenfalls enttäuscht worden. Das Rheinisch-Westfälische Institut für Wirtschaftsforschung (RWI) erstellte im Jahr 2001 eine Studie zur Liberalisierung der deutschen Strom- und Gasmärkte. Danach fallen die zu erwartenden Wachstumseffekte in Bezug auf das Bruttoinlandsprodukt mit maximal 0,13 Prozent eher mickrig aus. Deutlich zu spüren bekommen die Entwicklung dagegen die Stadtwerke und Regionalversorger, die zunehmend unter Druck geraten und bald reihenweise dichtmachen könnten. Für die Kommunen bedeutet es eine weitere Einschränkung ihrer Handlungs- und Entscheidungsspielräume, wenn sich ihre Stadtwerke bald in der Hand der großen Konzerne und einstigen Monopolträger wiederfinden.

Die Großen schließen sich unterdessen zu noch größeren Einheiten zusammen: Die Veba fusioniert mit der VIAG, RWE mit VEW und Veag mit HEW. E.on stockt seine Thüga-Beteiligung auf und setzt Mitte 2002 alles daran, um sich auch die Ruhrgas einzuverleiben. Ist das die Vielfalt, die wir meinten?

18 Unterwegs in der US-Dienstleistungsgesellschaft

Die Verwandlung der amerikanischen Wirtschaft in eine reinrassige Dienstleistungsökonomie läuft auf Hochtouren, wie inzwischen sogar an der vom Magazin *Fortune* publizierten Liste der größten US-Unternehmen abzulesen ist. Die *Fortune*-500-Liste sorgte im Jahr 2002 für eine handfeste Überraschung: Auf Platz eins rangiert nämlich nicht länger einer der Klassiker aus der Mineralölwirtschaft, der Automobilherstellung oder der Elektrotechnik, sondern zum ersten Mal hat ein Handels- und Dienstleistungskonzern die Krone der größten US-Corporation errungen: Wal-Mart verweist beim Kriterium Umsatz Exxon und General Motors auf die Plätze.

Gemessen am Börsenwert liegt Wal-Mart mit einem Marktwert von 277,5 Milliarden Dollar hinter dem General-Electric-Konzern, Microsoft und Exxon Mobil zwar nur auf Platz vier, doch auch General Electric mit seinem Marktwert von 400 Milliarden Dollar wird von *Fortune* als Dienstleistungsunternehmen eingestuft, denn der Elektroriese erwirtschaftet den Löwenanteil seines Einkommens mit Finanzdienstleistungen.

Das Wachstum des Unternehmensgiganten Wal-Mart verläuft mit einer erstaunlichen Kontinuität. Noch 1979 hatte Wal-Mart gerade 1 Milliarde Dollar Umsatz erzielt. Vierzehn Jahre später, 1993, benötigte der Handelskonzern bloß noch eine einzige Woche, um denselben Umsatz einzufahren. Heute ist der Konzern nicht mehr weit davon entfernt, die Milliarde an einem einzigen guten Geschäftstag umzusetzen. Selbst in dem schwachen Wirtschaftsjahr 2001 gelang es Wal-Mart, seine Umsätze um 13,7 Prozent zu steigern und üppige 219 Milliarden Dollar Umsatz zu erzielen.

So spiegelt sich der Aufstieg der amerikanischen Dienstleistungswirtschaft nicht zuletzt im Wachstum von Wal-Mart wider. Gegenwärtig sind viermal mehr Amerikaner in Dienstleistungsjobs beschäftigt als in anderen Bereichen der Wirtschaft.

Die Löhne: Im Fahrstuhl nach unten

Die Arbeitnehmer haben beim Wandel zur Dienstleistungswirtschaft das Nachsehen: Seit Jahrzehnten geht der Trend bei den Lohneinkommen nach unten. Selbst Ingenieure – ein Berufsstand, von dem man meinen sollte, dass er in einer technikbasierten Gesellschaft gefragt und geschätzt sei – mussten zurückstecken. In den Jahren zwischen 1968 und 1995 erhielten sie nicht nur keine Einkommenszuwächse, sondern der Mittelwert ihres jährlichen Gehalts sank in diesem Zeitraum sogar um 13 Prozent auf 52 900 Dollar.

Wo schon qualifizierte Arbeitskräfte keine Einkommenszuwächse erzielen, sieht es schlecht aus für niedrig qualifizierte Jobs. Im Jahr 1978 betrug der Stundenlohn für diese Jobs 8,40 Dollar, und das reichte schon damals kaum, um den Lebensunterhalt zu bestreiten. Trotz eines vorübergehenden Anstiegs der Stundenlöhne Ende der Neunzigerjahre ist seitdem eine Verschlechterung eingetreten. Insgesamt lagen die Löhne für niedrig qualifizierte Jobs im Jahr 1998 durchschnittlich bei nur 7,66 Dollar pro Stunde.

Die Arbeitgeber hatten es nicht schwer, die Löhne niedrig zu halten. Präsident Clintons Sozialhilfereform von 1996 erhöhte den Druck auf die Bezieher von Sozialhilfe und trieb so dem Niedriglohnsektor zusätzliche Arbeitskräfte zu. So ging zwar die Zahl der Sozialhilfebezieher seit der Mitte der Neunzigerjahre um mehr als die Hälfte zurück, aber wegen des hohen Angebots an Arbeitskräften nahm auch der Druck auf die Löhne entsprechend zu.

Doch der Niedriglohnbereich ist keineswegs nur ein Auffangbecken für ehemalige Sozialhilfeempfänger. Das rasante Ausmaß der Jobverluste in den großen Unternehmen hat manchen Arbeitnehmer auf die Verliererstraße gebracht. Wer sich einst zur Mittelschicht rechnen durfte, fand sich nach einer Entlassung oft genug bei Pizza Hut oder McDonald's in einem sogenannten McJob wieder. Wo so viele neue Bewerber in den Niedriglohnsektor strömten, war Arbeitskraft billig zu haben, und sollte der Stundenlohn doch einmal nicht reichen, spendierten die Unternehmen lieber Extras wie Kindergartenzuschüsse oder Gratisessen, statt an der Lohnschraube zu drehen.

Richtig ist: Im Dienstleistungssektor sind zuhauf neue Jobs entstanden. Ein politischer Cartoon spießt die Zustände auf: In einem Restaurant findet ein Festessen statt. Der Redner preist das amerikanische Jobwunder in den höchsten Tönen: »Im letzten Jahr wurden Tausende neuer Jobs in diesem Land geschaffen.« Der Kellner steht am Rande und denkt bei sich: »Und ich habe drei davon ...«

Der »Partner« aus dem Obdachlosenheim

Fast 30 Prozent aller amerikanischen Beschäftigten, so ermittelte das Economic Policy Institute, arbeiteten im Jahr 1998 im sogenannten Niedriglohnsektor, das heißt, ihre Löhne betrugen weniger als 8 Dollar in der Stunde. In den Restaurantketten gelten Weisungsbefugte mit 400 Dollar Wochenlohn schon als »Manager«. Als Vertreter der Arbeitgeberseite nehmen sie oft eine Wachhundfunktion ein und kontrollieren die übrigen Angestellten. Die Gewerkschaften gelten als Feinde, was kein Wunder ist angesichts der schlechten Arbeitsbedingungen in den meisten McJobs.

Der größte private Arbeitgeber in den Vereinigten Staaten, das Einzelhandelsunternehmen Wal-Mart, eroberte sich wegen seiner besonders rüden Ablehnung von Gewerkschaften einen Platz auf der Liste der »zehn übelsten Unternehmen des Jahres 2001«, die das von dem prominenten Verbraucheranwalt Ralph Nader herausgegebene Verbrauchermagazin *Multinational Monitor* veröffentlicht. Entsprechend übel ist der Umgang des weltweit größten Einzelhandelsmultis mit seinen Beschäftigten. So werden Gespräche von Angestellten untereinander als »Zeitdiebstahl« gebrandmarkt.

Die Journalistin Barbara Ehrenreich unterzog sich einem Selbstversuch und arbeitete in mehreren McJobs, darunter auch bei Wal-Mart. Ihre Erfahrungen damit, was hinter der Fassade und dem freundlichen Lächeln der Angestellten von Wal-Mart passiert, schildert sie in dem Buch *Arbeit poor:*

> »Bei unserem Einführungsseminar hatten wir gelernt, dass der Erfolg der Ladenkette allein von uns abhängt, von uns ›Partnern‹. Und tatsächlich steht ja auf unseren blitzblauen Westen der Spruch ›At Wal-Mart, our people make the difference‹ (Das Besondere an Wal-Mart sind unsere Leute). Doch in diesen Westen stecken Menschen, die in ihrem wirklichen Leben von mildtätigen Gaben oder gar im Obdachlosenheim leben.«

Geplatzte Träume in der Vorstadt

Lester Burnham hat sein Leben satt. Er braucht seinen Job, um die Rate für das Haus und das College für die Tochter bezahlen zu können, und das, obwohl ihn sein Job mindestens ebenso anödet wie seine Frau, mit der er allein aus Rücksicht auf die gemeinsame Tochter und die Nachbarn den schönen Schein einer Ehe wahrt. Nichts ist in »Suburbia«, der amerikanischen Vorstadt, wichtiger, als die Fassade der Normalität aufrechtzuerhalten. Dann jedoch wird Lester – im Kinofilm *American Beauty* von Kevin Spacey dargestellt – im Alter von 42 Jahren von einer Midlife Crisis lahmgelegt, und ab da ist nichts mehr normal. Nach dem Verlust seines Jobs, was in Suburbia einem Verlust der Lebensberechtigung und des sozialen Status gleichkommt, begegnet er den Rosen im Vorgarten, die seine Frau umhegt, und seiner Familie mit wachsender Apathie.

Der Welt der amerikanischen Vorstadt, ihren Ängsten und Träumen setzt *American Beauty* 1999 ein obskures Denkmal – Zeugnis einer in sich völlig zerrissenen Gesellschaft, die nur zusamengehalten wird von ihrem gepflegten Rasen und den einander zum Verwechseln ähnlichen Einfamilienhäusern mit den Doppelgaragen. Unendlich weit entfernt scheinen die Innenstädte, mit denen die Vorstadt einmal sozial und wirtschaftlich verbunden gewesen war.

Niedriglohnsektor hinter Gittern

Weite Bereiche vieler amerikanischer Städte sind verwahrlost. Vielfach sind sie sogar zu unwirtlichen, nur unter Gefährdung für Leib und Leben zu betretenden »no-go-areas« herabgesunken – Zufluchtsstätten für diejenigen, die von der Arbeit, einem legalen Einkommen und der Gesellschaft ausgeschlossen sind.

Die Chancenlosigkeit führt viele geradewegs in die Kriminalität – ein drückendes Problem in den Slums und Ghettos. Mit 1,96 Millionen Amerikanern sitzt jeder 145. US-Bürger hinter Gittern (zum Vergleich: in der Bundesrepublik ist jeder 1220. im Gefängnis). Hinzu kommen weitere 3,7 Millionen, die ernste Probleme mit der Justiz haben, die auf Bewährung draußen sind oder auf ihren Prozess warten. Zusammengenommen sind das stattliche 2,8 Prozent der gesamten erwachsenen Bevölkerung der USA, schreibt Edward Luttwak in dem Buch *Turbo-Kapitalismus – Gewinner und Verlierer der Globalisierung.*

Wo die Justiz rasch mit Gefängnisstrafen bei der Hand ist, sehen nicht nur die Arbeitslosenzahlen besser aus. Amerika wäre nicht Amerika, würde sich die Misere der Strafgefangenen nicht auch noch in ein einträgliches Geschäft verwandeln lassen. Mit Bewachung und Unterbringung verdienen private Gefängnisbetreiber und Sicherheitsunternehmen stattliche Beträge. Viele US-Konzerne nutzen überdies den Pool an niedrig entlohnten Arbeitskräften in den Haftanstalten, denn die dort gezahlten Niedriglöhne von 23 Cent bis 1,15 Dollar sind konkurrenzlos günstig.

Wenn in der Bundesrepublik ein genauso hoher Bevölkerungsanteil wie in den Vereinigten Staaten inhaftiert wäre, würde die Zahl der Arbeitslosen um anderthalb Prozent niedriger sein, sagte Wirtschaftsminister Werner Müller einmal.

Dienstleistungen wegen staatlichen Unvermögens

In der Vergangenheit sind in den USA viele Jobs entstanden, die in einem funktionierenden Staatswesen nicht nötig wären. Auch sie schönen die Bilanz des vermeintlichen Beschäftigungswunders: Private Wachdienste und Sicherheitsunternehmen etwa, die in den »gated communities« – abgesperrten privaten Siedlungsgemeinschaften mit eigenen Streifendiensten und Zugangskontrollen – Dienst tun, sind in einem funktionierenden Staat, in dem öffentlich bezahlte Polizei für ein Mindestmaß an Sicherheit sorgt, kaum erforderlich. Wo der Preis für Sicherheit jedoch privat getragen wird, kommen auch allein den Bewohnern der bewachten Viertel die erbrachten Dienstleistungen zugute, während jene, die den Preis für die Sicherheit nicht zu entrichten in der Lage sind, weitestgehend ungeschützt bleiben. So reißt zwischen verschiedenen Gruppen der Bevölkerung und verschiedenen Orten ein und desselben Landes eine tiefe Kluft auf.

Ein Riss klafft auch zwischen der Stadt und den Vorstädten. Innerhalb einer Generation ist eine andere Art der Vorstadt entstanden, schreibt der Gesellschaftswissenschaftler Richard Sennett in *Der flexible Mensch,* eine, die vom Stadtkern unabhängig ist. Als Folge dieser Abkoppelung sind die Citys verfallen, ihre Bewohner im Wettbewerb um Jobs und Geld hoffnungslos abgeschlagen. In der Innenstadt ist Amerika nicht mehr Amerika, nicht mehr erfolgreich.

In der Vorstadt dagegen leben die Erfolgreichen, zumindest bislang. Doch dieses Bild bekommt Risse. Die grassierende Unsicherheit der amerikanischen Verhältnisse, die regelmäßig erfolgenden Downsizings und Restrukturierungen treffen gerade die Vorstädte und ihre Bewohner ins Mark. Manche Arbeitnehmer sind binnen weniger Jahre schon zum zweiten Mal Restrukturierungen zum Opfer gefallen. Viele unter ihnen haben den Glauben verloren, überhaupt noch einen halbwegs sicheren Arbeitsplatz zu finden. Doch auch den »Noch-Arbeitsplatzbesitzern« sind die Lebensfreude und der Spaß an der Arbeit vergangen. Wie etwa bei einem Bankmanager aus Doylestown in Pennsylvania mit zwei Kindern, der in seiner beruflichen Laufbahn bereits zwei Fusionen und nun eben die dritte Reorganisation überstanden hat und der für seine Arbeit nur noch Hass empfindet.

McJobs in der Krise: Almosen und Spenden

Die Lage der McJob-Besitzer ist dramatisch, denn sie haben keine Reserven. Verschärft wird ihre Situation noch durch die Geldknappheit der Bundesstaaten, die überall nach Einsparmöglichkeiten suchen. Manche Staaten fahren ihre Sozialprogramme in der Krise um die Hälfte zurück – das betrifft vor allem Mütter mit Kindern, denen noch unter der Regierung von Bill Clinton mit Kinderbetreuungsprogrammen, Weiterbildungs- und Transporthilfen die Aufnahme einer Arbeit im Niedriglohnsektor ermöglicht worden war. Jetzt helfen vielen von ihnen nur noch Almosen und Spenden, Wohlfahrtsinstitutionen und Sozialhilfe weiter, denn im Jahr 2001 traf die Rezession auch die McJobs. Die sind zwar billig, aber für die Hotels, Restaurants und Läden noch nicht billig genug, wenn im Konjunkturtal die Kunden ausbleiben.

Zwar hat die Sozialhilfereform der Clinton-Ära auch benachteiligte Problemgruppen in den Arbeitsmarkt integrieren können. Doch die gezahlten Lohnzuschüsse sind an das Vorhandensein eines Jobs gekoppelt. Da im Wirtschaftsabschwung die Jobs verschwinden, sind auch die Zuschüsse weg, und schon wächst der Andrang auf dem Sozialamt. Da etwaige Arbeitslosengelder gewöhnlich nur die Hälfte des zuletzt erzielten Arbeitslohns ausmachen und maximal sechs Monate lang gezahlt werden, befürchtet die Brookings Institution, eine Forschungseinrichtung in Washington, schon eine neue Armutswelle.

Märchenerzähler aus der Traumfabrik

Ohne ein funktionierendes Sozialsystem sind viele Menschen völlig von den Konjunkturen der Wirtschaft abhängig. »Es ist sehr hart zur Zeit, Arbeit zu finden«, sagte ein Teilnehmer an einer der unzähligen Jobmessen des Landes Anfang Januar 2002 der *Washington Post:* »Dabei würde ich alles machen. Bau, Kellner. Irgend etwas mit einem halbwegs anständigen Arbeitslohn. Aber die Unternehmen geben alle dieselbe Auskunft: ›Wir stellen nicht ein, wir haben gerade Leute entlassen.‹«

Wer im heutigen Amerika glaubt, er könne mit Arbeit über die Runden kommen oder gar vom Tellerwäscher zum Millionär werden, ist ein leichtgläubiges Opfer der Märchenerzähler aus der Traumfabrik. Vielen ist längst klar, dass im Land der unbegrenzten Möglichkeiten immer weniger Menschen ihres Glückes Schmied sind.

19 Boom Autoreverse oder: Wenn die Neue Wirtschaft ganz schön alt aussieht

Aasgeier am Neuen Markt

Vom Neuen Markt und seinen spekulativen Wachstumspapieren will heute niemand mehr etwas hören. Die Masse der einst enthusiastischen Anleger ist verprellt, im Tiefenrausch der Kurse haben viele ihr Geld, andere ihre Jobs eingebüßt. Vor allem Späteinsteiger, die auf dem Scheitelpunkt des Börsenbooms noch Neuemissionen zeichneten, machten statt der erwarteten Gewinne oft hohe Verluste. Beispielsweise war es dem Softwarehersteller Trius AG noch im März 2000 gelungen, eine Million Aktien zum stolzen Preis von 36,50 Euro beim Börsenpublikum zu plazieren. Doch die Geldschwemme bekam dem Unternehmen und seinen Gründern schlecht. Schon bald löste die Diskussion über den weiteren Kurs der Aktiengesellschaft anhaltenden Streit aus. Jetzt machen andere die Gewinne. Männer wie Florian Homm.

Früher war Homm beim Fonds- und Vermögensanlageunternehmen VMR AG beschäftigt, das sich vor allem auf die Anlage in

Wachstumsunternehmen spezialisiert hat. Heute übt er exakt das Gegenteil seiner früheren Tätigkeit aus: Wachstumsunternehmen vernichten. Florian Homm ist ein sogenannter Geier-Investor.

Ursprünglich war der Geier-Investor hauptsächlich an amerikanischen Futterplätzen beheimatet und kümmerte sich um abgestürzte Beute am Nasdaq und anderen amerikanischen Börsen. Jetzt hacken Geier-Investoren allerdings auch in Deutschland nach Beute, und die ist am Neuen Markt, einer verkümmerten Wachstumsbörse mit Betrieben, die nur noch ein Schatten ihrer selbst sind, reichlich zu finden. In manch einem Unternehmenskadaver aber steckt – wohlverborgen – noch richtiges Fleisch: Guthaben und Wertpapierbestände, die höher sind als der Börsenwert des Unternehmens. Das Ziel eines Geier-Investors ist es nun, ein solches Unternehmen in die Liquidation zu treiben, um die Vermögenseingeweide heraustrennen und sich einverleiben zu können. So gesehen, ist der Geier-Investor das exakte Gegenteil der sogenannten Angel Investors, jener reichen Privatleute, die vielversprechende Geschäftsideen mit eigenem Geld und guten Empfehlungen fördern und den Schutzschirm ihrer Kontakte über die jungen Unternehmen halten.

Bei Trius, die 1998 beim Innovationswettbewerb der Hessischen Landesregierung prämiert worden war, kam Homm ans Ziel seiner Wünsche, als es ihm gelang, auf der Hauptversammlung im November 2001 mittels geschickten Taktierens die für die Liquidation erforderliche Dreiviertelmehrheit der Stimmen zu bekommen. Zur Vorbereitung des Coups hatte er sich zuvor als Aufsichtsratsvorsitzender inthronisieren lassen.

So endete die Geschichte von Trius und seinem TeliMan, einer innovativen Software, die Computer und Telefon koppelt, wegen des Streits der Trius-Gründer und einem Geier-Investor, der 20 Millionen Euro Guthaben auf der Bank erspäht hatte. Zugleich endete auch die Existenz von 35 Arbeitsplätzen, deren Inhabern zum 31. März 2002 gekündigt wurde.

»Liquidation klingt immer so phantasielos«, zitiert das Wirtschaftsmagazin *brand eins* Florian Homm, der seinem Reibach entgegensieht. »Volkswirtschaftlich betrachtet, wird das Geld aber auf diese Weise sinnvoller eingesetzt, als wenn es in ein Unternehmen fließt, das den Bach runtergeht.«

Crash beim Chip-Champion

Ulrich Schumacher, der Vorstandsvorsitzende des Chip-Unternehmens Infineon, teilt mit Formel-1-Fahrer Michael Schumacher nicht nur den Nachnamen, sondern auch die Vorliebe für den Rennsport. Harte Beschleunigungsduelle und abrupte Bremsmanöver gibt es – personaltechnisch gesehen – nicht nur auf der Rennstrecke, sondern auch bei dem Chiphersteller. Seitdem der im Jahr 2001 eine Kurve am hart umkämpften Chipmarkt verpasste, wird bei Infineon zwar kein Sprit, dafür aber umso reichlicher Bargeld und »Humankapital« verbrannt.

Noch mitten im Krisensommer 2001 hatte Schumacher auf eine rasche Erholung des eingebrochenen Chipmarkts gesetzt und, um die Nase vorn zu haben, sogar noch bei den Neueinstellungen qualifizierter Fachkräfte Gas gegeben. Seine Prognose jedoch erwies sich als krasse Fehleinschätzung, denn der Markt für Speicherchips erholte sich keineswegs.

Als Infineon dann im Jahr 2001 Betriebsverluste von gut 1 Milliarde Euro machte, legte Schumacher eine brachiale Vollbremsung hin: Bei Infineon kommen 5000 Stellen unter die Räder, kündigte das Unternehmen Ende Juli 2001 an. Folge eines Phänomens, das in den Vorstandsetagen wie eine Seuche um sich greift und auch Infineon erfasst hatte: Aktionismus und ausgeprägtes Kurzfristdenken.

Fachkräftemangel nach Hausmacherart

In einem Essay unter dem Titel *Heldendämmerung* hat der Publizist Klaus Harpprecht ein »Umfeld latenter Hysterie« beschrieben, das auf den deutschen Chefetagen herrscht. Daraus werden Entscheidungen geboren, die bei Infineon zuvorderst die Neuankömmlinge ausbaden mussten, denn da Mitarbeiter in der Probezeit keinen Kündigungsschutz genießen, sind sie in erster Linie von Entlassungen betroffen – es interessiert da kaum, dass viele der Entlassenen andernorts gut bezahlte Jobs gekündigt hatten, um für Infineon arbeiten zu können.

Solch ein Verhalten fügt nicht nur der Volkswirtschaft Schaden zu, sondern beweist vor allem, dass die Manager aus früheren Krisen nichts gelernt haben. In den Neunzigerjahren hatten die deutsche Technologiebranche und ihre Manager schon einmal einen Beweis für ihre Unfähigkeit zur vorausschauenden Beschäftigungsplanung erbracht und sich damit letztlich selber großen Schaden zugefügt.

Gleich beim ersten Krisensignal hatten die Unternehmen Tausende hochqualifizierter Fachkräfte abgebaut. Die »Botschaft« aus der Wirtschaft wurde von den Studienanfängern an den Hochschulen prompt verstanden, die sich für andere Studienfächer entschieden. Als die Konjunktur dann wieder an Fahrt gewonnen hatte, fehlten den Betrieben Absolventen von technischen Studiengängen. Entsprechend teuer mussten sie die wenigen Bewerber nun einkaufen. Das ist die Quelle des beständigen Jammerns über Fachkräftemangel, das letztlich zur Einführung einer deutschen Green Card führte. Die vermochte an dem mangelnden Nachwuchs allerdings auch nichts mehr zu ändern.

Lila Pause beim »Total well being«

Die Ignoranz der »alten« Wirtschaft half der sogenannten New Economy, die sich ab der zweiten Hälfte der Neunzigerjahre formierte, in den Sattel. Junge, kreative und dynamische Menschen verzichten auf inhaltlich exakt festgelegte Stellenbeschreibungen und das enge zeitliche Korsett des noch aus der Zeit der Industrialisierung herrührenden Arbeitstages. »Fun« war wichtig, inflexiblen Großunternehmen erteilten die Jungen eine Abfuhr, weil dies nicht ins Lebenskonzept passte. Freier und lockerer sollte es gehen.

Und es ging anders, zumindest in der Anfangsphase der New Economy. Hier bewiesen die jungen Entrepreneure und ihre Mitarbeiter einen unglaublichen Ideenreichtum, der eine neue deutsche Gründerzeit auslöste. Die Neuankömmlinge drehten den Spieß einfach um: Mehr Freiheit, eine menschlichere Art zu leben und zu arbeiten sollte die Menschen zu Nutznießern der Ökonomie machen, statt umgekehrt wie bisher. Gefüttert wurden die menschenfreundlichen Visionen und die Entwicklung neuer Produkte, die oft noch nicht einmal das Stadium der Marktreife erreicht hatten, von den Geldern risikobereiter Investoren, die dem Neuen Markt zuströmten.

Der »Neue Markt«, das eigens für junge Wachstumsunternehmen gegründete Segment der Deutschen Börse, war ein unglaublicher Erfolg. Vielleicht zu viel Erfolg, denn nach einer Reihe starker Kurssteigerungen in kurzer Zeit wurde der Neue Markt mit einschießenden Geldern von Aktienanlegern und Fonds überflutet. Nachdem der Aktienhysterie im März 2000 der Atem ausging, sank auch der Stern der am Neuen Markt notierten Unternehmen – und mit ihm der Wert der dort geschaffenen Arbeitsplätze.

Die euphorische Stimmung in den Firmen schlug um, die Jobs im Internet und in der Telekommunikation verloren sich im

Cyberspace. Doch da hatten viele Gründer schon Kasse gemacht und sich – oft klammheimlich – von den Aktien ihrer Zukunftsschmieden getrennt. Regelmäßig wurde dabei gegen Bestimmungen oder gegen den Anstand verstoßen. Auch unter dem Eindruck der zwielichtigen Geschäftsmethoden sackte der Index des Neuen Marktes auf immer neue Tiefstände, bis schließlich niemand mehr in dieses Börsensegment investieren wollte und die Fonds und Großanleger in Scharen das Weite suchten. Der Boom war vorbei.

Jetzt zeigten sich die menschenfreundlichsten Unternehmer aller Zeiten von einer ganz anderen Seite. Aus den Lofts, in die einst ein anderes Leben und Arbeiten hatte einziehen sollen, verschwanden zuerst die Mountain Bikes, dann wurde die Candy Box mit den Gratissüßigkeiten nicht mehr aufgefüllt, schließlich wurden die mit Appetithappen und Erfrischungen gefüllten Kühlschränke entfernt. Die Stimmung wurde eisig, und es blieb nur die Erinnerung an die Anfangsphase der Internet-Start-ups mit ihren kostenlosen Frühstücksbüfetts, als »Best Boys« noch die Privatautos warteten und zu Hause die Kühlschränke auffüllten. Das harte Geschäftsleben fegte die Lockerheit hinweg. Jetzt war klar, dass die Arbeitsplätze der New Economy noch weniger Sicherheit boten als diejenigen in der klassischen »alten« Wirtschaft.

Nullrendite am Neuen Markt für Arbeit

Die Hoffnung, mit der neuen Wirtschaft aus der Jobkrise zu kommen, musste – zumindest vorerst – beerdigt werden. Viele ehemalige Hoffnungsträger treiben in den Konkurs. Bei anhaltendem Firmensterben und Siechtum in der Neuen Ökonomie relativiert sich der Beschäftigungseffekt, wie ein Blick auf die Telekommunikationsbranche offenbart.

Wie es auf dem liberalisierten Markt der Telekommunikation

weitergeht, ist völlig offen. Einige der angriffslustigen Konkurrenten des großen Ex-Monopolisten Deutsche Telekom haben Pleite gemacht, andere kämpfen ums Überleben. Inzwischen zahlen auch die Kunden wieder mehr, nachdem ein harter Wettbewerb die Kosten für Ferntelefonate zunächst stark gesenkt hatte. Die Deutsche Telekom selbst ächzte im Frühjahr 2002 unter einer Schuldenlast von 62 Milliarden Euro, und der Festnetzkonkurrent Arcor musste Ende Februar 2002 die Streichung von 600 Stellen bekanntgeben. Tausende weiterer Arbeitsplätze dürften noch verloren gehen.

Zwischen Ende 1998 und Ende 2001 hatte sich die Zahl der Beschäftigten auf dem Telekommunikationssektor um 20 000 erhöht. Insgesamt sind 63 500 Arbeitsplätze bei den Wettbewerbern der Deutschen Telekom entstanden – auf den ersten Blick eine beeindruckende Zahl. Allerdings hatte sich die Deutsche Telekom bereits 1993 mit dem Abbau von etwa 70 000 Arbeitsplätzen auf den verschärften Wettbewerbsdruck und den Börsengang vorbereitet. Somit sind unter dem Strich erheblich mehr Jobs verloren gegangen, als bei den neuen Telekommunikationsfirmen neu entstanden.

Viele dieser Unternehmen, wie etwa TelDaFax, sind inzwischen pleite oder haben infolge der, wie die *Zeit* schrieb, »Katerstimmung auf dem Telefonmarkt« massiv Personal abgebaut. Bestenfalls ergibt sich so ein Nullsummenspiel für den deutschen Arbeitsmarkt. Doch Zusammenschlüsse, Kooperationen und neuerliche Pleiten setzen die neuen Jobs immer weiter unter Druck, so dass sich sogar ein Verlustszenario abzeichnet. Wie gewonnen, so zerronnen: Auch im »wachstumsstarken« Telekombereich sinkt der Jobpegel in den roten Bereich. Betroffen davon sind nicht zuletzt die Beschäftigten der Deutschen Telekom selbst. Im Mai 2002 war die Rede von bis zu 30 000 Stellenstreichungen im Konzernverbund der Deutschen Telekom. Dem Absturz der T-Aktie würde damit der Kurssturz der Arbeitsplätze folgen.

Ankündigungen dieser Art werden gewöhnlich mit dem Versprechen geschminkt, die Jobs würden »sozialverträglich« abgebaut. Doch was der Vorstand der Deutschen Telekom für »sozialverträglich« hält, zeigt sich an den prächtigen Aktienoptionen, die dieser sich alljährlich ebenso genehmigt wie die Vorstandsbezüge, die im Jahr 2001 um knapp 90 Prozent gestiegen waren. »Die Telekommunikationsindustrie befindet sich an der Spitze der Globalisierung«, verkündete Ron Sommer einst in einer Rede vor dem Spitzenverband der amerikanischen Handelskammern. In jeder Hinsicht.

Visionäre ohne Bodenhaftung

Brokat ist ein edler schwerer Seidenstoff mit schillernden Metallfäden. Auf denselben Namen taufte sich ein schmucker Hersteller von Finanzsoftware, der zu den gesuchten Aktienstars am Neuen Markt aufsteigen sollte. Die von Brokat entwickelten Lösungen zur E-Finance, wie die elektronischen Bankgeschäfte genannt wurden, und schlaue Systeme zur Lösung von Zahlungsmodalitäten im Internet entzündeten die Phantasie der Aktienanleger ganz besonders.

Es schien gewiss, dass dem Internethandel, dem sogenannten E-Commerce, die Zukunft gehörte, und ebenso gewiss würde die Internetrevolution auch das Geschäft der Banken- und Versicherungen völlig umkrempeln. Der Auszug der Banken und der gesamten Finanzwirtschaft aus dem Reellen ins Virtuelle schien nur noch eine Frage der Zeit zu sein, einer sehr kurzen Zeit. Und Brokat hatte, was internetbegeisterte Bankiers auf dem Weg ins Netz der Netze wollten.

Party auf der Technologieplattform

Der Kurs der Brokat-Aktie schoss nahe an die 200-Euro-Marke, und damit wurde das junge Softwareunternehmen an der Börse höher bewertet als manches erfolgreiche Unternehmen aus der »Old Economy«. Das stieg einigen Gründern von Brokat in den Kopf. Stefan Röver, als Vorstandssprecher für die Außenkommunikation zuständig, sah den Spezialisten für Finanzsoftware schon in einer Reihe neben Softwaregrößen wie SAP, Oracle und Microsoft. Für die Visionen bei Brokat war allerdings hauptamtlich ein Kundigerer zuständig, nämlich der ehemalige McKinsey-Berater Boris Anderer, einer der Mitgründer des Unternehmens.

Dass derjenige, der zu viele Visionen hat, zum Arzt muss, war ein Bonmot von Ex-RTL-Chef Helmut Thoma. Brokat musste indessen nicht zum Arzt, wohl aber zum Amtsgericht. Denn der Stern der New Economy, der neben der Deutschen Bank auch die Bundesschuldenverwaltung zu seinen Kunden zählte, sackte jäh ab. Der Softwarestar hatte sich verhoben, als er im Juni 2000 zwei amerikanische Unternehmen für 860 Millionen Euro in Aktien kaufte. Das machte bald Schuldenverwaltung in eigener Sache erforderlich – da half es auch nichts mehr, dass sich Ende 2000 noch Siemens mit einem zweistelligen Millionenbetrag an Brokat beteiligte. Trotz eiliger Rettungsmaßnahmen – unter anderem wurden die US-Unternehmen für nur 23,8 Millionen Euro wieder verkauft – musste am 23. November 2001 der Antrag auf Insolvenz beim Stuttgarter Amtsgericht eingereicht werden.

Das Wachstumspapier, das gegen Ende 2001 wie eine Sternschnuppe verglühte, war zum Schluss doch noch für einen allerletzten Rekord gut: Mit einem Wertverlust von 96 Prozent wurde die Aktie von Brokat von der Deutschen Schutzvereinigung für Wertpapierbesitz (DSW) zur schlechtesten Aktie des Jahres 2001 gekürt.

Im Juni 2001 befanden sich noch 1450 Beschäftigte auf der »Technologieplattform«. Den 150 Mitarbeitern, die ein halbes Jahr später noch übrig geblieben waren, war zum Jahreswechsel nicht mehr zum Feiern zumute. Nach der Übernahme des Bankensoftwaregeschäfts durch das Softwareunternehmen Data Design Ende 2001 werden nur noch wenige Arbeitsplätze bleiben.

Luftnummer in Hongkong

Der König der ersten deutschen Gründerzeit, der Eisenbahnmagnat Bethel Strousberg, büßte 1873 sein ganzes Vermögen ein und starb bettelarm. Da waren die Gründer der neudeutschen Gründerzeit schon gewitzter: Die Altaktionäre von Brokat haben schon beim Börsengang abgestaubt und, so das *Manager-Magazin,* inklusive der Ehefrau von Stefan Röver rund 26 Millionen Euro auf die hohe Kante gelegt. Da Stefan Röver und Boris Anderer bei ihrer Geldanlage Wert auf Solidität legten, floss ein Teil des Geldes in Immobilien in Kalifornien und auf dem feinen Stuttgarter Killesberg.

Auch andere Gründer stellten rechtzeitig beträchtliche Vermögen sicher und verkauften ihre Aktienpakete. Nur wenige mussten wirklich Farbe bekennen und jene Staatsimmobilie von innen kennen lernen, die nur wenig Wohnkomfort, dafür aber solide Gitterstäbe kennt. So zum Beispiel der Vorstand von Comroad in München, dessen frisierte Bilanzen den Chef in U-Haft brachten. Comroad macht seinen Umsatz mit Telematiklösungen und Navigationssystemen, doch der Umsatz von 93,6 Millionen Euro im Jahr 2001 war im Wesentlichen das Produkt einer blühenden »telematischen« Phantasie und von Luftgeschäften mit einem Unternehmen aus Hongkong – nur 1,3 Millionen davon waren echte Euros, ermittelte der konsternierte Prüfer.

Vom Mythos der Helden des Neuen Marktes wie Paulus Neef

von der Internetagentur Pixelpark, Stephan Schambach vom E-Commerce-Unternehmen Intershop und Peter Kabel mit seiner Agentur für innovative Kommunikationsstrategien namens Kabel New Media ist nicht viel geblieben. Als der Neue Markt in den Sinkflug überging, hatten es die Gründer eilig, sich ihrer »winning teams« zu entledigen.

Als die Branche brummte, waren die getreuen Mitarbeiter, oft allein lebende Singles, gerne bereit, den Wachstumsunternehmen zwölf Stunden und länger pro Tag zu Diensten zu sein, und sie opferten auch ihre Freizeit für den Aufbau und den Erfolg des Unternehmens. Mitunter gab es sogar offiziell Kernzeitregelungen, die Beschäftigte zu elf bis zwölf Stunden Anwesenheit verpflichteten – ein klarer Verstoß gegen das Arbeitszeitgesetz. Doch die Mitarbeiter hielten durch. Die Aussicht auf Gewinne mit Aktien und Optionsplänen hatte viele beflügelt. Aber meistens wurde daraus nichts.

Nicht nur im Falle Comroad wehte durch Deutschland »ein Hauch von Enron«, wie die Tageszeitung *Die Welt* schrieb. Luftgeschäfte, Luftnummern und Luftjobs sind das Resultat einer giergetriebenen Wirtschaft ohne Wegweiser und Moral. »Wir spielen um die Weltmeisterschaft. Da können wir keinen brauchen, der in die Bezirksliga gehört«, sagte einst Peter Kabel, der Chef von Kabel New Media. Das waren andere Zeiten. Unternehmen wie Kabel New Media und Brokat, die sich schon als Weltmeister aller Klassen sahen, sind nicht mehr. Der »Kabelbrand«, wie die *Financial Times Deutschland* bissig formulierte, endete Anfang Juli 2001 vor dem Hamburger Amtsgericht mit Insolvenz.

Für Peter Kabel oder die »Brokat-Gründer ist das kein Grund zu darben. Für sie hat sich der Ausflug in die New Economy gelohnt. Sie haben ausgesorgt – ganz im Gegensatz zu jenen, die mit Brokat-Aktien ihre Altersvorsorge bestreiten sollten«, bedauert das *Manager-Magazin*. Und die Beschäftigten?

Rausbugsieren mit E-Placement-Service

Während den Stars der New Economy schon das Sterbeglöcklein läutete, gab Gründerpapst und Sprüchekönig Peter Kabel die neue Devise aus: »Ein Unternehmen ist kein Kuschelverein.«

Davon konnte wirklich keine Rede sein. Eher erinnerten die Ereignisse an eine Löwengrube: In einem Unternehmen wurden die Namen der zur schnellen Entlassung Anstehenden auf den Flipcharts im Konferenzraum ausgehängt. In der Nacht zuvor hatte ein Sicherungslauf die Daten auf den Rechnern der Entlassungskandidaten gegen Löschversuche »geschützt«. Einst hochgeschätzte Kreativmitarbeiter sahen sich von einem Tag auf den anderen wie potentielle Kriminelle behandelt.

Mitarbeiter, die ihren Arbeitsplatz in der New Economy räumen müssen, werden von ihren Chefs gern auf das Netz der Netze verwiesen: Im Internet steht überflüssig gewordenen »Netarbeitern« ein sogenannter Career Transition Manager (CTM) zur Verfügung. Der smarte Softwarehelfer soll den Wechsel nach draußen abfedern und den Ex-Beschäftigten bei der Suche nach einer neuen Wirkungsstätte zur Hand gehen. CTM wird zu diesem Zweck von den Unternehmen ins hauseigene Netzwerk eingepasst, wo es Unterstützung beim Erstellen eines Lebenslaufs anbietet und einen Verteiler zur Verfügung stellt, um den Lebenslauf bei verschiedenen Internet-Jobbörsen bekannt zu machen – letzte Möglichkeit, einmal noch auf Firmenkosten im Internet zu surfen.

Ein anderes Produkt koppelt die Erstellung von Qualifikationsprofilen mit Bewerbungstrainings vor Ort, die von einem kooperierenden Beratungsunternehmen durchgeführt werden. Ganz im Stil der neuen Wirtschaft gibt es natürlich einen wohlklingenden Namen dafür: »E-Placement Service«. Wo die Dienstleistungsgesellschaft Kapriolen schlägt, gilt: Nicht einseifen lassen – Abfindung nicht vergessen!

Auszug aus dem Pixelpark

Auch Mitarbeiter von Unternehmen aus der New Economy, an denen finanzkräftige Konzerne wie Bertelsmann beteiligt sind, waren keinesfalls besser dran als andere, die keinen potenten Großinvestor im Rücken hatten und denen das Geld im Abschwung ausging. Die ehemalige Wundertüte der Wachstumsbranche, Pixelpark, die zu den Wegbereitern der Neuen Ökonomie gerechnet werden kann, kam zwar im Jahr 2001 mit einem Fehlbetrag von 86 Millionen Euro gehörig in die Bredouille. Aber die Internetagentur befand sich ja mehrheitlich im Besitz von Bertelsmann, da würde es ja wohl nicht so schlimm kommen ...

Einst hatten die Mitarbeiter der Firma Pixelpark ihr Bestes gegeben. Jetzt wurden sie schneller entbehrlich, als sie es sich hätten träumen lassen. Das Management von Pixelpark räumte unerbittlich bei den Arbeitsplätzen auf. Ende 2001 sind bei Pixelpark weitere 200 Beschäftigte auf der Streichliste gelandet. Damit hat sich die Zahl der Beschäftigten fast um die Hälfte verringert. Wenigstens hatte sich in der Zwischenzeit, wie auch in anderen Unternehmen, ein Betriebsrat gebildet, der für einen Sozialplan sorgte.

Lange Zeit, als die New Economy noch florierte, hatten die Beschäftigten, die sich immer auch als Mit-Unternehmer verstanden, die Einrichtung eines Betriebsrats für vollkommen überflüssig gehalten. Die Mitbestimmung galt ihnen als überholtes Relikt der Industriegesellschaft. In den kleinen Firmen der Technologiebranche hieß die Devise ohnehin: »Der beste Betriebsrat ist der Chef.«

Als der Chef jedoch die ersten Köpfe rollen ließ, änderte sich die Einstellung der Beschäftigten mit derselben Geschwindigkeit, wie die eigenen Jobs in Gefahr gerieten. Plötzlich sah die New Economy ziemlich alt aus, und fassungslos sahen die jungen Mitarbeiter zu, wie die Spielregeln der »jungen« Wirtschaft denen der »alten« Wirtschaft immer ähnlicher wurden.

Kometenhafter Aufstieg zum Ruhm

Dass Entlassungen nicht das einzige Mittel sind, um eine krisenhafte Situation zu bewältigen, sondern auch ein einvernehmlich ausgehandelter – möglicherweise befristeter – Gehaltsverzicht dazu beitragen kann, hat sich noch nicht bei allen Managern herumgesprochen. Auch Verhandlungen über ein sogenanntes Sabbatical, bei dem die Beschäftigten zu deutlich verminderten oder auf Null gesetzten Bezügen ein paar Monate oder ein Jahr frei bekommen, oder eine kreative Arbeitszeitregelung können in einer Krise weiterhelfen.

Doch während in der Wirklichkeit längst blanke Phantasielosigkeit waltet, warten die bunten Internetseiten der New-Economy-Unternehmen und der Technologiepäpste weiterhin mit flotten Sprüchen auf. Nicht nur Papier, sondern auch die elektronischen Medien und das Internet sind erstaunlich geduldig – wer auf die Webseiten etwa von Infineon klickt, wird überschwemmt von Plattfischen und hohlen Phrasen. »In der Welt der Mikroelektronik ist nichts wichtiger als intellektuelles Kapital«, tönte es da schlau, und einen Mausklick weiter legten die Internet-Poeten von Infineon in der Rubrik Karriere nach. Da wurde phantasiert vom Aufstieg zum Ruhm, »einem Kometen gleich« (»Your Meteoric Rise to Stardom«). Die freigesetzten Mitarbeiter des Unternehmens, das einst zu der großen »Siemens-Familie« gehörte, dürften sich da mit Recht verhöhnt gefühlt haben.

Vielleicht ist es für sie ein kleiner Trost, dass Infineon, das sich einer engen Zusammenarbeit mit amerikanischen Eliteuniversitäten brüstet, sich mit einer solchen Personalpolitik keinen Gefallen getan hat. Denn die Absolventen jener Hochschulen werden wohl lieber anderswo anheuern und die deutsche Chipschmiede mit der stümperhaften Managementleistung und der katastrophalen Personalpolitik meiden. Daran dürfte auch die Aussicht auf einen Schreibtisch in der schicken neuen Zentrale des Chipmachers nichts ändern. Der repräsentative Techniktempel kostete fast eine halbe Milliarde Euro.

20 Arbeit als Exportschlager: Einmal Outsourcing und zurück

Von Labeln und Lügen

Während die Eroberung von Märkten und das Marketing immer wichtiger werden, spielt die eigene Produktion in den Erwägungen auf den Chefetagen kaum noch eine Rolle. Wer heute noch selbst produziert, gilt in der Managerwelt als Loser, wo doch an den Billigstandorten der Welt eine ganze Armada von Unternehmen wartet, um im Auftrag großer Markenhersteller die Fertigung von elektronischen Produkten wie Handys, Scannern oder Computerdruckern zu gnadenlos günstigen Konditionen zu übernehmen. Der Hang zur Kostendrückerei nimmt immer groteskere Formen an. Längst sind in der Elektronikindustrie Schattenkonzerne entstanden, die den großen Markenherstellern das komplette Outsourcing aller Produktionsfunktionen ermöglichen – bis hin zum Anbringen der Markenlabel. Telekommunikationsunternehmen wie Ericsson oder Alcatel haben die eigene Handyproduktion längst abgeschaltet.

Zu den größten Anbietern auf diesem Markt gehört Flextronics – es steht hinter einer ganzen Reihe angeblicher Markenprodukte. Diskret hält sich der Konzern im Hintergrund, was angesichts seiner Größe alles andere als einfach ist: Mit 80000 Beschäftigten und 81 Produktionsstätten, die über 28 Länder der Welt verteilt sind, klebt das Unternehmen dennoch seinen Namen auf keines der gefertigten Produkte. Geleitet wird Flextronics von Michael Marks, einem Absolventen der Eliteuniversität Harvard. Normalerweise kann sich Flextronics für Länder mit höheren Arbeitskosten und sozialen Standards wie die Bundesrepublik als Platz für seine Fertigungsstätten kaum erwärmen. Doch weil man sich ein gutes Geschäft ungern entgehen lassen wollte, ging Anfang 2000 das nur mäßig ausgelastete Paderborner Werk von Fujitsu-Siemens in den Besitz von Flextronics über. Der Auftragshersteller versicherte, die 630 Arbeitsplätze erhalten zu wollen, und stellte sogar hohe Investitionen für den Standort in Aussicht.

Auf Platz eins der Liste der Auftragshersteller im Elektronikbereich rangiert mit knapp 20 Milliarden Dollar Jahresumsatz Solectron. Flextronics als Zweitplazierter hat einen Umsatz von 12 Milliarden Dollar, verfügt jedoch über einen deutlich höheren Anteil an Produktionsstandorten in Niedriglohnländern. In Ungarn oder Mexiko montieren niedrig bezahlte Arbeitskräfte für Flextronics die Spielkonsole Xbox des Softwarekraken Microsoft oder packen tausendfach Drucker für Hewlett-Packard vom laufenden Band in die Kiste. So entstehen rund um den Globus Internet-Router für Cisco, Handys für Alcatel und Taschencomputer für Palm, ohne dass die Einhaltung sozialer Standards die Produktion zu sehr verteuert oder Proteste das Unternehmen in Schwierigkeiten bringen.

Da die Schattenkonzerne nicht im Licht der Öffentlichkeit stehen und ihre Namen den meisten Menschen völlig unbekannt sind, müssen sie auch keine Imageprobleme befürchten. Dabei stemmten die »Söldner im Kampf um Marktanteile im Elektronikgeschäft«, wie *Die Zeit* die Auftragsarbeiter nannte, im Jahr 2000 weltweit schon 130 Milliarden Dollar Umsatz. Markenunternehmen haben es da schwerer. Was passieren kann, wenn gut verdienende Markenhersteller allzu rabiat mit ihren Angestellten umgehen und ohne Not zu Entlassungen greifen, musste Danone erfahren: Als Fabrikschließungen anstanden, kam es zu Boykottaufrufen. »Menschen sind keine Joghurts«, hieß es im Internet, und als nicht wenige Verbraucher sich solidarisch zeigten und anderen Marken den Vorzug gaben, zeigte der Protest Wirkung.

Zug nach Györ

In der deutschen Automobilindustrie ist die Auslagerung der Fertigung in fremde Hände weit fortgeschritten. Die Kunden glauben zwar noch immer, ein in Deutschland produziertes Gefährt erworben zu haben, doch die Autohersteller sind schon lange global operierende Unternehmen, die in vielen Ländern Werke unterhalten und rund um den Globus Tochterunternehmen erwerben. Auch ihre Zulieferer agieren völlig globalisiert und steuern als Systemlieferanten ganze Teilautos und Baugruppen bei. Bei der Produktion des Ford Fiesta zum Beispiel lässt der Autoproduzent seine Systemlieferanten große Teile des Autos auf Modulbasis erstellen und so einen Gutteil der produktiven Arbeitsleistung erledigen. Obendrein müssen die Zulieferer beim System des »pay on production« finanziell in Vorlage treten, denn der Auftraggeber zahlt nur das fertige Fahrzeug, so dass er finanzielle Spielräume gewinnt zu Lasten der Lieferanten.

Die Eigenfertigungsquote der Automobilhersteller sinkt beständig, die Automanager konzentrieren sich ganz auf das Marketing und die Markterschließung. In Zukunft werden viele Hersteller wohl nicht einmal mehr die Konstruktion neuer Automobile selbst in Angriff nehmen, denn auch dafür gibt es Spezialisten.

Manchmal entscheidet sich der Hersteller, die Montage in einem eigenen Werk im Ausland vornehmen zu lassen. Audi etwa lässt den TT im ungarischen Györ montieren. Mittlerweile kommt fast die gesamte Audi-Motorenpalette aus Györ. Während die Auditeile per Zug nach Ungarn rollen – Rohkarosserien, Achsen und Getriebe –, muss sich der Käufer fragen, inwieweit er für sein Geld noch »Made in Germany« bekommt.

Selbst Porsche lässt 23 000 Stück des Roadster im finnischen Uusikaupunki bei Valmet Automotive aus der Halle rollen. Engpässe am heimischen Standort, die eine kurzfristige Erhöhung der Kapazität nicht zuließen, haben den schwäbischen Sportwagenbauer zu diesem Schritt in den hohen Norden bewogen.

Outsourcing unlimited?

Der Wandel der Automobilunternehmen zu bloßen Kompetenzzentren wird von Consultants bereits fleißig propagiert und »anberaten«. In Zukunft sollen die sogenannten Betreibermodelle die Zukunft der Industrie bestimmen. Doch diese Modelle, bei denen Zulieferer gewissermaßen im Auftrag des Herrn die Produktion übernehmen, stoßen bisweilen an Grenzen. Ford, einer der Vorreiter des Betreibermodells, hat die Pläne für ein nach dem Betreibermodell geplantes Werk in Südamerika bis auf weiteres in der Schublade verschwinden lassen.

Klar ist, dass es auch in der Autobranche Kernaktivitäten gibt, die nicht ausgelagert werden. Als Schlüsselfunktionen gelten Antriebstechnik und Motorenbau, wo ein zu starkes Outsourcing eine möglicherweise markenschädigende Wirkung entfalten könnte. Auch die Kontrolle über Qualität und Marke wird weiter von den »Herstellern«, die diese Bezeichnung gar nicht mehr verdienen, ausgeübt – aus »Made in Germany« wird »Controlled from Germany«.

Zoo, in dem viele Raubtiere um wenig Futter kämpfen

Noch schlagen sich deutsche Hersteller und ihre Premiummarken hervorragend, aber wegen hoher weiterer Rationalisierungsmöglichkeiten für die Lohnarbeit sind die Zukunftsaussichten mittelfristig alles andere als rosig. Der Automobilmarkt ist mit 1,4 Prozent jährlichem Zuwachs keineswegs wachstumsstark zu nennen. So kommt es, dass um die Verbesserung der Marktanteile in manchen Automobilmärkten ein Kampf bis aufs Messer geführt wird. Im Bestreben, einander Marktanteile abzujagen, sind Länder und Märkte erschlossen worden, die, wie sich später herausstellte, gar nicht das erhoffte Absatzpotential haben. Herbert Demel, Chef von VW do Brasil, beschrieb die Situation in Lateinamerika mit den Worten: »Ein kleiner Zoo, in dem viele Raubtiere um wenig Futter kämpfen.«

Hemmungslos haben die Manager der Automobilindustrie, das große Fressen witternd, Überkapazitäten aufgetürmt. Nach Schätzung von Branchenkennern waren die Fabriken Anfang 2002 weltweit nur zwischen 70 und 80 Prozent ausgelastet. Viele Hersteller verramschen ihre Fahrzeuge zu Kampfpreisen, nur um nicht auf Lager produzieren zu müssen, und die operativen Verluste im Autogeschäft bringen die Bilanzen zum Qualmen. Vorreiter war der General-Motors-Konzern, dessen Manager den unglückseligen Einfall hatten, nach den Anschlägen vom 11. September 2001 eine Marketingaktion »Keep America rolling« zu starten und mit Tiefpreisen den Preisverfall noch anzuheizen.

Katastrophal ist die Lage in den Hoffnungsmärkten. In Brasilien lag die Auslastung der Autofabriken zuletzt nur bei der Hälfte der Kapazität. Seitdem sich abzeichnet, dass die im Jahr

2002 von Argentinien ausgehende Finanzkrise die lateinamerikanischen Staaten befällt, erscheinen weitere Kapazitätseinbußen wahrscheinlich. Dabei sollte die Auslastung einer Produktionsstätte bei über 80 Prozent liegen, um profitabel zu sein.

Glänzendes Markenimage

Hunderttausende Jobs stehen in der Automobilbranche auf dem Spiel, besonders bei General Motors und Ford war die Lage Anfang 2002 kritisch. Verglichen damit machten die Hersteller der deutschen Premiummarken in dieser Krise eine gute Figur. VW beispielsweise konnte, obwohl bedrängt von Peugeot, in Westeuropa Zugewinne vermelden. Fast jedes fünfte neu zugelassene Automobil kam aus dem Hause Volkswagen. Doch wie lange das Glück in Wolfsburg noch andauert, steht in den Sternen.

Nach Meinung von Automobilmarktexperten wie Graeme Maxton von Autopolis zeichnen sich zumindest längerfristig in der gesamten Autobranche ungeheure Beschäftigungsverluste ab. Er befürchtet den Verlust von weltweit 1 Million Arbeitsplätzen bei den Automobilbauern und ihren Zulieferern. Damit könnten der Autobranche jene Leiden erst noch bevorstehen, wie sie die Stahlbranche schon hinter sich hat.

Da ist es verständlich, wenn die Autobauer jede Rationalisierungsmöglichkeit nutzen. Doch gerade Hersteller wie BMW, die es geschafft haben, ein glänzendes Markenimage aufzubauen, müssen beim Outsourcing enge Grenzen beachten. Zwar nutzt der bayrische Automobilhersteller den Erfindungsreichtum kalifornischer Entwickler, aber nach wie vor liegt das zentrale Entwicklungs- und Entscheidungszentrum mit ungefähr 6000 Mitarbeitern in München – und wer die Bayern und BMW kennt, weiß, dass sich das nicht so ohne weiteres ändern wird.

Letztlich kommt es alleine auf das Know-how an, und in dieser Hinsicht schneidet Deutschland gar nicht so schlecht ab. Das konzediert sogar die standortkritische *Wirtschaftswoche:*

> »Im weltweiten Technologiewettbewerb halten sich deutsche Unternehmen gar nicht schlecht: Der Anteil von innovativen Produkten am Gesamtumsatz der meisten deutschen Firmen ist in den zurückliegenden Jahren kontinuierlich gestiegen.«

Die Entdeckung Indiens

Im Jahr 2000 erregte die Diskussion um die Green Card die Gemüter. Der Erteilung von Arbeitsgenehmigungen an Ausländer aus Nicht-EU-Ländern, der »deutschen Green Card«, wurde insbesondere auf der Computermesse CeBIT das Wort geredet, wo Unternehmensvertreter das Fehlen von Fachkräften als Wachstumsbremse beklagten. Vor allem Experten aus Indien, einem rückständigen Land, das mit Fleiß eine eigene Softwareindustrie auf die Beine gestellt hat, genießen den Ruf, ihren Job zu verstehen, und sollten jetzt der deutschen Volkswirtschaft aus der Verlegenheit helfen. In diese Verlegenheit hatte sich die deutsche Wirtschaft selber gebracht, als sie die Experten aus dem eigenen Land in einer Krise abgebaut und weggedrückt hatte. Inzwischen füllen mehr als 11 000 Hightech-Freaks aus Nicht-EU-Ländern die Lücke.

Was gut ist für die deutsche Wirtschaft, ist fatal für die Wirtschaft der betroffenen Drittweltländer, denn die Abwerbung ihrer Experten entzieht den unterentwickelten Wirtschaften wesentliches Know-how und wichtige Fachkräfte. Seit dem abrupten Ende des Booms in der Software- und Technologiebranche sind nun auch die Jobs der angeworbenen ausländischen Spezialisten und damit ihr Aufenthaltsrecht in Deutschland in Gefahr geraten, denn viele der Arbeitgeber stecken in Schwierigkeiten.

Warum nicht gleich die Produktion nach Indien verlagern, statt die Inder ins Land zu holen? Diese Frage muss sich das amerikanische Technologieberatungsunternehmen Sapient aus Cambridge/Massachusetts gestellt haben. Das hatte auf die Krise zwar prompt mit umfangreichen Entlassungen reagiert, doch dann fasste es einen kühnen Plan: Die Entdeckung Indiens begann.

In großem Umfang sollten Operationen nach Indien ausgelagert werden, um die Kunden durch drastische Preissenkungen bei der Stange halten zu können. Doch Sapient hatte die Schwierigkeiten unterschätzt. New Delhi ist nicht Cambridge – die Verhältnisse vor Ort und die Mentalität der Menschen sind völlig unterschiedlich. Zwar ist der Gehaltsunterschied beträchtlich, von dem nicht nur Sapient, sondern auch andere ausländische Unternehmen profitieren: Indische Webdesigner mit fünf Jahren Berufserfahrung verdienen nur 20 000 Dollar, während amerikanische Kollegen das Vierfache gezahlt bekommen. Doch die meisten der einheimischen Spezialisten wurden den spezifischen amerikanischen Anforderungen von Sapient nicht gerecht.

»Hi, I am Steve«

Die indischen EDV-Spezialisten hatten Schwierigkeiten mit der geforderten Teamarbeit und reagierten auf den »I-am-Steve«-Stil der US-Führungskräfte mit Verunsicherung. Noch schwieriger war es für die Amerikaner, überhaupt fähige Projektmanager zu finden, beschrieb das Wirtschaftsmagazin *Forbes* die problematischen Erfahrungen der Beratungsfirma in Indien. Manager, die Teams mit Dutzenden von Softwareingenieuren steuern können und auf die Einhaltung von Budgets und Zeitvorgaben achten, sind in Indien Mangelware. Schließlich blieb Sapient keine andere Wahl, als amerikanische Berater von lukrativen Honoraraufträgen abzuziehen, um sie zur Ausbildung des Managementnachwuchses in Indien einzusetzen.

Sapient hatte die Erfahrung gemacht, dass es nicht funktioniert, für komplexe strategische Projekte billige Fachkräfte anzuheuern. Und bloß weil Anfang des Jahres 2002 32 Prozent aller 1900 Angestellten des Beratungsunternehmens im billigen Indien vor ihren Computern saßen, hatte sich die Nachfrage auf dem heimischen Markt noch nicht erholt.

Unterdessen schafft die unsichere innenpolitische und außenpolitische Lage Indiens ein eher unbehagliches Ambiente für die ruhebedürftigen Softwareentwickler. Zumindest für Sapient scheint der Rettungsplan Indien einstweilen fehlgeschlagen zu sein. Wie von der Granate getroffen, sackte auch der Aktienkurs von Sapient, der Anfang 2000 noch über 69 Dollar erreicht hatte, auf immer neue Tiefstände und trudelte bis Anfang Juni 2002 auf kärgliche 1,5 Dollar.

Grenzzwischenfall, kein Feuerwerk

Eine angespannte Sicherheitslage ist in Indien der Normalfall. Immer wieder erschüttern schwere religiöse Auseinandersetzungen den Subkontinent. Im Mai 2002 eskalierte der Kaschmir-Konflikt an der Nordgrenze mit dem Nachbarland Pakistan, wo sich zwei hochgerüstete Atommächte mit dem Finger am Abzug gegenüberstehen.

Auch mit dem Nachbarn Bangladesh ist Indien zutiefst verfeindet. Als Reisende im April 2001 in der Grenzregion zu Bangladesh »Böllerschüsse« hörten, handelte es sich nicht um ein fröhliches Feuerwerk, sondern um einen Grenzzwischenfall mit Feuergefecht. Noch wenige Monate zuvor hatten Manager und Wirtschaftsmagazine den Standort Indien und seine billigen Softwarespezialisten über den grünen Klee gelobt und über das Säbelgerassel an der Grenze gerne hinweggesehen.

Dass Billiglohnstandorte enorme Probleme machen können,

die Erfahrung mussten schon viele Unternehmen aus Industrieländern machen. Als der deutsche Textilhersteller Triumph Ende Januar 2002 den Rückzug aus Myanmar (dem früheren Burma) bekanntgab, hatte er sich damit dem Druck der »Clean-Clothes«-Kampagne, einer Verbraucherbewegung, die sich für die Einhaltung der Menschenrechte bei der Textilproduktion einsetzt, gebeugt.

Tatsächlich spotten die politischen Rahmenbedingungen in Myanmar jeder Beschreibung. Schon 1988 hatte das Militärregime friedliche Proteste gewaltsam erstickt und Tausende von Protestierenden getötet. Während es in Myanmar an der notwendigsten medizinischen Versorgung fehlt, geben die Steinzeitmilitärs 40 Prozent des Staatshaushalts für Waffenkäufe aus. Neuester Hit auf ihrer Einkaufsliste sind russische Hightech-Jagdflugzeuge vom Typ Mig 29, die 130 Millionen Dollar pro Stück kosten. Obwohl die Energieversorgung des Landes nicht gesichert ist und stundenlange Stromausfälle zum Alltag gehören, verkauft Myanmar seine Gasvorräte ins benachbarte Thailand und betreibt somit eine besondere Form des »Outsourcing«.

Eine besonders unangenehme Erfahrung mit Outsourcing hatte Mitte der Neunzigerjahre auch Sennheiser Electronics gemacht. Der Elektronikspezialist aus Wedemark bei Hannover überließ die Produktion von Baugruppen für drahtlose Mikrophone seinem chinesischen Partnerunternehmen. Die vermeintlich günstige Lösung entpuppte sich jedoch als Debakel. Sennheiser wurde das Opfer von Produktpiraten, die das Know-how der Deutschen anzapften, um auf eigene Rechnung Geschäfte zu machen. Die Vergabe von Aufträgen außer Haus hatte das deutsche Unternehmen verwundbar macht und wichtiges technologisches Wissen in die Hand Dritter gebracht.

Trend zum Insourcing

Als eine der ersten wechselte die Textilbranche über die deutschen Grenzen ins Ausland. Die Strukturkrise der Branche hatte in der Bundesrepublik einen hohen Tribut an Arbeitsplätzen gefordert: In der Textil- und Bekleidungsindustrie waren in der Zeit von 1966 bis 1974 rund 241 000 Arbeitsplätze verschwunden.

Nun wird gemeinhin angenommen, es sei aufgrund der hohen Lohnkosten auf keinen Fall rentabel, in der Bundesrepublik Textilien und Mode zu produzieren. Dabei gibt es Hersteller, die genau dies tun und Erfolg damit haben. Die Firma Trigema zum Beispiel, ein T-Shirt- und Trikotagenhersteller aus Baden-Württemberg, wirbt stolz damit, dass sie mit acht Werken und über 1200 Mitarbeitern ausschließlich in Deutschland produziert, und hält die Fahne des Qualitätssiegels »Made in Germany« hoch. Auch die Firma Falke trotzt der Krise im Textilsektor und fabriziert ihre Markenstrümpfe zum großen Teil am Stammsitz des Unternehmens in Schmallenberg im Sauerland. Und so wie Trigema und Falke halten noch viele andere mittelständische Unternehmen dem deutschen Standort die Treue.

Von vielen noch unbemerkt, bahnt sich längst eine Wende zum »Insourcing« an. Nicht zuletzt die Anschläge vom 11. September 2001 könnten den Kurswert heimischer Produktionsstätten wieder leicht ansteigen lassen. Sichere Standorte sind knapp, Geschäftsreisen nicht mehr in jede Gegend zu empfehlen.

Ausgerechnet im krisengeschüttelten Textilsektor machen einige der Unternehmen vor, dass sich scharfe Schwenks, schnelle Belieferung und rasche Produktionswechsel durchaus unter weitgehendem Rückgriff auf einheimische Standorte bewerkstelligen lassen.

Beispiel Benetton

Bei Benetton setzt man mehr denn je auf den Herkunftsnachweis »Made in Italy«. Während die Konkurrenz immer noch um den Globus jettet, um einige Dollar an Produktionskosten zu sparen, arrondiert der Hersteller mit Sitz im italienischen Treviso die Produktion in der Heimat. Schnelligkeit und Flexibilität – die entscheidenden Erfolgsfaktoren im schnelllebigen Modegeschäft – lassen sich durch auf die Spitze getriebenes Outsourcing kaum optimieren. Dagegen schaffen feste Exklusivproduzenten und verlässliche Partner, die perfekt in das Logistiknetz des Markenartiklers eingepasst sind, Spielräume in der Sortimentspolitik. Mit sogenannten Flash-Kollektionen sorgt Benetton im 14-tägigen Wechsel für Abwechslung in seinen Läden. Wo viel Neues im raschen Wechsel verlockend blinkt, lockt das die Kundschaft in die Benetton-Stores. Selbst jene, die mit der Basiskollektion schon vertraut sind, fühlen sich hier eingeladen, noch Neues zu entdecken.

Die Unternehmensberater, die noch immer das Outsourcing als der Weisheit letzten Schluss preisen, drohen mit ihren altbackenen Ratschlägen ins Hintertreffen zu geraten. Wie die *Frankfurter Allgemeine* zu berichten weiß, interessieren sich jetzt auch Managementprofessoren des feinen Bostoner MIT für die schnellen Maschen des italienischen Strickmodenherstellers, der mit »Made in Italy« der Globalisierung Paroli bietet.

Loch in der Kasse durch Outsourcing?

Neben der Aufrechterhaltung der Qualitätsstandards machen bei der Auslagerung der Produktion immer wieder auch die Gewährleistung von»just in time«, also die minutengenaue Anlieferung von Vorprodukten und Teilen in den Produktionsablauf, und ein schnelles Reagieren auf Kundenwünsche Probleme. Produkte, die der Konkurrenz überlegen sind, entstehen nun mal nicht durch Zukäufe von der Stange. Um individuelle Kundenwünsche zu erfüllen, werden viele Hersteller um die flexible Maßanfertigung künftig nicht herumkommen, wenn sie die Konkurrenz ausstechen wollen. Nicht nur Automobilhersteller wie die Volkswagen AG wissen längst, dass in manchen Bereichen »In-sourcing« sinnvoll ist. Auch McKinsey wusste bereits in den Neunzigerjahren davon zu berichten, dass es vor allem die weniger erfolgreichen europäischen Unternehmen sind, die auf Pfaden abseits der Heimat wandeln.

Ericsson, der bekannte schwedische Mobilfunkhersteller, hat angeblich sogar die Erfahrung machen müssen, dass Outsourcing ganz besonders teuer kommen kann. In die Kasse des Mobilfunkers soll, so *Focus Money*, eine Vertragsstrafe in zweistelliger Millionenhöhe wegen nicht geleisteter Abnahmeverpflichtungen bei Handys ein riesiges Loch gerissen haben.

Teil VI: Das Spiel ist aus

21 ABB und IBM: Falten nach dem Lifting

ABB: Ein Konzern wird magersüchtig

Ungezählte Fallstudien machen die Asea Brown Boveri (ABB), die im Jahr 1988 aus der Fusion der schweizerischen Brown, Boveri & Cie. (BBC) mit der schwedischen Asea entstanden war, zu einem der am besten untersuchten Unternehmen der Welt. Immer wieder wird ABB als Musterbeispiel eines »Global Player« gepriesen, und in Managementlehrbüchern wird die Erfolgsstory des »tanzenden Giganten« über den grünen Klee gelobt. Von ABB lernen heißt siegen lernen, so oder ähnlich lautet stets das Fazit am Ende der Fallstudien.

Vom Siegen kann heute bei dem Elektrotechnikkonzern keine Rede mehr sein. Das Vorzeigeunternehmen ist tief gestürzt. Ausgerechnet der Musterknabe hat schlimmere Probleme als andere. Der Konzern sieht sich nicht nur mit hohen Entschädigungsklagen wegen Asbest konfrontiert, sondern geriet durch das Fehlverhalten seiner Spitzenkräfte in schweren Korruptionsverdacht. Im Jahr 2001 tanzte der Titan der Globalisierung mit einem Minus von 691 Millionen Dollar weit in die Verlustzone. Sogar im Geschäft mit Finanzdienstleistungen, das einst 40 Prozent zum operativen Gewinn beitrug, verlor der von Zürich aus geleitete Konzern Geld. Insgesamt drücken ihn Schulden in Höhe von 4 Milliarden Dollar.

Besonders beunruhigend ist, dass das Wunderkind mit 3,3 Milliarden Dollar aus kurzfristigen Anleihen, sogenannten Commercial Papers, ausstaffiert ist. Eine derart kurzfristige Finanzierung ist gefährlich und beschert den Aktionären und Beschäftigten, die um diese Risiken wissen, schlaflose Nächte. Die ABB hat sich einige Unternehmenskäufe zu viel genehmigt und außerdem viel Geld für den – angeblich kursfördernden und an den Börsen normalerweise freundlich willkommen geheißenen – Rückkauf eigener Aktien verpulvert. Ein schlechteres Investment als die ABB-Aktie ist allerdings kaum denkbar. Seit Mitte 2000 ist sie ebenso auf dem Weg nach unten wie die Laune der Aktionäre und die Motivation der Mitarbeiter.

Der als mustergültig gepriesene Zusammenschluss eines schweizerischen und eines schwedischen Unternehmens zur »truly global company«, einem »wahrhaft globalen Unternehmen«, erweist sich für die Beschäftigten als ein einziger Leidensweg. Immer wieder von Neuem wurden den Arbeitskräften Jobkürzungen und Schlankheitskuren zugemutet, so dass Mitarbeiter, die der ABB entronnen sind, darüber »gottenfroh« seien, berichtet die *Weltwoche*. Selbst die »Kader« und Manager hatten von ABB die Nase voll und verließen die Dauerbaustelle in Scharen, um woanders anzuheuern.

Der tiefe Fall von ABB macht anschaulich, dass das Schlagwort der Globalisierung zum Fetisch von Managementstrategen geworden ist. Unter dem Deckmantel der Globalisierung lassen sich eigene Ziele und der eigene Vorteil bestens verfolgen – die Motivation der Belegschaft und eine humane Arbeitsumwelt spielen dann keine Rolle mehr. Der schwedische Supermanager und einstige Dirigent der Fusion von Asea und BBC, Percy Barnevik, in dem manche den »europäischen Jack Welch« sahen, ist das beste Beispiel dafür.

100 Millionen für den Ruhestand

Der langjährige ABB-Chef Barnevik hatte unter den Beschäftigten gnadenlos aufgeräumt. Beim Rausschmeißen im Namen der Globalisierung war niemand rücksichtsloser als er. 54 000 Beschäftigte in Westeuropa und den Vereinigten Staaten flogen aus dem Unternehmen. Das Ende der »glanzvollen« Karriere des Globalisierungsexperten krönte der tiefe Griff in die Kassen des Konzerns, bei dem Barnevik eine anständige Pension abstaubte. Da Barnevik Konzern- und Finanzchef in einer Person war und sich zudem als Aufsichtsratschef noch gleich selber beaufsichtigen durfte – was auch ohne »Corporate Governance« niemals zulässig sein sollte –, war das kein Problem. Die *Wirtschaftswoche* berichtete, dass die beiden Unterschriften auf der Zahlungsanweisung an Barnevik von Barnevik selbst stammten, Kontrolleur und Kontrollierter in Personalunion. Das Musterunternehmen erwies sich als billiger Selbstbedienungsladen, in dem Barnevik ungestört gut 100 Millionen Euro als »Ruhegeld« abstaubte und auch seinen Amtsnachfolger Göran Lindahl noch mit einer netten Summe bedachte.

Zu den Mitgliedern des dreist übergangenen Aufsichtsrats gehört neben dem deutschen Topmanager Jürgen Dormann pikanterweise ausgerechnet Gerhard Cromme, der Aufsichtsratschef von ThyssenKrupp. Der saß in Deutschland der sogenannten Cromme-Kommission vor, die im Auftrag der Bundesregierung Regeln zur schärferen Kontrolle von Unternehmensrepräsentanten erarbeiten sollte.

Von der an die beiden Manager geflossenen Summe, so die

Wirtschaftswoche, hätten die 1700 entlassenen Mitarbeiter von ABB in Schweden und ihre Familien ein Jahr lang leben können. Diesmal fand der neue Stil einer gierigen Zeit jedoch keinen Anklang. Als sich Widerstand gegen die ungewöhnlich hohe Zahlung an die Pensionisten regte, entschloss sich die unter Druck geratene neue Konzernleitung von ABB, einen Teil der Summe zurückzufordern.

Kleine Archäologie des Informationszeitalters

Im Süden bei Marienfelde geht Berlin die Puste aus. Der Abstand zwischen den Gebäuden wird weit, und gemächlich wechselt Berlin über in Brachland und Wiesen. Das Klopfen der Achsen und das Reifenreiben auf dem vielbefahrenen Namitzer Damm verliert sich zwischen weiten Parkplatzflächen, Gesträuch, Rasenstücken, zwischen den riesigen Fertigungshallen und einem Hochhaus, an dessen Aluminiumfassade das Firmenlogo IBM prangt. Statt reger Geschäftigkeit herrscht dörfliche Stille. Ein Großteil der Parkplätze ist verwaist – wie auch das Pförtnerhaus und die leer stehenden Fabrikhallen, in denen kein Mensch mehr arbeitet.

Die leeren Hallen und Parkplätze: Versatzstücke einer Zeit, die uns noch wie Gegenwart erscheint und die doch längst hinter uns liegt. Nicht die Schwerindustrie mit Fabrikhallen voll gusseiserner Maschinen und glühenden Hochöfen, sondern die moderne Leichtindustrie der Informations- und Computerindustrie hat ihre Zukunft hier am Namitzer Damm hinter sich gelassen. Dieser Ort, an dem es einmal Hunderte von Arbeitsplätzen in den Werkhallen gegeben hat, deren Verschwinden jetzt den Standort in eine geisterhafte Industriebrache der Informationstechnologie verwandelt hat, fällt dem Vergessen anheim. Etwaige Archäologen des Informationszeitalters stehen vor einer schwierigen Aufgabe. Das Erinnerungsvermögen ist in der Ära der Computerspeicher schwach ausgeprägt, die Speicher sind weitgehend überschrieben – die Zukunft hat ein neues Datenformat.

Fest steht immerhin, dass die Herstellung von Büroschreibmaschinen am Namitzer Damm 1972 ihren Anfang nahm. Später waren dann Kopiergeräte dem Produktionsprogramm hinzugefügt worden, bis Ende der Siebzigerjahre der Sprung in die moderne Datentechnologie und die Produktion von Komponenten für die Herstellung von Plattenspeichern sowie, Anfang der Achtzigerjahre, von Plattenspeichereinheiten den Standort, wie es schien, zukunftssicher machte. Alles lief bestens, als im Januar 1983 ein hochmodernes vollautomatisches Hochregallager seiner Bestimmung übergeben und fünf Jahre später die Fertigung um die Herstellung von IBM- und Interbold-Bankautomaten erweitert wurde.

Ein Konzern mit neuem Gesicht

Das Hochregallager ist längst abgebrochen, die Erinnerung daran so gut wie ausgelöscht. Unweit blinkt heute das Lichtschild eines Schnellrestaurants, dessen »Drive-in«-Kundschaft ihre Burger mit Blick auf die leeren Fabrikhallen der »Zukunftsindustrie« kaut. Kaum zehn Jahre sind vergangen, seit IBM 1993 die Herstellung der Plattenspeicherprodukte aus Kostengründen nach Mainz und nach Ungarn abgezogen hat. 1999 war auch die Herstellung der Bankenprodukte nach Großbeeren verlagert worden, was die Hallen überflüssig machte.

Anlass war die weltweite Umstrukturierung des IBM-Konzerns. Noch 1993 hatte das amerikanische Magazin *Fortune* den Konzern als Unternehmens-Dinosaurier bezeichnet. Seitdem hatte IBM viel getan, um dieses Attribut Lügen zu strafen. Der Konzern hatte sich einem Totalumbau unterzogen, der das

Unternehmen völlig veränderte und IBM in ein Dienstleistungsunternehmen verwandelte. Im Zeitraum zwischen 1987 bis Mitte der Neunzigerjahre sind 175 000 Beschäftigte von der globalen Lohnliste verschwunden. Darunter war auch der Standort im Süden Berlins am Namitzer Damm, wo rund 800 Mitarbeiter 1991/92 »von der Veränderung betroffen« waren, wie es die Presseabteilung von IBM Deutschland formulierte. Im Klartext hieß das: In den Werkhallen gingen die Lichter für immer aus.

Nach dem Umbau zum Dienstleistungskonzern sind zwar bei IBM wieder neue Arbeitsplätze entstanden. Doch das Unternehmen hatte sein Gesicht völlig verändert. Unter dem Dach der Holdinggesellschaft IBM Deutschland GmbH mit Sitz in Berlin operiert jetzt ein Verbund weitgehend eigenständiger, kleinerer Töchter. Bis Mitte der Neunzigerjahre war IBM Deutschland innerhalb der Firmenlandschaft der Bundesrepublik ein aktives Mitglied mit umfangreichen Aktivitäten im Kultur- und Sozialsponsoring.

»Davon hat sich IBM Deutschland Mitte der Neunzigerjahre durch die Aufteilung des Unternehmens vollends verabschiedet«, schreibt der Wirtschaftspublizist Rüdiger Liedtke und resümiert: »IBM Deutschland heute: ein publizitätsscheuer Teilkonzern der amerikanischen Mutter mit einer einem Hightech-Unternehmen völlig unangemessenen Öffentlichkeitsarbeit.« Seit 1998 druckt IBM Deutschland nicht einmal mehr einen Geschäftsbericht.

Nach erfolglosen Versuchen, die Tischcomputersparte zu sanieren, schmiss IBM auch hier den Bettel hin, und die PC-Produktion – einst ein Bereich, in dem IBM glänzte – wurde 2002 an eine Fremdfirma abgetreten. Beim Aktienkurs sorgte dies jedoch kaum mehr für den notwendigen Kick. Die Börsianer sind gelangweilt vom großen blauen Riesen. Anfang 2002 gab der Konzern dann eine Gewinnwarnung heraus – die erste seit elf Jahren. Die Langeweile schlug in pures Entsetzen um, als die Bilanzierungspraxis des Konzernriesen in die Kritik geriet.

Die Aktionäre hatten sich die frische, packende »Story«, mit der das restrukturierte Unternehmen in eine neue erfolgreiche Zeit aufbrechen wollte, anders vorgestellt. Das waren noch gute Nachrichten, damals in den Neunzigerjahren, als allein am Firmensitz in Böblingen infolge der »Umstrukturierungs- und Personalanpassungsmaßnahmen«, die sich IBM Deutschland 1 Milliarde Euro kosten ließ, 9000 Beschäftigte den Arbeitsplatz verloren ...

22 Stille Reserven

Zum Problem begann die Massenarbeitslosigkeit erstmals in den Siebzigerjahren zu werden. Ölkrise und Stagflation setzten dem Arbeitsmarkt zu und trieben ihn in eine Abwärtsspirale. Nachdem sich die Zahl der Arbeitslosen anfangs noch unterhalb der Millionengrenze bewegte, gehörte die Meldung über steigende Arbeitslosenzahlen bald zum täglichen Berichtsgegenstand der Nachrichtensendungen und Journale. Geradezu traumhaft erscheinen im Rückblick die zu Beginn der Achtzigerjahre gemeldeten Zahlen, die um die 2-Millionen-Marke pendelten.

Ursache für das Anwachsen der Arbeitslosigkeit seien die konjunkturellen Krisen, so dachte man. Doch die Zeiten, in denen das Wirtschaftswachstum große Sprünge machte, gehören der Vergangenheit an. Heute gelten Wachstumsraten von mehr als 3 Prozent schon als rasant – und werden kaum je wieder erreicht.

Dass mit sinkenden Wachstumsraten die Zahl der Arbeitslosen wuchs, ist als Eindruck eher irreführend, denn die Arbeitslosigkeit hat weniger konjunkturelle als strukturelle Gründe. Im Kern ist sie auf den dynamischen Wandel der Wirtschaft zurückzuführen. Damit sind nicht in erster Linie Rationalisierungen durch arbeitsparende Technologien gemeint, sondern das Entstehen immer neuer Sektoren wie der Softwarebranche und der Biotechnologie, in denen zwar neue Stellen geschaffen worden sind, die jedoch den Verlust der gleichzeitig in den wegbrechenden alten Industriezweigen abgebauten Arbeitsplätze kaum kompensieren konnten.

Gewinner dieses Umbauprozesses war eine besondere Berufsgruppe, die der Ökonom und ehemalige Arbeitsminister der Clinton-Regierung Robert Reich »Symbolanalytiker« nannte. Während einfachere Tätigkeiten in der Industrie in raschem Tempo abgebaut worden waren, nahm der Bedarf an Design-, Softwareingenieuren, Biotechnologen, PR-Spezialisten, Anwälten, Beratern, Journalisten und anderen Sterndeutern des Fortschritts und der vernetzten Ökonomie immer weiter zu. In diese neuen Berufe, für die eine besondere Qualifikation erforderlich ist, konnten die beschäftigungslos gewordenen Stelleninhaber aus den »alten« Branchen kaum mehr eingegliedert werden.

Das Problem mit der stillen Reserve

Ab 1990 sorgte die Wiedervereinigung zu einer dramatischen Belastung für den Arbeitsmarkt: Für die Mehrzahl der bei der großflächigen Stillegung der ineffizienten DDR-Wirtschaft verlorenen Arbeitsplätze gab es keinen Ersatz. Ebenfalls eine Folge der Vereinigung ist die steigende Erwerbsquote, denn in der DDR war ein deutlich höherer Prozentsatz von Frauen berufstätig als im Westen Deutschlands. Aber es ist auch ein genereller Trend: Immer mehr Menschen wollen einer Tätigkeit nachgehen. Die Erwerbsquote ist von 1996 mit 72,8 Prozent auf 74,7 Prozent im Jahr 2000 gestiegen. Das bedeutet, dass Menschen von der inaktiven Seite, der sogenannten stillen Reserve, erwerbstätig werden möchten und, wenn sie keinen Arbeitsplatz finden, die Zahl der Erwerbslosen erhöhen. In der zweiten Hälfte der Neunzigerjahre kam es zwar zu einem Aufschwung der Exportwirtschaft – von der im Jahr 2000 immerhin jeder fünfte Arbeitsplatz abhing –, aber gegen diese vereinigungsbedingten »Sonderfaktoren« vermochte er wenig auszurichten.

Das Angebot an Arbeitskräften ist im Jahr 2000, wie die Bundesbank in ihrem Jahresbericht erläutert, mit einem Zuwachs von 1 Prozent stärker gestiegen als in allen Jahren zuvor seit der Vereinigung Deutschlands. Dabei wäre von der demographischen Entwicklung eher eine sinkende Tendenz anzunehmen gewesen, denn die Zahl der Einwohner im erwerbsfähigen Alter geht zurück. Dieses unglückliche Zusammentreffen von sich ungünstig auswirkenden Faktoren übersteigt letztlich die Absorptionsfähigkeit eines durchaus robusten Arbeitsmarktes.

Problematisch ist vor allem der ab dem Winter 2001 hinzutretende konjunkturelle Einfluss, der die Zahl der Arbeitslosen zügig über die Marke von 4 Millionen katapultiert hat. Nachdem sie bereits im Jahresdurchschnitt 1999 über 4 Millionen gelegen hatte und 1997 sogar 4,4 Millionen als Rekordstand zu verzeichnen waren, erwies sich die im Jahr 2000 zwischenzeitlich eingetretene Erholung, die den Gesamtstand der Beschäftigungslosen auf 3,88 Millionen sinken ließ, als kurzes Zwischenspiel.

Trotz der anhaltenden Hiobsbotschaften vom Arbeitsmarkt darf nicht übersehen werden, dass ungeachtet dessen die Arbeitsmarktdaten der Bundesrepublik noch wesentlich günstiger sind als in vielen anderen Ländern, die keine heruntergekommene Volkswirtschaft als Beitrittsgebiet zu integrieren hatten. Vor allem gibt es (Mitte 2002) 500 000 offiziell gemeldete offene Stellen, darunter viele, die nur eine geringe Qualifikation erfordern – sie nicht zu besetzen ist kein Ruhmesblatt für die Arbeitsverwaltung, die den Anforderungen kaum mehr gewachsen ist.

Während früher eine lebenslange Vollzeitarbeit als Normalfall galt, nehmen heute geringer entlohnte Teilzeitarbeit und kürzere Beschäftigungszeiten zu. Diese »Flexibilisierung« führt dazu, dass es in den Erwerbsbiographien der Menschen immer wieder zu kürzeren oder längeren Phasen von Arbeitslosigkeit kommt. Dass dies ohne größere Verwerfungen möglich ist, ist dem beispiellosen Maß an sozialer Absicherung und finanzieller Kompensation durch die Arbeitslosenversicherung zu verdanken. In den Medien werden stets nur die Kosten der sozialen Sicherheit thematisiert. Dabei hat sie unbestreitbare volkswirtschaftliche Vorzüge. Zu diesen Vorzügen zählt auch, dass die in konjunkturellen Krisen zu verzeichnenden Nachfrageeinbrüche geringer ausfallen – soziale Sicherungssysteme wirken glättend auf die Schwankungen der Wirtschaftsaktivität. Volkswirtschaften wie jene der Bundesrepublik heimsen dadurch einen konjunkturellen Sicherheitsbonus ein.

Der deutsche Arbeitsmarkt ist besser als sein Ruf

Im Jahr 2001 sind Wirtschaftsforscher des Deutschen Instituts für Wirtschaftsforschung (DIW) in Berlin einem bemerkenswerten Umstand auf die Schliche gekommen: Der deutsche Arbeitsmarkt begegnet der immer weiter abflachenden Wachstumskurve der Wirtschaft offenbar mit einer sinkenden Beschäftigungsschwelle. Die sogenannte Beschäftigungsschwelle drückt aus, ab welchem Wert der Wachstumsrate einer Volkswirtschaft es überhaupt noch zur Entstehung neuer Arbeitsplätze kommt – und natürlich auch, wann Arbeitsplätze abgebaut werden, weil diese Schwelle dauerhaft unterschritten wird. Die Ökonomen des DIW ermittelten nun, dass die Beschäftigungsschwelle in der deutschen Wirtschaft bei nur 1 Prozent liegt. Andere Experten hatten die Schwelle zuvor bei 2,5 Prozent Wachstum angesetzt.

Zwischen Anfang 1997 und Anfang 2001 sind so mehr als 1,7 Millionen neue Jobs entstanden. Das deutet darauf hin, dass der deutsche Arbeitsmarkt keineswegs so verkrustet und überreguliert ist, wie dies neoliberale Theoretiker und die Wirtschaft, die auf weitere Lockerungen dringt, immer wieder gerne behaupten. Im Gegenteil: Die Maschinen laufen schon lange rund um die Uhr, die Beschränkung von Samstagsarbeit existiert nur noch auf dem Papier. Viele einstige Hemmnisse sind längst »bereinigt«. Es gibt eine hohe Anzahl von befristeten Beschäftigungsverhältnissen und von Teilzeitverträgen, und im Sommer 2000 haben die »Minijobs« nach dem 630-Mark-Gesetz die 4-Millionen-Grenze erreicht, so dass fast 27 Prozent aller Erwerbstätigen in Teilzeitarbeit und Minijobs beschäftigt sind. Die Zahl der von den Zeitarbeitsunternehmen vermittelten Stellen hat sich seit Mitte der Neunzigerjahre verdoppelt, und die Quote der befristeten Tätigkeiten betrug im Jahr 2001 bereits 13 Prozent. Ob Tarifverträge oder angeblich rigider Kündigungsschutz – längst schon sorgen vielerlei Ausnahmeregelungen im Arbeitsrecht und jede Menge Schlupflöcher bei der Vertragsgestaltung für individuell an die Bedürfnisse eines Unternehmens angepasste Lösungen.

Gerne wird auch behauptet, dass die Wettbewerbsfähigkeit der deutschen Unternehmen schlecht sei. Die guten Exporterfolge widersprechen diesem Bild. Es gibt auch Manager wie Klaus Friedrich, der Chefvolkswirt der Allianz-Gruppe/Dresdner Bank, die nicht unbedingt in den Chor der Standortschelte einstimmen wollen. Gegenüber dem *Spiegel* erklärte Friedrich, seiner Meinung nach sei die Wettbewerbsfähigkeit der deutschen Wirtschaft statistisch betrachtet gut.

Flexible Grüße vom Arbeitsmarkt

Für manche Ökonomen gilt die traurige Nachricht, dass im sich abschwächenden Wachstum Ende 2001, Anfang 2002 die Beschäftigung fühlbar zurückgegangen ist, kurioserweise als gute Nachricht. Im Februar 2002 waren im verarbeitenden Gewerbe

6,2 Millionen Menschen beschäftigt, ein deutlicher Rückgang um 2,2 Prozent gegenüber demselben Monat des Vorjahres. Das lässt erkennen, dass die Beschäftigungsverhältnisse hierzulande keineswegs mehr so fest zementiert sind, wie immer behauptet wird. Leider bedeutet es auch, dass bestehende Arbeitsplätze immer weniger sicher sind.

Während die stets von Arbeitgebern und Managern als Voraussetzung für neue Jobs geforderte höhere Flexibilität (auch beim Kündigungsschutz) also längst besteht, lassen die neuen Jobs auf sich warten. Für ein Fünftel aller Beschäftigten, nämlich jene, die in Kleinbetrieben mit bis zu fünf Beschäftigten tätig sind, gilt die bestehende Kündigungsschutzregelung ohnedies nicht. Offenbar scheint dies auch nicht das entscheidende Kriterium zu sein. Nur die Hälfte der Unternehmen, das ergab eine Befragung der Bundesvereinigung der Arbeitgeberverbände (BDA) von 1000 Unternehmen, lässt sich nach eigenem Bekunden von Kündigungsschutzregelungen von Einstellungen abhalten.

Auch die als starr verschrienen, angeblich zu eng gestrickten Flächentarifverträge werden gerne als Einstellungs- und Beschäftigungshindernis dingfest gemacht. Die Realität ist längst eine andere: Laufmaschen in den Tarifregelungen erlauben Ausnahmen, wenn es um die Sicherung von Arbeitsplätzen geht. Vor allem im Osten ist der Teppich des Tarifrechts zerrissen, die Tarifverträge gelten nicht mehr flächendeckend. »Der Osten ist längst das Amerika Deutschlands«, sagte Karl-Heinz Paqué, Finanzminister von Sachsen-Anhalt und Professor für Volkswirtschaftslehre, gegenüber der *Zeit*.

Die ganze Flexibilisierung hilft indessen wenig weiter, wenn schon der Start ins Berufsleben zum Fehlstart wird, weil für Schulabgänger keine ausreichende Zahl von Lehrstellen zur Verfügung steht. Katastrophal ist die Lage vor allem im Osten Deutschlands, wo viele Schulabgänger vergeblich auf einen Ausbildungsplatz hoffen und aus manchen Schulklassen zwei von drei Abgängern keinen Ausbildungsplatz finden. Den Entscheidern in der Wirtschaft scheinen die Chancen junger Menschen jedoch gleichgültig zu sein, alle Appelle helfen nichts.

Kalte Dusche von Bundesbank und EZB

Früher hat die Deutsche Bundesbank dafür gesorgt, dass die Bundesrepublik sich als stets solventes Hartwährungsland im Glanz der stabilen D-Mark sonnen konnte. Seit der Einführung der europäischen Wirtschafts- und Währungsunion 1999 führt die Europäische Zentralbank (EZB) die Politik der Bundesbank weiter.

»Das deutsche Konzept der Unabhängigkeit der Europäischen Zentralbank hat sich im Ergebnis erstaunlich weitgehend durchgesetzt«, schrieb Ex-Bundeskanzler Helmut Schmidt in der *Zeit,* kurz bevor der Euro zu Beginn des Jahres 2002 für 300 Millionen Menschen zum gesetzlichen Zahlungsmittel wurde. Genau wie die Bundesbank lässt auch die Europäische Zentralbank keinen Zweifel daran, dass sie dem Stabilitätsziel der Währung besonders verpflichtet ist. Mehr noch: Die EZB scheint diese Stabilität sogar noch weitaus besser als die Bundesbank erreichen zu können. Wie sich bislang gezeigt hat, »ist die Inflationsrate eher kleiner, als sie bis 1999 unter der Steuerung der Bundesbank gewesen ist«, stellte Helmut Schmidt fest.

Genau das ist das Problem: Die Inflationsziele der Europäischen Zentralbank sind allzu eng gefasst. Das Verhalten der europäischen Geldmanager ist, wie damals schon jenes der Bundesbank, den wachsenden sozialen und beschäftigungspolitischen Problemen nicht angemessen, wenn sie die Geldwertstabilität über beschäftigungspolitische Maßnahmen stellt. Schon die Bundesbank handelte unverantwortlich, als sie so tat, als würde sie die Arbeitslosigkeit nichts angehen, und die geldpolitischen

Zügel straff in beiden Händen hielt – das nutzt denen, die schon Geld haben, ist aber schlecht für all jene, die ihren Lebensunterhalt mit Arbeit verdienen müssen.

Nutznießer einer solchen Nullinflationspolitik sind auch die Geschäftsbanken, die Milliarden an Krediten verliehen haben und deren Schuldner mit Hilfe der Inflation sich ihrer Bürde rascher erleichtert sehen würden. Notenbankpolitik zugunsten der Kapitalbesitzer und der Bankinstitute – gegen die Schaffung von Jobs: Vor allem in den frühen Achtzigerjahren hätte ein gelockertes geldpolitisches Konzept eine bessere wirtschaftliche Entwicklung zur Folge gehabt und damit der dramatisch um sich greifenden Arbeitslosigkeit enge Grenzen gesetzt. Aus Sicht der Bundesbank ist es vorwiegend die Aufgabe der Regierung, für jene Rahmenbedingungen zu sorgen, die eine Reduzierung der Arbeitslosigkeit ermöglichen – ein allzu bequemer Standpunkt. Bei dieser Argumentationsweise geraten die Möglichkeiten der »Bank der Banken« völlig aus dem Blick – Möglichkeiten, wie sie das amerikanische Vorbild, die Federal Reserve Bank, virtuos nutzt.

Wachstum und Jobs mit der US-Notenbank

Die Federal Reserve Bank sieht ihre Aufgabe nicht darin, die Inflation völlig auszurotten, sondern geht sogar vernünftigerweise davon aus, dass eine moderate Inflation im Rahmen von 2,5 Prozent pro Jahr keinen volkswirtschaftlichen Schaden anrichtet. Dieser Meinung ist auch der amerikanische Ökonomieprofessor Paul Krugman. Er vertritt in seinem Buch *Schmalspur-Ökonomie – Die 27 populärsten Irrtümer über Wirtschaft* die Ansicht, es gebe gute Gründe für die Annahme, dass das Ziel der Nullinflation nicht nur kurzfristig einen Produktionsrückgang, sondern auch dauerhaft mit einer höheren Arbeitslosenquote verbunden ist. Wenn die »Fed« die Inflationsrate so zu steuern weiß, dass die Versorgung der Wirtschaft mit dem Schmierstoff Geld sichergestellt ist, und schnell mit passenden Zinssenkungen zur Stelle ist, sollte der Wirtschaftsmotor einmal ins Stottern geraten, dann ist das automatisch im Interesse jener, die Jobs haben, und derjenigen, die diese auch behalten wollen oder die eine neue Stelle suchen.

Während die Federal Reserve Bank bemüht ist, den Wirtschaftsmotor in Gang zu halten und damit auch den Beschäftigungsstand hoch hält, scherte sich die Bundesbank darum keinen Deut. Diese halsstarrige und wirtschaftsfeindliche Haltung ist bedauerlicherweise auch bei der Europäischen Zentralbank anzutreffen, die den von den Bundesbankern seit Jahrzehnten eingeschlagenen Kurs gegen die Arbeitsplätze unbeirrt fortsetzt.

Hinken im Osten

Durch die EZB hat sich die Lage sogar eher noch verschlechtert, denn sie nimmt auf die besondere Situation Deutschlands mit einem Berg ungelöster wirtschaftlicher Problem aus der Wiedervereinigung keine Rücksicht. Die sind jedoch die Hauptursache der Wachstumsschwäche, die Deutschlands Bruttosozialprodukt seit Anfang der Neunzigerjahre im Durchschnitt nur noch um bescheidene 1,5 Prozent steigen lässt. Seit 1997 war die Wachstumsrate im Osten in jedem Jahr niedriger als im Westteil des Landes, und das Bruttoinlandsprodukt liegt im Osten pro Kopf noch immer bei weniger als zwei Drittel des Westwerts. Der britische *Economist* schließt daraus, dass Ostdeutschlands Wachstumsstörungen sich als lähmend für ganz Deutschland erweisen. Mittlerweile ist diese Vermutung gewissermaßen amtlich bestätigt, denn eine Studie der Europäischen Union über die wirtschaftliche Entwicklung Deutschlands in den Neunzigerjahren kommt zum selben Ergebnis: Es sind in erster Linie die Folgen der Wiedervereinigung, die hinter dem stockenden Wachstum der Bundesrepublik stecken.

Schwer gebeugt wird die deutsche Wirtschaft auch durch die nach wie vor hohen Transferzahlungen. Drei Prozent des Bruttoinlandsprodukts aus der alten Bundesrepublik strömen in den Wiederaufbau Ost, das sind jährlich an die 60 Milliarden Euro für die neuen Länder.

Wirtschaft im Würgegriff

Die knappe Geldpolitik der EZB ist keine angemessene Antwort auf die beunruhigenden Wachstumsprobleme der größten europäischen Volkswirtschaft, sondern vergrößert diese nur noch. Paul Krugman deckt den Denkfehler auf:

> »Die Vorstellung, absolute Preisstabilität sei ein großer Segen und habe nur Vorteile, wenig oder gar keine Nachteile, ist reine Einbildung. Die Fakten zeigen, dass genau umgekehrt ein Schuh draus wird: Der Nutzen der Preisstabilität ist äußerst zweifelhaft, während die Kosten ihrer Realisierung auf jeden Fall hoch sind.«

Für den Fetisch absoluter Preisstabilität und Nullinflation zahlen alle die, die am Arbeitsmarkt ihre Haut zu Markte tragen: Jugendliche ohne Arbeitsplatz, Langzeitarbeitslose ohne Perspektive, Beschäftigte in unterbezahlten Tätigkeiten, Beschäftigte in vermeintlich gesicherter Stellung, die mit dem Ersatzheer von Arbeitslosen unter Druck gesetzt werden, und eine Gesellschaft, der der Zusammenhalt zunehmend verloren geht. In einer Gesellschaft, die den Wert des Menschen nach der geleisteten Arbeit und dem beruflichen Erfolg beurteilt und wo der Arbeitsplatz maßgeblich über das Selbstwertgefühl, die Psyche, die Gesundheit, ja das Lebensglück bestimmt, werden Millionen Menschen so zu Verlierern gestempelt.

In fast allen Belangen ahmt man in Europa amerikanische Vorbilder, Ideen, Moden und Gedanken nach. Doch gerade dort, wo die Federal Reserve Bank mit ihrer Wachstumspolitik ein leuchtendes Vorbild wäre, beharren Europas Währungshüter auf ihrem eigenen Weg und halten die Wirtschaft unbarmherzig im Würgegriff.

Willkommen im Steuerparadies

Während Lohn- und Gehaltsempfänger weiterhin hohe Steuerlasten tragen und der Faktor Arbeit drastisch besteuert wird, sind die Konzerne seit dem Inkrafttreten der rot-grünen Steuerreform aus dem Schneider – ihr Steueraufkommen sinkt seit Jahren. Die großen Kapitalgesellschaften, also Aktiengesellschaften und GmbHs, zahlen Körperschaftsteuer – jedenfalls sollten sie das tun. Doch die Einnahmen aus dieser Steuer sind drastisch gesunken, wie Oliver Schumacher in der *Süddeutschen Zeitung* schreibt:

> »Kassierte der Fiskus 2000 noch 23,6 Milliarden Euro, so mussten die Finanzämter im Jahr 2001 unter dem Strich sogar 400 Millionen Euro zurückzahlen. Ein beispielloser Einbruch für die Länder – sie erheben die Körperschaftsteuer. 2002 sollen wieder 7,9 Milliarden Euro in die Kassen fließen. Doch schon kommen neue schlechte Nachrichten. Hessen, wo viele Konzernzentralen sitzen, hat in den ersten sechs Monaten des Jahres fast 2 Milliarden Euro mehr ausgezahlt als eingenommen. Nicht so krass, aber schwer genug, sind die Ausfälle in Bayern und Baden-Württemberg.«

Nicht wenige Unternehmen warteten sogar mit Steuerforderungen gegenüber dem Fiskus auf. Allein Bayern, so berichtete der Spiegel, sah sich im Jahr 2001 mit Rückerstattungen in Höhe von 3,6 Milliarden Euro konfrontiert. Ein einziger Konzern wie die Deutsche Telekom darf 1,4 Milliarden Euro vom Fiskus in Empfang nehmen. Auch die Steuerexperten von Bayer schafften den Hattrick. Mit ihrer Steuerbilanz drehten sie den Spieß einfach um und bedienten sich aus der Kasse des Finanzministers. Ausgerechnet Vodafone tut es dem Chemie- und Pharmaspezialisten nach und hält sich über die aufgesogene Tochter Mannesmann am deutschen Steuerzahler schadlos.

Die wütenden Attacken der Wirtschaftsführer auf das Hochsteuerland Deutschland hallen uns noch in den Ohren. Täglich aufs Neue prangerten die Verbände die unerträglichen Bedingungen für Unternehmen an. Mit den Rückerstattungen vom Finanzamt und den Neuregelungen der rot-grünen Steuerreform kann von besonderen Härten allenfalls noch bei den Lohn- und Einkommensteuerzahlern, nicht jedoch bei den Großunternehmen die Rede sein. Nach wie vor treibt ein stattlicher Gewinnstrahl die Turbinenschaufel der Unternehmen an, doch bei den Finanzbehörden kommt davon nur noch ein dünnes Rinnsal an. Die Einnahmen aus der Körperschaftsteuer waren im Jahr 2001 völlig versiegt.

Jetzt geraten durch starke Rückgänge bei der Gewerbesteuer die Kommunen in die Klemme. In München zahlte von den sieben in der Stadt ansässigen Großunternehmen, die im Dax gelistet sind, im Jahr 2002 kein einziges auch nur einen Cent Gewerbesteuer: weder Allianz noch BMW, HypoVereinsbank, Infineon, MAN, Münchener Rück oder Siemens. Ende Juli erklärte der Oberbürgermeister Christian Ude deshalb: »Die Stadt ist pleite.« Damit nicht genug, ließ Deutschlands führende Bank die Kommunen schon wissen, dass ihnen auch bei der Gewerbesteuer Rückforderungen ins Haus stehen.

Gerne nutzt die Wirtschaft staatliche Zugeständnisse bei den Steuern, leitet den stetig sprudelnden Bach der Subventionen um auf ihre Mühlen und nutzt die Schlupflöcher im Steuerrecht zu ihren Gunsten. Doch neue Arbeitsplätze werden nur in geringem Umfang geschaffen. Dass es wenig dienlich ist, den Wirtschaftsmanagern zu Gefallen zu sein, musste letztendlich auch Heiner Geißler erkennen. Bitter stellte er fest: »Die Wirtschaft hat uns Arbeitsplätze versprochen. Es tut sich aber nichts. Man hat uns getäuscht und enttäuscht.« Und Dieter Schulte, der frühere Chef des Deutschen Gewerkschaftsbunds (DGB), sprach von »Ganoven«, die bloß in die eigene Tasche und die ihrer Aktionäre wirtschaften. Allerdings können die Gewerkschaften für sich kaum in Anspruch nehmen, viel gegen die Arbeitslosigkeit unternommen zu haben. Dabei gäbe es Arbeit genug: Die Zahl der Überstunden liegt nach Schätzungen des DGB bei 1,9 Milliarden Stunden im Jahr.

Eine Anzeigenbeilage in der amerikanischen *Business Week* zum Thema »Finanzplatz Deutschland« zeigt, wohin die Reise geht. Der Untertitel »Das Aufbrechen des deutschen Aktienmarkts« zeugt von dem Gefühl der Stärke, mit dem die Investoren die Bühne betreten. Unverhohlen heißt es da: »Die Steuerreform ist nur ein Teil jener Modernisierungswelle, die auf eine von Dynamik und Transparenz gekennzeichnete Wirtschaftsstruktur nach dem Muster des US-Kapitalismus zielt.«

Belagerter Mittelstand

Der Mittelstand – Deutschlands wichtigster Wirtschaftsbereich – sieht schwierigen Zeiten entgegen. Die Steuerpolitik begünstigt schon die Großunternehmen, und jetzt macht auch noch eine von der Bank für internationalen Zahlungsausgleich (BIZ) in Basel erdachte Maßnahme dem Mittelstand das Leben schwer.

Die sogenannte Basel-II-Übereinkunft soll eigentlich den Bankensektor stabilisieren. Was dem einen nützt, schadet jedoch dem anderen, und so dürfte die Medizin zur Verbesserung des Gesundheitszustands der Banken reichlich schädliche Nebenwirkungen im Mittelstand entfalten – bis hin zu einem Betriebssterben.

Denn die Vorschläge von Basel II, die voraussichtlich im Jahr 2006 zur Anwendung kommen sollen, bedeuten eine Verschärfung der Kreditvergaberichtlinien, indem sie die Gewährung von Krediten an das Vorhandensein sogenannter Ratings knüpfen, die durch Bewertungsagenturen erstellt werden und die Kreditwürdigkeit eines Unternehmens beurteilen. Eine Kreditvergabe auf Vertrauensbasis und aufgrund der persönlichen Beziehung, die bislang für den Kontakt zwischen Bank und Mittelständler kennzeichnend war, wird es dann nicht mehr geben. Die Geschäftsbeziehungen werden entpersonalisiert und an die Verhältnisse angepasst, wie sie bei den großen Kapitalgesellschaften und Konzernen herrschen. Doch der Mittelstand ist gerade durch seine personale Wirtschaftsweise geprägt, sein Erfolg beruht auf persönlichen Beziehungen und den besonderen Eigenschaften von Unternehmerpersönlichkeiten.

Basel II, das bedeutet: Je schlechter ein Schuldner wirtschaftlich dasteht, desto teurer wird der Kredit ihn zu stehen kommen – in der Praxis könnte dadurch im Handstreich die oft jahrzehntelange vertrauensvolle Zusammenarbeit zwischen Mittelständlern und ihren Hausbanken beendet werden, denn viele mittelständische Unternehmen stehen alles andere als blendend da. Vier von zehn deutschen Unternehmen im Mittelstand sind mit einer Eigenkapitalquote von unter 10 Prozent ihrer Bilanzsumme drastisch unterkapitalisiert; Firmen, die nicht einmal 7 Prozent Eigenkapitalquote haben, sind alles andere als selten. Das Durchwursteln und beständige Improvisieren ist eine charakteristische Eigenschaft dieses Sektors. Zu denen zählen auch kleinere und mittlere Wachstumsunternehmen aus dem Bereich der Informations- und der Biotechnologie.

Von der Anspannung bei den Fremdmitteln besonders betroffen sind auch Freiberufler. Sie weisen zwar nur eine geringe Ausfallrate bei Krediten auf, aber sie verfügen ebenso wenig über Sachsicherheiten wie die kleinen und mittleren Unternehmen aus dem Bereich des Handwerks, und so werden Freiberufler unter den neuen Basel-II-Regelungen den Kürzeren ziehen, wie im Übrigen auch Handwerksunternehmen zu unsichere Kreditnehmer wären. Das kritisiert Eberhard Hamer, ein ausgewiesener Experte für die Belange des Mittelstands. Im Handwerksunternehmen ist der Meister »die einzige unverzichtbare Säule seines Betriebs«, denn »Stärke oder Schwäche eines Handwerksbetriebes sind mehr als zur Hälfte von der Meisterperson abhängig und nicht von der Sachausstattung«.

Die Schwierigkeiten der kleinen und mittleren Unternehmen, an Bankkredite heranzukommen, werden durch die Schwächung des Sparkassen- und des Genossenschaftsbankenwesens sowie durch die Kreditverknappung bei den Geschäftsbanken noch zusätzlich vergrößert. Ob ein von der Bundesregierung zwischenzeitlich gefeierter »Verhandlungserfolg« die rigiden Basel-II-Kriterien tatsächlich so weit abschwächt, dass die kleinen und mittleren Unternehmen nichts zu befürchten haben, wenn das Abkommen 2006 in Kraft tritt, muss sich erst noch erweisen.

Land unter

Bis zum Beweis des Gegenteils ist zu befürchten, dass Basel II die Kreditkonditionen, so eine Einschätzung der Kreditanstalt für Wiederaufbau, um etwa 1,5 Prozent verteuern könnte. Für viele Unternehmen sind das 1,5 Prozent zuviel. Diese Kreditverteuerung geht den mittelständischen Unternehmen an die Substanz und könnte den ganzen Sektor und die dort bestehenden Arbeitsplätze in eine ernste Krise stürzen.

Für den Mittelstand prognostizierte Helmut Rödl, der Hauptgeschäftsführer der Creditreform, die über den Zustand der Wirtschaft und der Unternehmen bestens im Bilde ist, ein erhöhtes Insolvenzrisiko durch Basel II. Er befürchte, dass die Insolvenzzahlen der kommenden Jahre »gnadenlos offenlegen« werden, wie es um die Bonität und die Marktchancen bestellt ist. Schon 2001 beantragten 32000 Unternehmen ein Insolvenzverfahren. Das ist eine Steigerung gegenüber dem Vorjahr um 14 Prozent. Besonders schwer getroffen hat es größere mittelständische Betriebe mit mehr als 100 Beschäftigten. Für das Jahr 2002 deutet vieles auf eine erneute sprunghafte Zunahme der Insolvenzfälle hin. Wie schrieb Helmut Rödl Ende 2001: »Basel II wirft bereits jetzt seine Schatten voraus.«

Wenn Tausende mittelständische Unternehmen Pleite gehen, weil ihnen die Banken den Kredithahn zudrehen, sehen andere das ganz gelassen. Mit solchen »Folgen der Globalisierung« hat Jürgen Kluge, Deutschlandchef der Unternehmensberatung McKinsey, kein Problem. Im Interview mit dem *stern* zeigte er Mitgefühl mit beschränkter Haftung, als er sagte: »So Leid es mir auch um jeden mutigen Unternehmer und die Arbeitnehmer tut, die in Pleite gehen: Es schafft Platz für neue, bessere Unternehmer.«

Die Krise als Chance? Fragt sich bloß für wen. Auch mit dem Risiko der Arbeitslosigkeit lassen sich ja gute Geschäfte machen und so entsteht Raum für neue Geschäftsmöglichkeiten und Marketingmaschen der besonderen Art. Eine solche hat der Volkswagenkonzern entdeckt. In seinen Finanzierungs- und Leasingverträgen bietet das Automobilunternehmen jetzt eine Kreditausfallversicherung gegen Arbeitslosigkeit an.

Nachwort: Das Land, die Leute

Das Land: In dem alten Hund steckt noch Leben

Immer wieder verunglimpft und totgesagt, ist die Deutschland AG dennoch quicklebendig. Gewiss, auch die Deutschland AG hat sich gewandelt, hier und dort angepasst, und zeigt bereits einige Züge der liberalen Wirtschaftsweise der angelsächsischen Konkurrenz. Ihren Kritikern geht das nicht weit genug, sie fordern mehr Platz für neue, bessere Unternehmer. Es soll also der Deutschland AG und mit ihr der sozialen Marktwirtschaft ans Leder gehen.

Die Gegner und Kritiker sind noch dabei, mit ihren Grabreden das Ableben der Deutschland AG herbeizureden, da tauchen unerwartet Freunde und Fürsprecher auf: die Vertreter der Kapitalismusvariantentheorie. Diese unter anderem von den Ökonomen Peter A. Hall und David Soskice verfochtene Theorie besagt, dass es genauso, wie viele Wege nach Rom führen, auch in einer Marktwirtschaft verschiedene Wege gibt, zum Ziel zu gelangen. Das heißt, es ist weder zwingend noch unter dem Gesichtspunkt der Effizienz überhaupt wünschenswert, eine flexibel koordinierte Marktwirtschaft wie jene der Bundesrepublik an das Modell der liberalen Marktwirtschaft amerikanischen Typs anzupassen. Immerhin verfügt die Deutschland AG über Vorzüge, die in einer rein marktorientierten Wirtschaftsweise wie der amerikanischen nicht zu finden sind.

In der volkswirtschaftlichen Kapitalismusvariantentheorie wird das soziale deutsche Marktmodell mit seinen Akteuren – Unternehmen, Banken, Gewerkschaften und Regierung –, das auf Abstimmung, soziale Absicherung und Interessenausgleich setzt, als eine eigenständige Variante des Kapitalismus betrachtet. Es ist nicht nur eine Qualität des deutschen Modells, mehr als andere langfristig planen zu können, sondern es legt auch jene Beständigkeit an den Tag, die einen hohen beruflichen Aus- und Weiterbildungsstandard wie auch hervorragende technische Standards und eine hohe Produktqualität überhaupt erst möglich machen – wesentliche Grundlagen des Erfolgs einer exportorientierten Wirtschaft.

Beim Abfedern wirtschaftlicher Krisen haben flexibel koordinierte Marktwirtschaften mindestens ebenso viel, wenn nicht noch größeren Erfolg, fanden Peter A. Hall und David Soskice heraus. Sie machen sich für die Erhaltung der empfindlichen Feinmechanik der Beziehungen innerhalb des deutschen Konsenskapitalismus stark, der durch ein System wie den englischen Thatcherismus einen Getriebeschaden erleiden könnte. Auch mit einem anderen beliebten Allgemeinplatz räumen die beiden Wirtschaftsforscher auf: Sie stellen schlechterdings in Abrede, dass die Globalisierung zwangsläufig eine Gefahr für die deutsche Variante des Kapitalismus und die Deutschland AG darstellt.

Wenn die neoliberalen Theoretiker in den Universitäten und ihre Gefolgschaft in der Wirtschaft und in den Medien darauf beharren, dass das Modell des kontrollierten Kapitalismus veraltet sei und dass seine letzte Stunde längst geschlagen habe, liegen sie also möglicherweise schief damit. Die positiven Eigenschaften der Deutschland AG werden unterschätzt und könnten gerade in unsicherer Zeit wieder vor einer Renaissance stehen.

»In dem alten Hund steckt noch Leben«, sagte Gerhard Cromme, Aufsichtsratsvorsitzender der ThyssenKrupp AG, in einem Gespräch mit der *Financial Times*. Zwar sprach sich auch Cromme für dringend nötige Reformen aus, doch zugleich machte er sich für die soziale Marktwirtschaft stark: »Trotz aller Diskussionen und düsteren Prophezeiungen glaube ich fest daran, dass das Modell des Rheinischen Kapitalismus am Anfang des 21. Jahrhunderts gute Zukunftsperspektiven hat.«

Die Leute: Zukunft selbst gemacht

Mut machen, das ist schwer in einer Zeit, da es Nackenschläge setzt für die Besitzer von Arbeitsplätzen und in der es Stellenstreichungen und Kündigungen nur so hagelt. Es ist alles andere als leicht, den Beschäftigten und denen, die es nicht mehr sind, eine andere Einstellung zur Arbeit und zum Arbeitsplatz, an dem das Leben nicht hängen soll und doch hängt, zu empfehlen. Aber diese Einstellungsänderung wäre dringend nötig. Arbeit ist nicht das Leben. Leben, um zu arbeiten? Oder arbeiten, um zu leben?

Angesichts von über 4 Millionen offiziell ausgewiesenen Arbeitslosen wird die persönliche Einstellung zu einer Frage des Überlebens. Dabei sind das noch gar nicht alle Erwerbslosen, denn der offiziellen Zahl müssen die Entmutigten und Verdrängten, die nicht mehr von der Statistik erfasst werden, hinzugerechnet werden. Mit 1,7 Millionen wird die »stille Reserve« vom Sachverständigenrat veranschlagt. Innerhalb der Länder der Europäischen Union wartet ein Heer von 13,4 Millionen Arbeitslosen auf Reaktivierung. Die Zukunftsaussichten sind düster. In der deutschen Industrie sind in den vergangenen 20 Jahren 1,4 Millionen Arbeitsplätze abgebaut worden. Viele große Unternehmen werden auch in Zukunft kräftig weiter Jobs vernichten, und nichts anderes steht vom Mittelstand zu erwarten.

Vielleicht kann die Überprüfung von traditionellen Standpunkten ein erster Reformschritt auf dem Weg zur persönlichen Unabhängigkeitserklärung vom Arbeitsmarkt sein. Der kürzlich verstorbene Christian Graf von Krockow schrieb: »Denn die Arbeit war hierzulande nicht nur ein Mittel, um den Lebensunterhalt zu sichern. Sie begründete unseren Stolz, unser Selbstbewusstsein, unsere Identität, unser Sinnverständnis des Lebens.« Das gilt noch heute. Allerdings sollte dieser Begründungszusammenhang im auslaufenden Industriezeitalter nicht länger gelten, wenn die Heiligsprechung der Arbeit nur in die Ausgrenzung immer weiterer Kreise der Bevölkerung und in die falsche Scham bei Arbeitslosigkeit führt und zuletzt den sozialen Ruin einer Gesellschaft bedeutet.

Risikomanagement für Arbeitnehmer

Nicht anders als Banken ein Risikomanagement betreiben, sollten auch Arbeitnehmer auf alle Wechselfälle des Lebens vorbereitet sein. Risikomanagement für Arbeitnehmer bedeutet unter den besonderen Bedingungen des gegenwärtigen Arbeitsmarkts zum Beispiel, sich verpflichtungsfrei zu halten und hohe Kreditbelastungen, wie sie etwa beim Immobilienkauf unvermeidlich sind, nach Möglichkeit nicht einzugehen, um nicht durch den Verlust des Arbeitsplatzes in eine schwere Notlage zu geraten. Verpflichtungsfreiheit bedeutet zugleich: Die Abhängigkeit vom Arbeitgeber und dessen Möglichkeit, Druck auszuüben, nehmen ab – nicht anders als im Fußball schafft so auch im Arbeitsleben das eigene Abwehrspiel Raum für Freiheit und Sturmstärke.

»Arbeitnehmer, wehrt euch!«, forderte die Gießener Rechtsanwältin Stephanie Bach. Im *stern*-Interview beklagte die auf den Schwerpunkt Arbeits- und Sozialrecht spezialisierte Juristin, dass viele, deren Arbeitsplatz unter Druck geraten ist, nicht auf ihren Rechten bestehen. Doch es gibt mehr rechtliche Möglichkeiten, sich zu wehren, und die Aussichten auf Erfolg sind höher, als die meisten denken. Die Entscheidungen der Arbeitsgerichte fallen tendenziell arbeitnehmerfreundlich aus. Selbst in einem Fall von Mobbing – eine immer wieder gerne geübte Methode, um Beschäftigte kostengünstig loszuwerden – war einem Kläger unlängst zum ersten Mal Schmerzensgeld zugesprochen worden.

Chefs mögen uninformierte Mitarbeiter

Die meisten Arbeitnehmer sind nur schlecht informiert und kennen ihre rechtlichen Möglichkeiten nicht. Die Chefs aber bekommen regelmäßig Rundbriefe zum Arbeitsrecht und aktuelle Informationen aller Art »zum richtigen Umgang« mit den Beschäftigten auf den Schreibtisch. Je schlechter informiert ihre Belegschaftsmitglieder sind, umso besser können sie ihre Macht ausspielen.

Es liegt an jedem selbst, dies zu ändern. Wenn sich nicht länger nur der Chef allein in rechtlichen Fragen auskennt, sondern auch unter den Kollegen klar ist, was rechtens ist und was nicht, wird beim Management sicherlich größere personalpolitische Vorsicht walten.

Information im Überfluss

Heutzutage ist es leicht, an Informationen über die vorhandenen Rechte, die Gesetzeslage bei Kündigung oder über die besten Gegenwehrmaßnahmen bei Mobbing zu kommen. Bevor noch der Weg zum Fachanwalt für Arbeitsrecht eingeschlagen wird, hilft schon ein »Nachschlagen« im »World Wide Web«, das nicht nur Unternehmen Möglichkeiten zur Informationsrecherche, zur Produktvermarktung und Geschäftsanbahnung bietet, sondern auch den Angestellten weiterhilft, wenn sie in der Klemme stecken (vielleicht lässt sich übers Internet ja sogar herausfinden, um wie viel die Vorstandsgehälter gestiegen sind, um sie dann zur Zahl der abgebauten Stellen in Beziehung zu setzen). Arbeitnehmer sollten mit Hilfe des Internets dem Machtgefälle zwischen Chefs und Mitarbeitern, das auf dem unterschiedlichen Informationsstand beruht, ein Ende machen.

Die Möglichkeiten des Internets sind aber noch viel weiter gesteckt: Über das Internet können zum Beispiel Missstände, Unfairness und Unkorrektheiten im Unternehmen an die Öffentlichkeit gebracht und damit Gegendruck gegen das Unternehmen oder gegen bestimmte Chefs erzeugt werden. In der Praxis ist das bereits mit durchschlagendem Erfolg erprobt worden. Es gehört nur ein wenig Mut dazu.

Arbeit mit Zukunft

»Wir sind lauter Particuliers; an Übereinstimmung ist nicht zu denken!«, tadelte einst Johann Wolfgang von Goethe, und dieser Tadel gilt noch bis in unsere Tage. Betroffene sollten daran denken und sich nicht nur als Einzelne, als »Particuliers«, verstehen, sondern den Austausch mit Betroffenen und Gleichgesinnten suchen. Von Stellenabbau und Kündigung Betroffene sollten den Versuch wagen und andere Betroffene um sich scharen, um die Vereinzelung zu überwinden. Sie erreichen mehr, wenn sie gemeinsam auftreten, gemeinsam nach Lösungen suchen und gemeinsam auch Forderungen stellen – anstatt sich zurückzuziehen.

Ein wertvolles Gut

Arbeit gilt als wertvolles Gut, und doch wird sie systematisch entwertet und abgebaut, und das Selbstwertgefühl jener, die sie ausüben, wird mit Füßen getreten. Dass deutsche Tüchtigkeit und Arbeitshaltung noch immer herausragen, wen interessiert das? In Zukunft könnte das wieder anders werden. Denn die Überalterung und die Kinderarmut der Gesellschaft wird auch in den Unternehmen ihre Spuren hinterlassen. Kaum zu glauben, aber wahr: Eines Tages werden sich Unternehmen den Luxus nicht mehr leisten können, ältere Arbeitnehmer einfach zu entlassen, denn es wird überall an Nachwuchs fehlen.

Der Wirtschaftselite, die sich so gern für unersetzlich hält, steht noch eine herbe Erfahrung bevor, wenn plötzlich die Arbeitnehmer unersetzbar geworden sind. Ob das der Anfang einer neuen, besseren Zeit für die Arbeitnehmer ist?

Wenn die Job-Vernichtung an ihrem Ende angelangt ist und dem Ende der Job-Vernichter ein erster Anfang gemacht ist, wäre das sicher ein Grund zum Feiern. Bis es soweit ist, bleibt genügend Zeit für reifliche Überlegungen und lange fällige Klarstellungen:

> Geld und Geschäft sind Mittel zum Leben, kein Endzweck. Die Wirtschaft ist für den Menschen da, nicht umgekehrt.

Anhang

Verzeichnis der benutzten Literatur

Bücher

Baring, Arnulf: *Es lebe die Republik, es lebe Deutschland*, München 2000.

Benz, Wolfgang: *Die Gründung der Bundesrepublik. Von der Bizone zum souveränen Staat*, München 1999.

Birke, Adolf M.: *Die Bundesrepublik Deutschland. Verfassung, Parlament und Parteien*, München 1997.

Brogan, Hugh: *The Penguin History of the USA*, London 1999.

Bulmahn, Thomas: *Attribute einer lebenswerten Gesellschaft: Freiheit, Wohlstand, Sicherheit und Gerechtigkeit*, Schriftenreihe des WZB, Berlin 1999.

Bulmahn, Thomas: *Modernity and Happiness. The case of Germany*, Schriftenreihe des WZB, Berlin 2000.

Bury, Hans Martin / Schmidt, Thomas: *Das Bankenkartell. Die Verflechtung von Geld, Macht und Politik*, München 1996.

Cohen, Daniel: *Unsere modernen Zeiten. Wie der Mensch die Zukunft überholt*, Frankfurt am Main 2001.

D'Eramo, Marco: *Das Schwein und der Wolkenkratzer. Chicago: Eine Geschichte unserer Zukunft*, Reinbek bei Hamburg 1998.

Eglau, Hans Otto: *Erste Garnitur. Die Mächtigen der deutschen Wirtschaft*, Düsseldorf/Wien 1980.

Eglau, Hans Otto: *Wie Gott in Frankfurt. Die Deutsche Bank und die deutsche Industrie*, München 1989.

Filc, Wolfgang: *Gefahr für unseren Wohlstand. Wie Finanzkrisen die Weltwirtschaft bedrohen*, Frankfurt am Main 2001.

Fink, Rolf / Kälin, Karl: *Topschrott. Unwahres und Falsches zu Führung und Management*, Zürich 2002.

Fokken, Ulrike: *Die Welt AG. Internationale Unternehmen im Fusionsfieber*, München 1999.

Freudenfeld, Burghard (Hrsg.): *Das Auto – Motor unserer Zeit. Podiumsdiskussion zur 50. Internationalen Automobilausstellung*, Köln 1984.

Galbraith, John Kenneth: *A History of Economics. The Past as the Present*, London 1991.

Gall, Lothar: *Krupp. Der Aufstieg eines Industrieimperiums*, Frankfurt am Main 2001.

Gimpel, Jean: *La révolution industrielle du Moyen Age*, Paris 1975.

Glotz, Peter: *Die beschleunigte Gesellschaft. Kulturkämpfe im digitalen Kapitalismus*, Reinbek bei Hamburg 2001.

Görtemaker, Manfred: *Geschichte der Bundesrepublik Deutschland. Von der Gründung bis zur Gegenwart*, München 1999.

Greffrath, Mathias u.a.: *Alles Kunst? Wie arbeitet der Mensch im neuen Jahrtausend und was tut er in der übrigen Zeit?*, Reinbek bei Hamburg 2001.

Hallgarten, George W.F. / Radkau, Joachim: *Deutsche Industrie und Politik von Bismarck bis heute*, Frankfurt am Main/Köln 1974.

Hamel, Gary: *Das revolutionäre Unternehmen. Wer Regeln bricht: Gewinnt*, München 2001.

Hami, Hiroyuki: *Mobilizing Invisible Assets*, Cambridge 1987.

Hammer, Michael / Champy, James: *Business Reengineering. Die Radikalkur für das Unternehmen*, Frankfurt am Main 1996.

Hanesch, Walter / Krause, Peter / Bäcker, Gerhard / Maschke, Michael / Otto, Birgit: *Armut und Ungleichheit in Deutschland*, Reinbek bei Hamburg 2000.

Hank, Rainer: *Das Ende der Gleichheit oder Warum der Kapitalismus mehr Wettbewerb braucht*, Frankfurt am Main 2000.

Herm, Gerhard: *Auf der Suche nach dem Erbe. Von Karl dem Großen bis Friedrich Krupp*, Frankfurt am Main 1979.

Iacocca, Lee / Novak, William: *Iacocca. Eine amerikanische Karriere*, Berlin 1987.

Jansen, Stephan A. / Picot, Gerhard / Schiereck, Dirk (Hrsg.): *Internationales Fusionsmanagement. Erfolgsfaktoren grenzüberschreitender Unternehmenszusammenschlüsse*, Stuttgart 2001.

Kiaulehn, Walter: *Berlin. Schicksal einer Weltstadt*, München 1981.

Kindsmüller, Werner: *Globalisierungs-Chance. Alternativen zur Deutschland AG*, Hamburg 1997.

Krugman, Paul: *Die große Rezession. Was zu tun ist, damit die Weltwirtschaft nicht kippt*, München 2001.

Krugman, Paul: *Schmalspur-Ökonomie. Die 27 populärsten Irrtümer über Wirtschaft*, München 2002.

Kurnitzky, Horst: *Der heilige Markt*, Frankfurt am Main 1994.

Le Goff, Jacques: *Kaufleute und Bankiers im Mittelalter*, Frankfurt am Main 1993.

Lewandowski, Jürgen: *VW. Typen und Geschichte*, Augsburg 1998.

Liedtke, Rüdiger: *Wem gehört die Republik? Die Konzerne und ihre Verflechtungen*, Frankfurt am Main 2001.

Loch, Dieter / Heitmeyer, Wilhelm: *Schattenseiten der Globalisierung*, Frankfurt am Main 2001.

Luttwak, Edward: *Turbokapitalismus. Gewinner und Verlierer der Globalisierung*, Hamburg 1999.

Martin, Hans-Peter / Schumann, Harald: *Die Globalisierungsfalle. Der Angriff auf Demokratie und Wohlstand*, Reinbek bei Hamburg 1998.

Morsey, Rudolf: *Die Bundesrepublik Deutschland. Entstehung und Entwicklung bis 1969*, München 2000.

Moser, Sepp: *Bruchlandung. Wie die Swissair zugrundegerichtet wurde*, Zürich 2001.

New York Times: *The Downsizing of America – Millions of Americans Are Losing Good Jobs. This Is Their Story*, New York 1996.

Nissen, Marianne / Domizlaff, Svante: *Superyachten. Luxus unter Segeln*, Bielefeld 2000.

Noll, Peter / Bachmann, Hans-Rudolf: *Der kleine Machiavelli. Handbuch der Macht für den alltäglichen Gebrauch*, München 2001.

Oechsler, Walter A.: *Personal und Arbeit. Einführung in die Personalwirtschaft unter Einbeziehung des Arbeitsrechts*, München / Wien 1997.

Oetinger, Bolko v. / Ghyczy, Tiha v. / Bassford, Christopher (Hrsg.): *Clausewitz. Strategie denken*, München / Wien 2001.

O'Shea, James / Madigan, Charles: *Berater mit beschränkter Haftung. Macht und Einfluss der Consulting-Firmen*, München 1998.

Pfeiffer, Hermannus: *Die Zähmung des Geldes. Finanzplatz Deutschland gegen den globalen Crash*, Reinbek bei Hamburg 2000.

Plessner, Helmuth: *Die verspätete Nation*, Frankfurt am Main 1998.

Pohl, Manfred: *Einführung in die deutsche Bankengeschichte*, Frankfurt am Main 1976.

Reich, Robert B.: *The Work of Nations. A Blueprint for the Future*, London 1991.

Riehl, Hans: *Requiem für eine Währung. Die D-Mark geht, der Euro kommt*, München 1998.

Rifkin, Jeremy: *Das Ende der Arbeit – und ihre Zukunft*, Frankfurt am Main 2001.

Rifkin, Jeremy: *The Age of Access – how the shift from ownership to access is transforming modern life*, London 2001.

Schmeh, Klaus: *Die 55 größten Flops der Wirtschaftsgeschichte. Krimis, Krisen, Kuriositäten*, Wien / Frankfurt 2002.

Schroeder, Klaus: *Der Preis der Einheit. Eine Bilanz*, München / Wien 2000.

Soros, George: *Die Krise des globalen Kapitalismus. Offene Gesellschaft in Gefahr*, Frankfurt am Main 2000.

Spéder, Zsolt / Habich, Roland: *Income Dynamics in three Societies. An Investigation of Social Dynamics Using »Old« and »New« Types of Social Indicators*, Schriftenreihe des WZB, Berlin 1999.

Stewart, B. James: *Club der Diebe*, Berlin 1997.

Swensen, David F.: *Pioneering Portfolio Management. An Unconventional Approach to Institutional Investment*, New York 2000.

Tominaga, Minoru: *Aufbruch in die Wagnisrepublik. Neue Chancen für den Standort Deutschland*, München 2000.

Ulfkotte, Udo: *Wirtschaftsspionage. Wie deutsche Unternehmen von ausländischen Geheimdiensten ausgeplündert und ruiniert werden*, München 2001.

Ullmann, Hans-Peter: *Das deutsche Kaiserreich 1871–1918*, Frankfurt am Main 1995.

Vester, Frederic: *Die Kunst vernetzt zu denken. Ideen und Werkzeuge für einen neuen Umgang mit Komplexität*, München 2002.

Wagner, Bruno: *Die Geldvernichter. Wie Fondsmanager unser Geld verbrennen*, München 2002

Wandel, Eckhard: *Banken und Versicherungen im 19. und 20. Jahrhundert*, München 1998.

Welch, Jack / Byrne, John A.: Jack. *Straight from the gut*, New York 2001.

Willms, Johannes: *Die deutsche Krankheit. Eine kurze Geschichte der Gegenwart*, München / Wien 2001.

Winkler, Heinrich August: *Mittelstand, Demokratie und Nationalsozialismus. Die politische Entwicklung von Handwerk und Kleinhandel in der Weimarer Republik*, Köln 1972.

Wolman, William / Colamosca, Anne: *The Judas Economy. The Triumph of Capital and the Betrayal of Work*, New York 1997.
Zapf, Wolfgang: *How to Evaluate German Unification?*, Schriftenreihe des WZB, Berlin 2000.

Weitere verwendete Publikationen

Business Week
Capital
DMEuro
The economist
L'Expansion
Financial Times
Financial Times Deutschland
Focus
Forbes
Fortune
Frankfurter Allgemeine Zeitung
Frankfurter Rundschau
Handelsblatt
Industrial Relations
International Journal of Manpower
Manager-Magazin
Le Monde
Neue Rundschau
Neue Zürcher Zeitung
Newsweek
Der Spiegel
Stern
Süddeutsche Zeitung
The Wall Street Journal
Washington Post
Die Bank
Die Weltwoche
Wirtschaftswoche
Die Woche
Die Zeit

Register